数据安全法治化研究

RESEARCH ON LEGALIZATION OF DATA SECURITY

郑文阳————著

中国政法大学出版社

2024·北京

图书在版编目（CIP）数据

数据安全法治化研究 / 郑文阳著. -- 北京 ：中国政法大学出版社，2024.6. -- ISBN 978-7-5764-1551-3

Ⅰ．D922.174

中国国家版本馆 CIP 数据核字第 2024KC8915 号

出 版 者	中国政法大学出版社
地 　址	北京市海淀区西土城路 25 号
邮寄地址	北京 100088 信箱 8034 分箱　邮编 100088
网 　址	http://www.cuplpress.com (网络实名：中国政法大学出版社)
电 　话	010-58908586(编辑部) 58908334(邮购部)
编辑邮箱	zhengfadch@126.com
承 　印	北京中科印刷有限公司
开 　本	720mm×960mm　　1/16
印 　张	15.5
字 　数	260 千字
版 　次	2024 年 6 月第 1 版
印 　次	2024 年 6 月第 1 次印刷
定 　价	96.00 元

代 序
数据安全法治化的多维度创新

在数字化时代，数据不仅是推动经济增长和社会发展的重要资源，也成了衡量国家竞争力的一个重要标准。随着技术的进步和数字化转型的深入，从个人信息到企业机密，从公共数据到国家安全数据，各类数据的生成和流通速度前所未有地加快。这种现象使得数据的价值多元化，敏感性和价值的差异更加明显，进而对数据的管理提出了更高要求。

数据分级分类管理正是在这样的背景下应运而生的。它基于对数据价值和敏感性的认识，将数据按照不同的类别进行分级处理，以实现对数据的精细化管理。这种管理方式不仅针对不同类型的数据制定了不同级别的保护措施，也为数据的合理利用提供了法律依据和操作指南。通过明确数据开放共享、限制使用和严格保护的具体界限，分类分级管理体系在数据利用与保护之间达成了有效的平衡，充分体现了法治中效率与公平的原则。这一体系不仅在理论上具有严密的逻辑性，更在实践中展现出了高度的适用性和可操作性。数据分级分类管理的前瞻性和指导性相当显著。在迅速变化的数字环境中，新型数据的不断涌现带来了新的风险和挑战。通过建立一个动态的数据分级分类管理体系，可以及时调整和更新数据分类标准和管理措施，以适应技术发展和社会变革的需求。这种前瞻性不仅提高了数据管理的灵活性和适应性，也确保了数据安全法治化措施的持久性。

在信息社会中，开放政务数据不仅象征着政府透明度和公共服务创新的提升，更是推动经济发展和社会进步的强大动力。从法律角度来看，政务数据是一种新型法律关系客体，需在信息公开和隐私保护之间找到平衡，这对其开放和管理提出了高要求。通过公开数据，公众可以更清晰地了解政府决策的依据、过程和结果，从而提升政府公信力和公众参与度，促进民主政治运作，增强对政府的信任和决策合理性。从政治价值看，政务数据开放提升了公共服务和政府透明度，激励社会创新并保护个人隐私。公开数据让公众更直观地了解政府决策，推动公民社会和政治体系的发展成熟，为公众参与政策制定和评估提供了重要渠道，促进社会民主进程。从经济价值看，政务数据开放促进了数据资源的共享和再利用，为经济创新和发展注入新活力。开放的数据被企业、研究机构和个人广泛利用，推动商业创新、科学研究和日常生活改善，提高了数据资源使用效率，促进知识传播和技术创新，为经济发展增添动力。

数据跨境流动是数据国际化的逻辑起点，其复杂性和普遍性使得数据跨境治理成了维护数据安全的内在要求。监管机制的建立是治理体系中的核心环节，对于确保数据流动的安全和合规的重要性不言而喻。构建一个既能促进数据自由流动，又能确保数据安全和隐私保护的跨境数据流动监管模式，成了国际社会共同关注的重要课题。对企业数据跨境流动监管模式的研究，首先需要明确其目标，即在实现数据流动的经济效益与保障数据安全和隐私之间找到平衡。从经济效益的角度来看，数据跨境流动有助于优化全球资源配置、提升生产力和促进创新。然而，从安全和隐私风险的角度看，数据跨境流动可能导致数据泄露、滥用以及跨境网络攻击等问题，威胁到个人隐私、商业秘密和国家安全。理论上，企业数据的跨境流动监管可以分为三种模式：严格监管、自由流动和协同监管。严格监管模式对数据流动施加严格限制和高标准保护，保障数据安全和隐私，但可能限制数据的经济价值，影响企业全球竞争力。在全球数据流动的监管格局中，自由流动模式展现出了对政府干预的克制态度，强调市场机制在数据资源配置中的主导性角色，其目标在于推动数据流动的无阻碍和经济效益的最大化。尽管如此，这种模式可能存在对数据安全和个人隐私权保护不足的问题，从而可能引发数据泄露和滥用的风险。相较之下，协同监管模式提出了一种更为均衡的视角，它强调在数据安全、隐私权保护以及经济效益之间寻找合适的平衡点。该模式倡导通过国际合作，建立统一的数据保护标准和监管框架，以实现对跨境数据流动的有效管控，同时兼顾数据的经济潜力和社会价值。在制定跨境数据流动的监管策略时，各国会基于自身的经济发展水平、法律体系以及对于数据安全的特定需求，灵活选择最适合本国国情的监管模式。美国的监管模式更偏向于保护数据商业利益，倡导市场自由化的原则；欧盟则通过如 GDPR 等严格的立法措施，强化个人数据保护，构建了一套严密的数据治理结构；中国的监管模式则试图在确保网络安全的前提下，促进数据经济的健康发展，通过立法手段加强数据安全管理。这种多元化的监管模式反映了全球化背景下各国在数据流动问题上的复杂立场和利益诉求，也预示着未来在数据流动监管领域可能出现更加复杂和多元的国际合作与竞争格局。

数据不仅是企业核心竞争力的源泉，更是实现社会公共利益的重要资源。在数据驱动的商业模式下，企业通过合理利用数据创造商业价值，同时制度性干预的必要性日益凸显。当企业数据使用行为触及社会公共利益边界时，如何通过科学合理的制度设计来平衡经济利益与社会责任成了亟待解决的问题。数据作为一种新型资产，其核心价值在于通过高效地处理和深度的分析，为企业决策提供有力支持，推动技术创新，优化业务流程和服务质量。然而，在追求经济效益最大化的过程中，企业可能面临数据滥用、泄露等风险，进而可能损害个人隐私、违反社会伦理和威胁国家安全。因此，建立健全的公共利益制度框架，对企业数据使用行为进行规范和监督，显得尤为重要。该制度应明确界定数据所有权、使用权和管理权，制定严格的数据保护标准，确保数据处理活动合法合规。同时，应鼓励企业在确保数据安全的前提下，积极开展数据共享和开放创新，以实现数据资源的优化配置和价值最大化。

在数字化时代背景下，个人数据权利科学配置的核心在于如何平衡个人隐私权保护与数据的合理利用，以促进社会公共利益的最大化。科学配置个人数据权利，不仅要求确保个人信息的安全和隐私保护，还需要考虑到数据作为一种重要资源对于推动科技进步和经济发展的作用。首先，个人数据权利的科学配置需要建立在对个人隐私权充分尊重的基础之上。隐私权是个人基本权利的重要组成部分，保护个人数据不被非法收集、使用或泄露，是维护个人尊严和自由的基石。任何关于个人数据利用的法律规制和政策设计，都必须以保护个人隐私为前提，确保个人对自己的数据拥有知情权和控制权。其次，个人数据权利的科学配置还需考虑数据对于社会经济发展的价值。在大数据、人工智能等技术的推动下，个人数据的集合与分析能够带来巨大的经济价值和社会效益，如通过数据分析优化公共服务、推动精准医疗和个性化教育等。如何在保护个人隐私的同时，合理利用这些数据资源，要求法律和政策不仅要设定数据保护的高标准，同时也要为数据的合理使用提供充分的空间和条件。

随着数据技术的迅猛发展，个人信息的收集、处理和利用变得日益广泛和深入，这不仅带来了前所未有的便利和效率，也对个人隐私权和数据安全提出了新的挑战与要求。个人信息保护的价值目标在于在保护个人隐私与促进数据合理利用之间找到一个适当且动态的平衡点。从保护的视角来看，个人信息是个体私生活的核心组成部分，直接关系到个人自由和尊严等基本权利。在这一背景下，防止个人信息被非法收集、使用或泄露是维护个人隐私权的必要条件。法律和政策必须赋予个人充分的权利来控制其个人信息的使用，确保其在数据处理过程中的自主权和知情权。这种保护不仅涉及个体的利益，也是维护社会公平正义和促进公共信任的重要因素。从利用的角度来看，合理利用个人信息对于推动科技创新、提升公共服务质量以及促进经济社会发展具有不可或缺的重要意义。通过科学分析和处理个人信息，可以实现资源的优化配置，提高决策的科学性和效率，促进个性化服务的发展。因此，追求个人信息保护与合理利用之间的平衡是对个人权利的尊重，也是对社会进步需求的积极回应。这样的平衡要求在制定和实施相关法律和政策时，既要防止数据滥用对个人隐私权造成侵害，又要充分发挥数据在推动社会进步和经济发展方面的潜力。只有在保护与利用之间找到最佳平衡点，才能真正实现数据安全的法治化，推动社会的可持续发展。

作为一种高度集成物理实体及其数字表征的先进技术，数字孪生体正迅速成为工业、医疗、城市规划等领域的重要工具。通过创建实体的虚拟副本，数字孪生体技术使得在数字环境中对实体的行为和性能进行模拟、分析和预测成为可能，从而优化决策与管理。然而，随着其应用的逐步深化，数字孪生体的权益保障问题日益突出，特别是在数据安全、隐私保护以及知识产权方面。首先，数据安全在数字孪生体权益保障中尤为重要。数字孪生体的运行依赖于大量实时数据的支持，这不仅包括机器和设备数据，还涵盖个人数据。因此，确保这些数据在收集、传输和处理过程中的安全性，防止数据泄露和滥用成了首先要解决的问题。其次，隐私保护在数字孪生体技术的应用中同样重要。特别是在涉及个人数据的场景中，如健康医疗领域的数字孪生体，必须确保个人信息得到妥善处理，防止隐私被侵犯。为此，在技术设计和应用过程中，必须内嵌隐私保护原则，如数据最小化原则和匿名化处理。这不仅是技术实现的要求，更是法律合规的基本前提。再次，随着数字孪生体技术的迅速发展，其所引发的知识产权问题也日益复杂。数字孪生体涉及软件、算法、数据等多个方面的知识产权，如何在促进技术创新和资源共享的同时保护创造者和使用者的合法权益成了亟待解决的课题。这需要明确知识产权的归属和使用规则。

总之，《数据安全法治化研究》是一部理论深度与实践价值并重的学术著作，书中系统梳理了数据安全在法治化进程中所面临的诸如数据分级分类管理、政务数据开放与安全、企业数据跨境流动监管、企业数据合规利用、个人数据权利配置以及个人信息保护与利用等重要问题，并提出了若干具有创新性的观点。作者通过严谨的理论阐释和实证研究，不仅为学术界提供了高质量的研究成果，也为实务界提供了有价值的应用参考。期望本书的出版能够激发更多学者和专业人士对数据安全法治化问题的关注和研究，共同推进我国数据安全治理体系的完善。

2024 年 6 月 9 日
于西南政法大学宝圣湖校区

代　序
数字经济时代数据安全的法治回应

　　在信息技术革命的浪潮中，数据作为新兴的生产力要素，正引领全球进入全新的发展阶段。大数据、云计算、人工智能等前沿技术的融合与应用，不仅重塑了传统产业结构，还催生了众多创新业态，极大地推动了社会生产力的飞跃。与此同时，数据安全与隐私保护的问题也日益凸显，成为制约数据价值实现的瓶颈。数据泄露事件频发揭示了当前数据安全防护的脆弱性，对个人权益、企业利益乃至国家安全造成了不容忽视的冲击。在此背景下，构建科学合理的数据安全治理框架，既要依托法律法规的规范与约束，又需借助技术创新的力量，强化数据全生命周期的安全防护。此外，加强国际间的数据治理合作，共同应对全球性的数据安全挑战，已成为实现可持续发展的重要途径。

　　数据安全的法治化进程是对加强数据管理领域法律规范体系建设的一种体现，其核心目标在于借助法律工具确保数据的安全性和合理利用，同时保护个体和组织的合法权益。从学术研究的角度来看，对数据安全法治化进行深入研究，有助于理解和推动现代数据管理的法治化发展。具体而言，数据安全法治化的推进，不仅仅是对数据活动进行规范和引导的过程，也是社会对数据价值和风险认知的一种反映。立法活动应当回应这种认知，通过确立明确的法律标准和责任体系，来形成对数据收集、处理、存储、传输和使用等重要环节的全面规范。这种规范不仅有助于缓解数据安全风险，更是维护数据主体权益、推动数据资源合理开发利用的基础。在数字化时代背景下，数据安全与个人隐私保护之间的关系格外紧密。因此，法治化进程中必须对这一关系进行深入考察，并在法律规制中给予充分体现。法律规范的制定应当既反映对数据安全技术发展的适应，也体现对个人隐私价值的尊重。这要求立法者、政策制定者和社会各界在法律框架的构建过程中兼顾效率与公正，强化数据使用者的责任意识，确保数据主体的权利不受无理侵害。

政务数据开放作为信息时代的重要特征，其价值体现在政治透明度提升、公民参与增强以及经济创新驱动等多个方面。从政治价值维度来看，政务数据开放一方面能够提高公共政策的可理解性，进而提高政府的透明度和公信力，另一方面公众通过政务数据公开与可视化，可以更直观地了解政府资金的流向和使用效率，推动政府决策公开透明。同时，政务数据公开是促进公民参与与提升政策透明度的核心要素。具体而言，政府可以通过公开决策信息，如政策讨论与投票记录，提升政策质量与政府公信力。从经济价值维度来看，政务数据开放是推动经济增长的重要催化剂，通过提供易于获取的政府信息资源，为企业风险评估提供数据支持，进而降低企业融资成本，推动企业长久发展。政务数据的开放获取能够激发社会创新的活力与积极性，如通过公开科研数据促进科研数据的共享，进而激发学术与产业的协同创新，为新兴产业的发展提供孵化空间，基于公共设施与服务数据的公开，能够优化城市规划与公共服务供给，从而提高社会福利与经济效率。

随着全球化和信息化的加速发展，数据跨境流动已成为推动世界经济发展的重要动力。数据跨境流动不仅促进了信息的快速传播和知识的共享，还为企业提供了前所未有的商业机会。然而，数据跨境流动的复杂性和普遍性也带来了一系列挑战，尤其是在数据安全和隐私保护方面。这些挑战使得数据跨境治理成了维护数据安全的内在要求，对于保障个人隐私、国家安全和社会稳定具有重要意义。立足于全球化的时代背景，各国政府致力于探索与构建适合自己国情的数据跨境流通监管框架。当前主要的监管模式可以被归纳为美国模式、欧盟模式、中国模式。三种模式各具特色，但都契合本国特定条件，体现各国在数据跨境流动治理上的不同治理理念与实践路径。美国模式以市场自由为核心原则，强调数据商业价值的最大化，其数据跨境流动相对自由，较少受到政府干预。这种模式促进行业创新与商业活动的繁荣，但同时也引发了针对数据安全与个人隐私保护的关切。例如，美国的《云法案》为美国境内执法机构提供对境外数据的访问权限，这一规定在国际法领域引发了对跨境数据治理合法性的深入探讨。与之相对，欧盟模式强调以个人数据保护为核心。《欧盟通用数据保护条例》则通过确立个人数据保护的高标准，对全球数据保护法规产生示范与引领作用。中国模式则试图在网络安全和经济发展之间寻找平衡。中国的《网络安全法》等法律文件的实施，通过强化数据本地化存储与跨境数据传输的安全性评估，充分表现中国在经济全球化背景下网络空间主权的治理策略与治理决心。这些立法举措反映了各国在数据治理领域的治理理念差异及其对国际数据流动格局的塑造作用。

个人数据的核心构成要素不仅包括数据的基本属性（如可识别性、可访问性和可控性），还涵盖了数据主体所享有的隐私权、自主权等核心权益。这些要素共同构筑了个人数据权利的基础。权利束理论作为分析工具，揭示了个人数据权利并非孤立存在，而是一系列相互关联、相互制约的权利集合。在数据治理的学术研究中，个人数据权利的范畴已扩展至数据访问权和数据更正权等新兴领域，而通过权利束理论的视角能够更全面地理解个人数据权利的复杂性和动态性，从而在立法和实践中实现对各方利益的有效平衡。在价值维度上，人格化价值和财产化价值作为权利束的两个核心维度，人格化价值强调个人数据对个体身份、尊严和自由的重要性，要求在数据处理过程中充分尊重和保护个人的隐私权和人格尊严。财产化价值则关注个人数据的经济价值，主张数据的商业利用应当遵循合法性、公平性和透明性原则，确保数据主体能够依法获得符合其价值的合理经济回报。在大数据环境下，个人隐私权的保护面临新的挑战。个人隐私权在法理上作为一项重要的人格权，其设立旨在限制未授权的信息收集、使用和披露。然而，数字社会中隐私权的界限变得模糊，用户往往在不知情的情况下被收集与处理数据。由此构建明确的个人隐私权理论框架，对平衡数据利用与隐私保护尤其重要。而构建这一理论框架，需要深入分析包括个人隐私的定义、范围及其在不同情境下的权利限制等复杂概念。保护个人隐私的关键是加强数据主体的权利意识，赋予数据主体更多控制权，如数据访问权、删除权和更正权，以及增强其对数据处理的了解和处理数据能力。法律体系的完善是实现个人隐私保护的基础，这不仅要求法律规范明确指导数据的收集、使用和传输，还要求法律能够适应技术发展的变化，从而保护个人免受新型数据处理技术的侵害。

数字孪生体技术作为信息物理融合系统的核心，其在提升生产效率、优化资源配置以及推动创新驱动发展等方面展现出了显著的社会经济价值。然而，其普及亦对法律伦理和个人权益保护提出了新的挑战，这便要求在推动技术进步的同时，必须严格审视并妥善解决其可能带来的法律伦理问题。在法律层面，数字孪生体技术的应用涉及数据隐私保护、个人信息安全、知识产权归属等多个方面。首先，数字孪生体技术在实际应用中涉及数据隐私、个人信息安全及知识产权归属等重要问题，由此必须确保对个人信息的合法处理。例如，《欧盟通用数据保护条例》（GDPR）为个人数据的处理提供了严格的指导原则，任何违反这些原则的行为都可能导致法律责任。其次，数据所有权和使用权的严格界定对于技术创新与现实转化而言十分重要，需要明确数据来源、归属及利用与分享机制，从而避免法律纠纷。在经济层面，数字孪生体技术的应用有望极大地提高生产效率和资源配置效率，进而推动经济增长。例如，数字孪生体技术通过优化生产流程、提高产品质量、提高城市运行效率等显著提升生产效率和资源配置效率，最终推动经济增长。然而，伴随着数字孪生体技术的推广应用，数据垄断和市场竞争问题也随之而来，需要制定政策和监管措施，确保数据的公平利用与市场良性竞争。在伦理层面，数字孪生体技术的应用引发了关于人机关系、技术责任等深刻的哲学思考，以及针对技术透明度、可解释性及其对人类价值观影响的伦理问题考量。这些问题的客观存在要求相关人员在技术创新的同时进行深入的伦理反思，从而针对数字孪生体技术设立相应的规范。在技术层面，数字孪生体技术的实现依赖于先进的传感器技术、云计算、大数据分析等重要技术，这些技术的发展为数字孪生体的应用提供了强大的支撑，但同时也带来了诸如数据安全、系统可靠性等技术挑战。因此，持续的研发投入以推动相关技术的创新和完善在长远来看是必要的。

《数据安全法治化研究》这部论著，以严谨求真的学术态度对数据安全法治化的理论基础进行了深入解构，并由此试图构建系统化的理论框架。本书不仅对数据安全领域的重要问题提出了创新性的解决策略，而且在推动我国数据安全法律体系的完善和数据保护法治化进程方面发挥了积极作用。该书为学术界提供了扎实的研究成果与坚实的理论支撑，为法律实务界提供操作性的指导方案，同时为政策制定者制定和优化数据安全法规提供了重要参考。作者对现行法律的深入考察以及对技术发展趋势的前瞻性研究，为读者呈现了数据安全法治化研究的多维视角，对维护国家网络空间主权安全具有重要的参考意义。

2024 年 6 月 10 号

于武汉大学珞珈山

目 录

绪 论

在数字化转型的时代浪潮中，大数据技术逐步将人们曾经憧憬的理想化生活与发展情景付诸现实，作为承载海量信息的重要载体和社会资源，数据已经成为与土地、劳动力、资本等并列的新型生产要素。数字化转型不仅重塑了全球竞争格局，也对国家安全、社会治理与经济发展构成前所未有的挑战，维护数据安全与预防重大数字风险等成了我国亟待解决的战略性议题。在数据应用层面，诸如大数据杀熟、信息茧房、滥用人脸识别技术等问题的不断涌现，凸显出了数据伦理和法律规制的紧迫性。为应对上述挑战，我国已采取了一系列举措。

在规范层面，中央在总体国家安全观的指引下，将数据安全纳入了国家安全领域。2021 年中共中央政治局审议的《国家安全战略（2021—2025年）》特别强调要"更加注重法治思维"，在新型安全领域要"加快提升生物安全、网络安全、数据安全、人工智能安全等领域的治理能力"。可见，数字安全风险既涉及数字时代出现的新技术、新要素及新关系的安全，也覆盖数字应用衍生的安全，还包括数字产业所涵盖的安全问题，常常表征为一个复杂、多变的综合风险系统，传统的回应型法治模式难以应对不断演化、传导、叠加、升级的数字安全风险，容易造成风险的沉积，无法解决不可逆的危害结果。基于此，我国逐渐认识到，面向数字安全问题更应注重事前的预防性法治模式，把重大安全风险防患于未然、化解于源头。对此，2021年《法治政府建设实施纲要（2021—2025 年）》从数字法治化和法治数字化两条线提出了基本要求。[1]2022 年《国务院关于加强数字政府建设的指导意见》

---

[1] 《法治政府建设实施纲要（2021-2025 年）》第三部分"健全依法行政制度体系，加快推进政府治理规范化程序化法治化"提出，及时跟进研究数字经济、互联网金融、人工智能、大数据、云

强调要坚持安全可控原则。2023 年，中共中央、国务院印发的《数字中国建设整体布局规划》将"筑牢数字安全屏障"作为数字中国建设的关键能力进行整体部署。

在理论层面，学界的研究重心也逐步转向大数据治理、数据安全及数据应用等核心领域，研究方法亦从单纯的理论探索和体系建构向实际应用转变。总体来看，学界关于数据治理法治化的研究不仅包含了对整体架构的深入探讨，还细化到了数据治理法治化各个方面的专门研究。部分学者致力于探索数据治理法治化的实现路径，提出了从理论、规范和体系三个维度确立数据治理法治化的三重定位，并以此为基础，引领数据治理法治化体系的不断完善。[1]也有学者将研究焦点放在了数据分类分级制度上，提出利用该制度推动数据要素的市场化进程，并认为数据分类分级的内容建设应有助于评估数据要素的价值及促进数据要素市场的有效流通与治理。[2]还有学者围绕政务数据开放的风险与法律规制展开深入研讨，通过对我国政务数据开放的静态立法与动态实践的梳理，归纳出政务数据开放的风险类别及规制困境，并从原则、主体和标准等多个维度提出了针对性的风险规制方案。[3]尽管规范和理论层面的研究在数据安全法治化的各个方面均有涉猎，但仍显不足。因此，可以借鉴域外的有益经验，将其转化为推动我国数据安全法治化研究的动力。相较于国内，域外对数据安全治理的研究起步较早，并且已经取得了显著成果。例如，于 2018 年施行的《欧盟通用数据保护条例》对全球个人信息和隐私保护立法产生了深远影响；2022 年 4 月，欧洲议会通过的《数据治理法案》进一步强化了在全球数据治理领域的规则引领作用。此外，美国也在不断

(接上页) 计算等相关法律制度，抓紧补齐短板，以良法善治保障新业态、新模式健康发展。在第九部分"健全法治政府建设科技保障体系，全面建设数字法治政府"中提出，坚持运用互联网、大数据、人工智能等技术手段促进依法行政，着力实现政府治理信息化与法治化深度融合，优化革新政府治理流程和方式，大力提升法治政府建设数字化水平。

〔1〕 毛俊响、王欣怡：《我国数据治理法治化：挑战、定位与逻辑》，载《法律适用》2023 年第 12 期。

〔2〕 史丹、何辉、薛钦源：《数据分类分级制度与数据要素市场化：作用机制、现实困境和推进策略》，载《福建论坛（人文社会科学版）》2024 年第 4 期。

〔3〕 冯子轩：《我国政务数据开放的风险及其法律规制》，载《甘肃社会科学》2024 年第 2 期。

推进数据治理立法工作，并发布了相关讨论草案。国外学界的研究领域也逐步扩展到了个人信息保护、数据安全、企业决策和区块链治理等方面，研究内容主要涉及不同主体在数据治理环境下的治理模型、框架、因素与机制等。总体来看，国外数据治理更多地从社会实践出发，逐步构建并巩固上层建筑，呈现出自下而上的发展态势。总之，无论采取何种治理路径，我国都必须正视数据安全治理在当前及未来可能面临的种种问题和挑战，积极寻求切实有效的解决方案，以促进数据的健康、有序发展。

在数据安全法治化的相关规范和国内外已有研究的基础上，本书以数据安全为切入点，深入探讨数据安全法治化研究，重点从数据分类分级管理、政务数据开放与安全、企业数据跨境流动监管、企业数据合规利用、个人数据权利配置、个人信息保护与利用以及数字孪生体应用七个维度剖析数据安全法治化的转型、挑战及应对策略。具体而言：其一，在数据分类分级管理方面，明确界定数据的基本概念，夯实数据分类分级管理法治化的理论基础，总结现有制度和实践中存在的不足，切实推进数据分类分级管理的法治化进程。其二，在政务数据开放与安全方面，需明确界定政务数据的法律属性及权属关系，充分考虑政务数据的政治和经济价值，构建政务数据开放与安全并重的新格局。其三，在企业数据跨境流动监管方面，既要充分利用企业数据跨境流动所带来的"数据红利"，又要警惕其可能引发的数据安全风险，构建科学有效的企业数据跨境流动监管机制。通过对比分析美欧国家及中国企业数据跨境流动监管模式的异同，吸取有益经验，剖析我国在此方面的不足，进一步完善我国数据跨境流动监管机制。其四，在企业数据合规利用方面，应充分认识到公共利益制度在保障企业数据安全与隐私方面的重要作用，明确公共利益制度对企业数据合规利用的具体要求，从公共利益的角度出发，不断丰富和完善企业数据合规利用的方法和途径。其五，在个人数据权利配置方面，鉴于实践中个人数据时常面临非法收集、滥用、泄露等风险，需从法律法规建设、企业自律机制完善以及个人意识提升等多个层面入手，全面保障个人数据权利的实现。同时，关注新技术的发展和应用趋势，不断创新和完善个人数据权利保护机制。其六，在个人信息保护与利用方面，如何在保护个人隐私的同时充分发挥个人信息的价值，实现二者的平衡，已成为亟待解决的问题。比例原则为此提供了一种解决思路，即在进行个人信息处理时，需根据具体情境和目标权衡保护与利用之间的利益关系，确保个人信息处理的合理性、必要性和均衡性。其七，在数字孪生体应用方面，通过对数字孪生体的本体论认识，可以更全面地理解其内涵、特性、发展趋势及价值所在。在此基础上，分析数字孪生体对法律价值、人权保护、数据风险及侵权空间等方面的影响，要求加强数字孪生体权益保障，并遵循特定理念构建合法合理的数字孪生体应用规范框架。

第一章

数据分类分级管理法治化

我国明确提出要"探索数据产权结构性分置制度。建立公共数据、企业数据、个人数据的分类分级确权授权制度"。[1]数据分类分级管理制度是构建数据安全管理体系以促进数据安全流通的核心环节之一。数据的安全流通,既应关注归属于人民群众的个人数据安全,也应关注关乎国家安全的公共数据安全。个人数据安全和公共数据安全之间具有一致性,保障公共数据安全流通能够促进个人数据安全保护,避免因数据不当泄露和不当交易等各类乱象而给人民群众和国家造成重大损失。

第一节 数据的基本概念界定

作为数据社会的核心要素,数据的概念厘定在一定程度上决定了数据安全管理体系的基本走向和重心,也是推动数据分类分级管理的基本前提。当前,学界对于"数据"的概念已经做了诸多研究,但其内涵和外延仍然处于较为抽象的境地,尚未达成共识。厘清数据的基本概念,是探索公共数据分类分级管理法治化运行及推进需要解决的首要问题。

一、语义学层面的数据概念

无论是"数"字还是"据"字,早在我国古代就已经出现。例如,东汉

---

[1] 中共中央、国务院于 2022 年 12 月 2 日联合发布《中共中央、国务院关于构建数据基础制度更好发挥数据要素作用的意见》。

许慎所著的《说文解字》将数理解为"计算"之意，曰"数，计也"。[1]清代段玉裁所著的《说文解字注》将"据"理解为"依托"之意，注为"杖者，人所据"。[2]诚然，随着文字的沿用，古代关于"数"和"据"的理解同现代的"数据"含义虽不等同，例如"数"的主要含义逐渐固定为"计算""数目"，"据"的主要含义也渐渐引申为"凭据""论据"等，但古今之间的"数据"一词也有所关联，这主要是基于我国古代"数"除"数字""数目"之外的他义表现，如文字、图形、图像等亦可被称为"数据"。[3]

一般认为，现代社会意义上的"数据"主要起源于西方，同"data"的含义阐释有所渊源。"data"的第一层含义蕴含"已知"，是对"已知条件"的概括和解读，其来源于数学学科层面的表达"《已知条件》（data）……是唯一以希腊原文幸存至今的另一部著作"。[4]"data"的第二层含义则强调"资料"，存在于历史学范畴的概念解读，其来源于《新史学之古代科学与现代文明》一书，其中将前述的《已知条件》一书明确翻译为《资料集》，从而将数据指向了材料、资料等意蕴。[5]"data"的第三层含义既和中国古代的"据"字有所相关，含"依托、依据"之意，也涉及《英语同义词辨析大词典》关于"data"解读中的"提供""给定"意蕴。[6]总体而言，基于不同的学科和视角，学者们关于"数据"的含义解读虽有所不同，但"数据"应为"已知资料"的内涵界定应当成为一种共识。理由在于：从语义学的角度出发，"已知"立足于客观事实状态的已然存在，"资料"表明了相应材料的既定而非可能状态，"依托"一词更是直接指明了将已经存在的内容当作依据。因而，"数据"的概念必然是指已经存在的各种资料和材料。

及至计算机网络时代，随着科学技术的进步，数据的内涵不断扩大，专

---

〔1〕（汉）许慎：《说文解字》，中华书局 1963 年版，第 68 页。

〔2〕（清）段玉裁：《说文解字注》，中华书局 2013 年版，第 603 页。

〔3〕吴哲、丁海斌：《"数据"概念史考略及"档案数据"概念解析》，载《档案与建设》2023 年第 1 期。

〔4〕杜瑞芝等编著：《简明数学史辞典》，山东教育出版社 1991 年版，第 181 页。

〔5〕陈恒、耿相新编：《新史学》（第 10 辑·古代科学与现代文明），大象出版社 2013 年版，第 58 页。

〔6〕吴哲、丁海斌：《"数据"概念史考略及"档案数据"概念解析》，载《档案与建设》2023 年第 1 期。

门性的电子数据库也在逐步建构。在计算机科学等学科领域中，数据表明了通过一定技术而加工形成的各种数字编码，其以各类信息为具体内容，是各类实体信息的数据表现，是各种数字化的事实。[1]在这些数字化的事实中，数据的类型具有多样性和混杂性，囊括了包括技术、财产、人身等信息在内的各种事实。换言之，当前，数据已经成为一类重要的社会资源与生产要素，其生成的信息产品日益转化为流通中的社会财富。[2]由此，从语义角度而言，数据是一种经各种计算机技术处理后以各类信息为内容、以各种数字编码为形式的事实展现。

二、规范学维度的数据概念

基于数据安全保护的需要，各国也从法律规范层面对数据的概念和内涵进行了制度回应。在域外，德国于1977年颁布的《联邦数据保护法》将数据界定为"任何一个特定或可识别的自然人（数据主体）的个人或事实情况的资料"，欧盟1995年的《数据保护指令》认为"个人数据是指关于已识别或可识别的自然人的任何信息"，英国1998年的《数据保护法案》则将数据规定为"经由对人指令自动反应设备进行处理，被记录于有关的档案系统并成为该系统一部分的信息"，并进而将个人数据界定为"与一个活着的自然人的有关的任何数据，通过这些数据和其他任何可能或已经被数据控制者掌握的信息可以识别出该自然人"。显然，在前述代表性国家的规范文件中，数据不仅同自然人紧密相连，也将"可识别性"作为其具体界定的核心要素与特征，从而将数据同包括隐私权在内的个人人身财产权密切关联。

同域外的数据保护侧重于私法领域有所不同，国内的规范性文件对数据的界定和保护在公法领域中也有较多表述，且多指向"重要数据"的具体界定。例如，《网络安全法》[3]第37条首次提出"重要数据"的概念。《个人

---

〔1〕　时建中：《数据概念的解构与数据法律制度的构建——兼论数据法学的学科内涵与体系》，载《中外法学》2023年第1期。

〔2〕　刘瑛、高正：《数据与信息概念二分之下商业数据的立法保护》，载《科技与法律（中英文）》2022年第4期。

〔3〕　《网络安全法》，即《中华人民共和国网络安全法》，为表述方便，本书中涉及我国法律，直接使用简称，省去"中华人民共和国"字样，全书统一，后不赘述。

信息和重要数据出境安全评估办法（征求意见稿）》将"重要数据"定义为
"与国家安全、经济发展，以及社会公共利益密切相关的数据"。而后，《数据安
全管理办法（征求意见稿）》规定"重要数据"应当为"一旦泄露可能直接影
响国家安全、经济安全、社会稳定、公共健康和安全的数据"。2021 年颁布的
《数据安全法》明确了数据的定义，认为数据"是指任何以电子或者其他方式对
信息的记录"，并强调要通过列举的方式对重要数据予以保护。随后，《网络数
据安全管理条例（征求意见稿）》对重要数据再次作出了具体的定义并进行细
化。根据该文件的规定，重要数据应当是指"一旦遭到篡改、破坏、泄露或者
非法获取、非法利用，可能危害国家安全、公共利益的数据"。在私法领域，
《民法典》明确规定关于数据的概念和内容参照前述有关法律规定进行适用。

显然，无论是域内还是域外，各个国家和地区的规范性文件对数据的界
定都强调数据的"指向性"或称"可识别性"，其区别仅仅在于其指向的范
围而已。对于域外国家而言，其更多指代个人数据，指向自然人的个人权利
保护；而我国的规范性文件则侧重于强调重要数据的保护，除了公民个人权
利外，更多地强调了数据对于社会公共利益和国家利益的影响，构成国家安
全和经济安全的子集内容。因而，结合我国的规范性文件，数据是指以电子
技术、文本、影像等各种方式记录、能够指向各类主体且体现相关利益的信
息内容，是对客观现象的记录。

三、数据和相关概念的界分

作为新兴的法律概念，数据同信息、数字等相关概念不仅在理论层面始
终纠缠不清，实践中也经常出现不加区分的混用状态，这不仅损害了法律文
本的规范性和权威性特征，也会极大地制约数据权利保护的效果和目标。因
而，厘清数据和相关概念的具体界限尤为重要。

（一）数据和信息

当前，学界关于数据和信息的关系主要存在四种观点：其一，数据和信
息等同论，该观点认为数据和信息的区分意义不大，可以交互使用；[1]其二，

---

[1] 郭明龙：《个人信息权利的侵权法保护》，中国法制出版社 2012 年版，第 19 页。

数据和信息分层论，该观点将数据分为载体层、符号层和内容层三个部分，认为信息是数据内容层的核心要素，二者并不处于同一位面，也就无法探讨其共性关系，而应予以区分对待；[1] 其三，数据包含信息论，该观点认为数据的内容不仅有信息，还有非信息内容的存在；[2] 其四，信息包含数据论，该观点认为信息除了数据外还可以通过其他形式进行记录。[3]

尽管学者们对数据和信息的关系存在认识上的分歧，但对于"信息是数据的内容，数据是信息的载体"这一点却具有共通性的结论。从结构和逻辑关系来看，二者分属于形式和内容的不同层面，因而不能将其等同。基于此，应当分别从内涵和范围层面对数据和信息进行区分。从内涵来看，数据是依托于科技发展而形成的一种载体，是附着信息内容的新形式，但信息则是含有特定内容的具体记录，除数据外也可以通过其他形式予以刻画和保存，因而可以认为数据仅仅是信息的一种附载媒介；从范围来看，除了作为媒介承载信息内容以外，数据作为一种载体也可能同时包含其他的非信息内容，而且其也可以在脱离信息内容后单独存在，由此也可以认为数据的范围是要大于信息的。因此，需要结合不同的层面和具体的情形，辩证看待并界分数据和信息的内涵与外延。

（二）数据和数字

数据是数字社会的核心要素和典型特征，但二者并非相同的层面。正如学者认为："数据是信息的载体，数字是数据的传输处理方式。"[4] 数字本身是伴随着互联网信息技术的演进而来的，其本质上是处理各种电子数据的传输手段和工具。也即，通过专业的数字编码手段将信息的数据载体传输出去，从而实现信息内容的广泛传播。不同于以往传统的传输方式，数字技术主要是借助数字 0 和 1 这种二进制数系统对包括文字、视频、音频等在内的各类信息载体进行编码，最终实现信息的存储、传输和应用功能。而且，数字手

---

[1] 纪海龙：《数据的私法定位与保护》，载《法学研究》2018 年第 6 期。
[2] 李爱君：《数据权利属性与法律特征》，载《东方法学》2018 年第 3 期。
[3] 梅夏英：《数据的法律属性及其民法定位》，载《中国社会科学》2016 年第 9 期。
[4] 时建中：《数据概念的解构与数据法律制度的构建　兼论数据法学的学科内涵与体系》，载《中外法学》2023 年第 1 期。

段具有存储简易、传输高效、折损微小等特点，因而在社会发展的各个方面得到了广泛推广和应用。例如，伴随着数字社会的到来，数字经济、数字货币、数字作品、数字产品、数字藏品等一系列数字化概念纷纷涌现，体现了传统社会要素的数字化刻画。由此可以认为，数字以各类计算机算法和搭载着信息内容的数据作为基础，通过对其中的各种信息要素和内容进行存储、转化和分析，最终打造成以信息数据化和数据应用自动化为标志的新型社会形态。按照这种逻辑，数据和数字的差异和界分已然较为明显。

第二节　数据分类分级管理的法治化原理

法治，是现代国家所追求的核心目标之一。党的十八大以来，我国在全面推进法治国家建设的过程中已经取得了不俗的成果，并力图实现国家治理和社会治理的方方面面始终保持在法治的轨道之内。这就决定了数据的管理保护同样应当在法治的轨道之内运行。然而，法律规范若要与现实事物相适应，类型化思维是基础和关键，是研究事物本质的切入点，具有开放性与动态性。[1] 由此，数据分类分级管理制度的建构就应当成为数据治理法治化中的核心环节，也是有序管理数据、维护数据安全和人民群众人身财产安全的前提和保障。而且，在推进数据分类分级管理制度以优化数据治理法治化水平的过程中，厘清数据分类分级管理的法治化原理应当是基本前提。换言之，只有将数据分类分级管理和法治之间的逻辑关系和理论融洽性予以明晰，才能为数据分类分级管理的法治化推进提供根本的指导遵循。

一、数据分类分级管理具有坚实的法治价值基础

权利和义务是法律规范的核心内容，而权利和利益本身又密切相关，这就决定了在数据利用的过程中需要维持权利和安全的平衡。作为最具权威性的社会行为规范，法律的重要功能就在于科学地分配社会利益以表达利益需

---

〔1〕 雷磊：《类比法律论证——以德国学说为出发点》，中国政法大学出版社 2011 年版，第 38~39 页。

求、合理地平衡利益冲突以维护社会稳定。巧合的是，在数据的分类分级管理过程中，无不充斥着各种价值与利益之间的冲突和博弈，且以隐私保护和公共利益之间、数据财产权与经济价值之间、数据的自由流动与国家安全之间的冲突等为主要表现。[1] 基于此，作为数据分类分级管理制度构建的基础，数据的分类分级管理同样应当通过法治要素的融入以实现数据利用和数据安全之间的平衡，这既是数据类型化管理的必然要求，也是数据类型化管理的价值基础所在。

（一）维护人格尊严

我国《宪法》明确规定了"尊重和保障人权"的基本原则，《国家人权行动计划（2021-2025 年）》也对此予以了重申，并对未来五年的中国人权事业进行了详尽的安排。公民的人格尊严是与生俱来的，任何主体都不得随意剥夺。以人身自由、人格身份、个人名誉等为主要内容的公民个人权利构成了公民人格权的核心，也是多数国家的宪法所规定的公民应当享有的基本权利。尊重和保障公民的人格尊严，非经法律允许不得侵犯公民的人格利益，这也是我国《宪法》规定的当然要求。作为各类信息的载体，由行政主体主要控制的各类公共数据自然也会包含公民个人信息、公民个人隐私、公民财产信息等公民的人格利益。在数据的收集、存储和利用过程中，一旦处理不当，将会极大地威胁公民所享有的人格权益。例如，身份信息的泄露、行踪轨迹的曝光、生活场所的公开等，都会给公民造成极大的不安全感。因而，为了维护公民的人格尊严和人身安全感，需要对这些数据的利用过程进行类型化、规范化管理，以最大限度地降低其对公民人格尊严所产生的风险。

（二）保障财产安全

除单纯的人格利益外，各类公共数据也会指向其他的相关信息内容。例如，未脱敏、未匿名化的公共数据在某些情况下也会同时包含能够识别公民本人的各种个人信息，如若这些信息未能得到充分保护，就会给违法犯罪分

---

〔1〕 陈祥玲：《政府数据分类分级保护的理论逻辑、现实困境与实践路径》，载《征信》2023 年第 4 期。

子制造作案空间，通过敲诈勒索、盗窃、抢劫、诈骗、绑架等各类手段，最终导致公民的合法财产遭遇巨大损失；行政机关在突发公共卫生事件处理中收集到的公民个人数据、高铁站和机场等特殊场所收集到的公民生物识别数据等，一旦遭受不当泄露，其所造成的损失则可能不仅仅局限于公民个人的财产利益层面，甚至会引发全社会的不安全感，等等。如果未经技术和程序处理而被不当侵犯与不当泄露的是个人信息以外的纯粹公共数据，其所产生的危害则会因其公共利益属性而更加不可估量。因此，对于公共数据的保护应当是发挥数据经济价值、保障经济安全的关键。当然，这种保护并非单一地强调封闭或限制数据的开放，而是通过一系列措施更好地推动数据的有序开放和利用，从而实现数据利用与安全保护的有效平衡。因而，需要通过建构数据的类型化管理模式，通过数据的分类分级才能在保障数据安全的基础上最大限度地激发其所产生的经济价值，才能真正保障因数据而产生的各类财产权，维护公民、社会乃至国家的财产安全。

（三）维护数据主权

数据本身的经济和安全价值引发了数据的可交易性特征，这就决定了数据具有自由流通的天然属性。数据的财产权益也是基于其流通性而产生的。而且，数据安全作为总体国家安全观的内容组成，其不仅涉及公民的人格利益和财产安全，对于国家安全而言也具有非常重要的作用。而在数据安全中，其中最重要的就是数据主权。不同于普通数据权利所注重的内容，数据主权所关注的焦点在于国家将数据作为基础性的战略资源来看待，并致力于维护整体的网络安全和数据安全。理由在于，对于数据而言，其本身存在大量未脱敏、未加工、未处理的原始数据，而这些原始数据很有可能包含着国家的经济数据、地理数据、政治性数据甚至是军事数据等，一旦处理不当将对国家的秩序和安全造成严重的威胁。因而，通过系统构建数据的类型化管理机制，将不同级别的数据进行层次性分离，将有助于维护国家的数据主权和网络安全。最终，国家通过对本国数据的完整掌握和科学处理，保障本国的各种数据不被侵犯，构筑国家的数据安全防护线。

二、数据分类分级管理中蕴含着丰富的法治逻辑

"法治的功能不限于规范现有的行为，调整现有的关系，而且也在于要面向科技社会的发展，引导未来法治的高级发展形态。"[1]当前，法治已然成为中国式现代化的底色。因而，在面临数据治理的困境和难题时，法治自然应当作出科学、合理的回应。但不同于传统法治，数字社会背景下的数据发展具有智慧、高效和精准等特征，是一种智慧型法治，也是数字治理过程中的一种本体论方法，直接指向数字治理实践。作为数据治理现代化的保障和目标，法治具有固根本、稳预期、利长远的重要作用，应当成为数据治理的基本原则，并全面统筹和指导数据分类分级管理制度的系统构建。

（一）法治作为数据分类分级管理制度构建的保障

习近平总书记曾深刻强调："我国正处在实现中华民族伟大复兴的关键时期，世界百年未有之大变局加速演进，改革发展稳定任务艰巨繁重，对外开放深入推进，需要更好发挥法治固根本、稳预期、利长远的作用。"[2]法治作为中国式现代化的重要保障，必然是数据治理过程中应当坚持和依托的路径方向，这也使得法治成了数据分类分级管理制度构建的保障。这也就决定了"数字法治"应当成为数字治理的主要模式。在数字法治现代化的过程中，数字法治可被拆分为"数字化+法治化"的双重结构，其具体的内涵不仅包括数字化技术，而且同时涵盖法治实效维度和法治实施维度。[3]在这种内涵和结构的界定下，数字法治是数字化治理的一种新形态，也是数字治理现代化的必然要求。因而，在数据分类分级管理制度构建的过程中，需要始终把握数字法治的方向和主线。一方面，要牢固树立数字治理的实践法治观——坚持一切围绕实践中的真问题开展，同时要注重树立数字治理的系统法治观——坚持体系性地思考和审视治理实践，以科学、合理的法治观为数据分类分级制度的构建提供理论导向。另一方面，应当始终坚持科学立法、民主立法，既要以已经制定的各类规范性文件为依托，严格遵守以宪法为根本遵循、下

---

〔1〕 张文显：《"未来法治"当为长远发展谋》，载《新华日报》2018 年 12 月 5 日。
〔2〕 习近平：《习近平谈治国理政》（第 4 卷），外文出版社 2022 年版，第 300 页。
〔3〕 钱弘道、康兰平：《大数据法治：法治的一种新形态》，载《法制日报》2017 年 5 月 31 日。

位法不得违背上位法的法律效力位阶性要求，也不能忽视法律制定的前瞻性，以完备的法制为立法目标，从而为数据分类分级管理制度的法治实现提供遵循和依据。由此，法治作为数据分类分级管理制度构建的保障就体现为两个层次：一是法治理念、法治观念的科学保障；二是法治原则、规则的制度供给。

（二）法治作为数据分类分级管理制度构建的目标

数字法治的构建，意味着数字治理的制度重构和系统重塑，是数字化背景下数据治理的必然要求和时代命题。在数字社会的背景下，数字法治的形态呈现出传统法治并不具有的内在机理和外在形态。但相较于传统法治而言，数字法治也面临着前所未有的困境和挑战。从观念指导来看，由于数字社会的迅速变迁和有关主体的思维局限，能够支撑数据治理制度化构建的法治观念尚未及时更新，也尚未形成足够的理论供给；从制度供给来看，目前虽然已经有规范性文件对数据规范化治理进行了明确，但仍未跟上数字法治的实践推进速度，存在诸多有待细化的规则；从数据的开放机制来看，数据利用和数据安全的冲突和矛盾尚未得到有效化解，数据主体、数据收集者、数据处理者等各相关方的数据利益不仅尚未周延保障，而且呈现出一定的数据安全隐患。从本原来看，法治是动态和静态的结合，是过程与目标的结合。对于法治而言，其既是一种指导社会治理的理念和原则，也是社会治理需要达到的一种状态和目标。法治是社会治理发展到高度阶段的一种实际状态，而并非一个理想化的概念或当前的现实情况。由此，为推动数字法治化，实现数据利用的规范化治理和数据利益的法治化保障，数据分类分级管理制度的构建应当以法治为目标。

（三）法治作为数据治理中新的、有效的手段形式

"用法治思维和法治方式化解社会矛盾"是实现国家治理法治化的重要路径。法治，意味着国家和政府在众多的治理手段中选择了以法律作为维护社会秩序和人民群众利益的主要方式。诚然，法治和法律并非同一层面的含义和内容，但二者却具有内在的逻辑关联，脱离了完备的法律制度体系，不可能形成法治状态。因此，数据分类分级管理作为数字法治化的核心环节之一，

必然应以完备的法律制度体系构建作为前提。从政治社会学意义上来说，法治方式意味着一种新的政治方式，这种政治方式包括了解决社会矛盾的思维方式和机制应对。在这种模式下，社会控制的方式已然发生了基本的转向，也即从以往侧重压制、政策和命令等制裁性手段的治理，转向强调通过法律法规等手段的法治思维和法治方式来化解社会矛盾。[1]由此，在数据分类分级管理制度的构建中，应当坚持这种治理转向，在法治基本原则的指导下，充分运用法治思维，将法治作为数据治理的新形式，从而使得法治贯穿到数据分类分级管理制度构建的各个方面，以应对当前数据类型化管理的困境难题，最终实现数据利用和数据安全的有效平衡，化解由数据泄露、数据收集不当、数据处置不妥带来的各种风险，并消解这些风险带来的各类社会矛盾。

第三节　数据分类分级管理的法治化省察

　　数据分类分级管理的法治化原理为数据分类分级管理制度的建构与优化提供了方向。由此，在数字治理法治化的过程中，数据分类分级管理的法治化进程目前已经有所成效。正如前述，法治本身是过程与目标的统一，因而数字法治同样也是过程和目标之间的有机结合。数字治理需要实现法治，法治化本身又是数字治理所需要经历的趋势和过程。规范性文件作为数据分类分级管理的最直接承载，是数据分类分级管理法治化水平的直接呈现。因而，在当前的数据分类分级管理法治化进程与法治目标之间进行审视，数据的分类分级管理的规范现状自然应当是其核心视角。由此，从规范性文件对数据分类分级管理的法治化水平进行审查，可以发现，当前我国的数据分类分级管理制度建设仍然存有不小的上升空间。

一、数据分类分级管理中分类分级标准的不统一

　　数据类型化的划分标准及其分类结果是否合理，直接关系到数据分类分

---

　　[1]　陈金钊、杨铜铜：《"法治方式"的定位及塑造》，载《北京联合大学学报（人文社会科学版）》2017年第2期。

级管理的效果和价值。当前，依据不同的参照依据，关于数据类型化的划分标准和方式在理论层面主要包括两分法和三分法。在实践层面则因规范性文件制定主体和层级的不同，呈现出一定的碎片化特征，从而导致数据分类分级的具体标准显得较为混乱和分散。

（一）理论层面的不同分类标准

1. 两分法

顾名思义，两分法是指将数据的类型确定为两类，不过在两分法的内部，同样产生了不同的划分方式。

第一，根据数据的产生方式不同，数据可以被划分为原始数据和衍生数据两个种类。[1]所谓原始数据，是指经合法收集和记录等产生的数据，其直接来源于被收集记录者，未经过其他任何阶段的特殊处理，多形成于日常生活之中。衍生数据则不同，其是基于原始数据的基础，因某些特定目的需要而利用技术性手段进行脱敏、匿名、清理后所形成的各种新类型数据。相比于原始数据而言，衍生数据经过处理后，其优势不仅在于所具有的安全属性更高，经过各种技术处理后所附加的财产属性也更为明确。

第二，基于数据的内容价值区别，数据可以被划分为基础数据和增值数据两种类型。[2]按照这种分类方法，是否具有合理的识别性是不同种类数据的区分关键。对于基础数据而言，其所具有的可识别性相对较强。依托基础数据，社会公众无须复杂的程序就能够简单识别出特定的自然人或单位。增值数据则有所不同，仅仅从表述上来看，该数据就已然表明了其经历过技术的处理而产生了"增值"属性。而且，这种"增值"不仅仅体现于其财产属性和经济价值的提升，更重要的是其经技术处理后所具有的匿名化属性。这种匿名数据所具有的识别性已然显著降低，社会公众难以通过其直接指向特定主体。

第三，基于数据内容的重要程度，数据可以被划分为重要数据和一般数据两种类型。其中，重要数据所依托的焦点在于其所具有的敏感性或者对国

---

[1] 陈俊华：《大数据时代数据开放共享中的数据权利化问题研究》，载《图书与情报》2018年第4期。

[2] 丁道勤：《基础数据与增值数据的二元划分》，载《财经法学》2017年第2期。

家安全、经济安全等所产生的重要性。根据我国相关规范性文件的明确定义，重要数据是指与国家安全、经济发展以及社会公共利益密切相关的数据，这种密切相关也决定了重要数据的敏感性特征，其一旦不当泄露将可能影响国家安全、经济安全以及其他社会公共利益。而一般数据，即为重要数据以外的其他不具有敏感性、重要性的数据。

2. 三分法

除了前述的两分法以外，三元划分的方法同样是数据类型化过程中的常见划分。这种分类方式主要是根据数据产生主体的不同来进行划分的，并为多数学者所支持。具体来讲，依据数据产生主体的不同，数据可以被分为个人数据、企业数据、政府数据三类，这也是《中共中央、国务院关于构建数据基础制度更好发挥数据要素作用的意见》所采用的分类方法。

个人数据一般同特定的自然人密切相关，是依托于个人并以个人权益为核心内容的数据。而且，个人数据的识别性特征比较明显，根据个人数据的内容，人们可以直接或间接地识别出特定主体的身份。这些数据主要存在两种来源：一是由数据主体主动提供；二是网络服务商主动收集或通过非法手段提取数据主体的个人数据。

企业数据则不同，其是各种企业单位在本单位所拥有的各种数据，既包括企业名称、注册地、经营范围、注册资金等基本概况数据，也包括企业所掌握收集的或者经营过程中产生的数据。而且，经过了企业的发展和带动，这些数据已经产生了极高的经济价值和商品属性，既能给相关企业主体带来较大的经济利益，也会对企业乃至行业的发展产生严重的安全威胁。

对于公共数据尤其是其中的政府数据而言，其具体的来源渠道一般都是合法的，是行政机关在依法履职的过程中所提取的，仅仅是基于某种合法目的或目标将其记录保存下来，并由专门的部门予以管理。例如，新冠肺炎疫情（COVID-19）期间，为最大限度地保护人民群众的生命健康安全，行政主体收集了疫苗接种数据、确诊者和密切接触者数据、传染轨迹数据等。相比于个人数据和企业数据，公共数据因其所具有的公共属性，往往关系到公共安全和秩序的稳定性，需通过公法体系予以细致保护。

很明显，无论是两分法还是三分法，不同学者对于数据的分类都主要采用了单一标准，即要么按照数据主体、要么按照产生方式、要么按照内容重要程度等来进行数据的类型划分。但这种分类方式多将数据分类和数据分级进行一体化处理，容易忽视该数据类型的其他方面特征，最终导致侧重数据的分类而忽视数据的分级，甚至造成数据分类与数据分级之间的混同。例如，个人数据、企业数据和公共数据的分类之中仍然会不可避免地存在重要程度之分，这显然同数据分类分级管理的初衷相背离，因而应对其予以系统审视，以更全面、更合理地对数据进行分类分级。

（二）规范层面的分类分级差异

法治理念是法治实践的先导，因而数字法治化的推进离不开法治理念的正确引导和全面贯穿。在我国的数据管理中，虽然尚未系统建构数据分类分级的制度体系，但关于数据规范化管理和类型化管理的规范性文件即便不完备却也早已出台，而且这些规范性文件之中无不体现着法治的精神和理念，显然为数据分类分级管理的制度构建奠定了规范基础。

在由全国人民代表大会及其常务委员会制定的法律文件中，2017年6月生效的《网络安全法》和2021年9月生效的《数据安全法》，可以说是涉及我国公共数据安全保护的典型立法。《网络安全法》第21条明确提出要采取数据分类、重要数据保护等措施，并详细设计有关关键信息基础设施运行安全和用户个人信息保护的内容。《数据安全法》作为首部专门针对数据管理的法律，从数据管理主体及其职责、国家鼓励的数据产业、数据安全有关制度、数据安全义务履行、政务数据的安全和开放等不同层面全方位规范了我国的数据管理制度运行，并在第21条明确规定了国家和各地区在建立数据分类分级管理制度过程中的规范性要求。[1]在该法的规定中，数据分类分级的标准主要有二：一是数据在经济社会发展中的重要程度；二是数据泄露等对国家

---

[1]《数据安全法》第21条明确规定："国家建立数据分类分级保护制度，根据数据在经济社会发展中的重要程度，以及一旦遭到篡改、破坏、泄露或者非法获取、非法利用，对国家安全、公共利益或者个人、组织合法权益造成的危害程度，对数据实行分类分级保护。国家数据安全工作协调机制统筹协调有关部门制定重要数据目录，加强对重要数据的保护。关系国家安全、国民经济命脉、重要民生、重大公共利益等数据属于国家核心数据，实行更加严格的管理制度。各地区、各部门应当按照数据分类分级保护制度，确定本地区、本部门以及相关行业、领域的重要数据具体目录，对列入目录的数据进行重点保护。"

安全、公共利益或者个人、组织合法权益造成的危害程度，这些都为我国的数据分类分级管理和保护提供了制度依据。

然而，在包括行政法规、部门规章以及地方性法规等在内的其他规范性文件中，不同主体所采取的分类分级标准却存在不小的差异。例如，2021年10月生效的《汽车数据安全管理若干规定（试行）》明确规定了汽车数据的处理规则，并提出了数据分类分级的规定，明确了数据处理者对一般数据、敏感数据和重要数据的处理义务及其法律责任；[1]2022年2月生效的《网络安全审查办法》则明确规定了符合条件赴海外上市的网络平台运营者的申报安全审查义务，并在第10条提及关于关键信息基础设施、核心数据、重要数据等不同的分类分级情况；[2]2018年1月生效的《教育部机关及直属事业单位教育数据管理办法》明确规定了管理的基本原则，并对涉及数据管理的各个方面作出了规定，例如数据共享、数据公开、数据安全管理等方面，其中数据共享和数据公开的内容中均较为粗略地划分了三种不同类型和公开方式；[3]2020年2月27日生效的《工业数据分类分级指南（试行）》则全面围绕数据的分类和分级标准进行了相对规范的说明和要求；2021年4月生效的《交通运输政务数据共享管理办法》也在规定政务数据共享原则及其使用要求之外，涉及了政务数据的分类与要求等内容。

此外，也有一些地方将数据的分类分级管理同数据的开放和共享需求进

---

〔1〕《汽车数据安全管理若干规定（试行）》第5条规定："利用互联网等信息网络开展汽车数据处理活动，应当落实网络安全等级保护等制度，加强汽车数据保护，依法履行数据安全义务。"

〔2〕《网络安全审查办法》第10条规定："网络安全审查重点评估相关对象或者情形的以下国家安全风险因素：（一）产品和服务使用后带来的关键信息基础设施被非法控制、遭受干扰或者破坏的风险；（二）产品和服务供应中断对关键信息基础设施业务连续性的危害；（三）产品和服务的安全性、开放性、透明性、来源的多样性，供应渠道的可靠性以及因为政治、外交、贸易等因素导致供应中断的风险；（四）产品和服务提供者遵守中国法律、行政法规、部门规章情况；（五）核心数据、重要数据或者大量个人信息被窃取、泄露、毁损以及非法利用、非法出境的风险；（六）上市存在关键信息基础设施、核心数据、重要数据或者大量个人信息被外国政府影响、控制、恶意利用的风险，以及网络信息安全风险；（七）其他可能危害关键信息基础设施安全、网络安全和数据安全的因素。"

〔3〕《教育部机关及直属事业单位教育数据管理办法》第16条第1款规定："教育数据资源共享分为无条件共享、有条件共享、不予共享等三种类型。"第24条第1款规定："本办法所称数据公开，是指依照相关法律法规向社会公众公开教育数据。教育数据资源公开分为主动公开、依申请公开、不予公开等三种类型。"

行"倒挂"，即以数据流通安全作为核心评判标准，再根据数据开放和共享可能导致的危险程度对数据进行分类分级。例如，浙江省发布的《数字化改革公共数据分类分级指南》就明确将数据共享属性和数据开放属性以及数据的安全属性作为公共数据的分类维度，并按照数据破坏后对国家、社会、个人所造成的危害程度进行数据分级；贵州省发布的《政府数据　数据分类分级指南》同样提出在进行数据分级时要考虑数据对国家、社会、个人的重要程度以及其破坏后造成的风险等，并应当让分级结果成为数据开放和共享的依据。而且，在数据分级的指标选取中，对国家安全因素是否应当作为影响对象予以考虑，浙江和贵州之间的态度也有所不同：前者予以了充分考虑而后者则未提及。

由此可见，数据的分类分级与数据开放的分类分级之间是否可以衔接甚至共通，在不同主体制定的规范性文件中有所不一。即使在不涉及数据开放和共享的分类分级"倒挂"时，不同主体制定分类分级管理制度时所采取的标准和侧重也有所区别，其所形成的分类分级结果自然也不尽相同。正如学者所言："现有针对不同领域的数据安全问题研究错综复杂，相关政策又呈现出立法层级多、管理部门多、模糊法条多的特点，严重缺乏条理和体系性。"[1]正是这些不同地区之间不相适应、不相一致的差异情形之存在，极大地制约了数据分类分级管理的效果，亟待规范。

二、数据分类分级管理规范性内容的精细化不足

法律文件内容的明确性和精准性是规范性文件能够指导实践的前提和依据，也是推进数据分类分级管理制度有序运行的基本保障。然而，美中不足的是，虽然我国在贯彻数据规范化治理、实现数据治理法治化的过程中以积极的态度出台了不少规范性文件，推动了数字法治化水平的提升，但当前关于数据的各类规范性文件仍然存在较大的滞后性和粗疏性特征，并最终导致了数据分类分级管理的实际效果严重受限。

---

〔1〕 朱雪忠、代志在：《总体国家安全观视域下〈数据安全法〉的价值与体系定位》，载《电子政务》2020 年第 8 期。

　　从中央发布的规范性文件层面，除《数据安全法》《网络安全法》〔1〕以外，早在 1995 年 3 月，财政部颁布的清产核资数据资料管理规定就已经生效，并初步提出了相关数据资料的密级范围、保密期限、管理权和使用权属等内容；2011 年修订生效的《计算机信息系统安全保护条例》不仅强调了相关的监督管理机构、职责以及具体的安全保护制度，还在第 9 条要求对计算机信息系统实行安全等级保护；〔2〕2015 年 8 月生效的《促进大数据发展行动纲要》更是明确提出加快政府数据开放共享，并通过落实信息安全等级保护、风险评估等网络安全制度，建立健全大数据安全保障体系；2016 年 6 月生效的《国务院办公厅关于促进和规范健康医疗大数据应用发展的指导意见》提出要加快建设健康信息平台，通过建立"分级授权、分类应用、权责一致"的管理制度，推动医疗数据资源的开放共享和利用，从而建设完备的数据保障体系；2016 年 9 月生效的《月球与深空探测工程科学数据管理办法》则在强调数据管理架构和职责的基础上对数据产品进行了分级，并强调了相应的程序及其规范管理；〔3〕2018 年 3 月生效的《科学数据管理办法》规定了科学数据管理工作的机构及其职责，并强调了数据的采集、保存、共享、利用以及保密、安全等事项，在第 20 条更是直接要求"法人单位要对科学数据进行分类分级"等。

---

　　〔1〕《网络安全法》第 21 条明确规定："国家实行网络安全等级保护制度。网络运营者应当按照网络安全等级保护制度的要求，履行下列安全保护义务，保障网络免受干扰、破坏或者未经授权的访问，防止网络数据泄露或者被窃取、篡改：（一）制定内部安全管理制度和操作规程，确定网络安全负责人，落实网络安全保护责任；（二）采取防范计算机病毒和网络攻击、网络侵入等危害网络安全行为的技术措施；（三）采取监测、记录网络运行状态、网络安全事件的技术措施，并按照规定留存相关的网络日志不少于六个月；（四）采取数据分类、重要数据备份和加密等措施；（五）法律、行政法规规定的其他义务。"

　　〔2〕《计算机信息系统安全保护条例》第 9 条明确规定："计算机信息系统实行安全等级保护。安全等级的划分标准和安全等级保护的具体办法，由公安部会同有关部门制定。"

　　〔3〕例如，《月球与深空探测工程科学数据管理办法》第 10 条规定："航天器发回并经预处理的数据分为 0，1，2 三级，对各级数据描述如下：0 级：Level0A，经地面调解、帧同步、解扰、信道译码、分路解帧等处理后形成的探测仪器源包数据。Level0B，在 0A 级基础上经过多个地面接收站数据合并（适用时）、排序去重复、去除包结构、解压缩（适用时）后形成的探测仪器采集数据。1 级：Level1，在 0B 级数据产品的基础上进行温度、电压、电流等仪器参数的数值转换，并按探测周期重新组织的数据。2 级：Level2，在 1 级数据产品的基础上利用定标结果进行校正，并提供了几何信息的数据。0 级数据产品格式为二进制文件；1 级和 2 级数据产品格式一般采用 PDS 标准格式。"

在地方发布的规范性文件中，《浙江省公共数据条例》第 23 条第 1 款明确规定"公共数据按照共享属性分为无条件共享、受限共享和不共享数据"；《江苏省公共数据管理办法》第 42 条规定"公共数据依法实行分类分级保护。公共数据主管部门会同有关主管部门结合数据安全、个人信息保护和数据应用需求等因素，根据国家分类分级保护制度要求，推动制定本省公共数据分类分级具体规则。公共管理和服务机构按照分类分级规则，结合本行业、本区域特点，制定公共数据分类分级实施细则，确定相应的监管防护措施。制定公共数据分类分级具体规则、实施细则应当综合考虑数据汇聚、关联分析等因素，并征求公共数据专家委员会意见"。

但是，根据上述规定，无论是中央立法还是地方立法，均并未对一些亟待解决的问题进行细化回应，而只是对相关的概念或管理规定进行了简要说明，具体的细则则授权给相关部门自行制定。譬如，《网络安全法》仅仅提出了数据分类管理的总体要求而未涉及数据分级制度的构建；《数据安全法》虽然同时兼顾了数据的分类分级，但对如何分类、如何分级、分成几类、分成几级等未进行明确说明；前述的规范性文件同样也采取了较为粗疏的说明与规定。此外，由于规范内容的不明确性，对于"重要数据"的界定，不同的规范性文件存在相应的分歧：主要集中于是否包含国家秘密、企业生产经营和内部管理信息、个人信息以及是否包含企业生产经营和内部管理信息、个人信息两方面内容。[1]如此种种，均是数据分类分级管理有关规定不够精细所带来的负面效应。

三、数据分类分级管理的程序配套机制不够完备

对于数据的分类分级管理制度构建而言，数据分类分级标准的确立和规则细化，仅仅为数据分类分级管理的模式运行提供了实体性依据，只是其建设内容的部分表现。这也就决定了数据分类分级管理法治化中的制度推进并非仅仅依靠数据分类分级管理的标准和规则本身，还需要其他的制度规范等

---

〔1〕 袁康、鄢浩宇：《数据分类分级保护的逻辑厘定与制度构建——以重要数据识别和管控为中心》，载《中国科技论坛》2022 年第 7 期。

进行协助和保障。而在这之中，能否在数据收集、存储、开放和删除等不同阶段提供充足、完备的保障机制就成了数据分类分级管理法治化推进过程中的关键环节。然而，从规范层面来看，在涉及数据分类分级管理制度的全流程管理中，当前的规范性文件并未在数据收集、数据存储、数据开放、数据删除等不同阶段建构起全面的安全保障体系，这显然无助于数据的安全流通。

第一，数据收集主体的混乱与重叠。当前，由于社会治理和行业发展的需要，我国法律赋予了不同主体数据收集和数据利用权利，包括但不限于企业、政府机关和部分经授权的民间组织团体等各类授权主体。及至数据分类分级管理制度的建构层面，《数据安全法》第 21 条第 3 款也明确规定："各地区、各部门应当按照数据分类分级保护制度，确定本地区、本部门以及相关行业、领域的重要数据具体目录，对列入目录的数据进行重点保护。"这表明，我国拥有数据收集权和数据制定权的主体非常广泛。而且，结合我国治理体系的实际情况，主体间自上而下的纵向层级关系和同一层次的分权并列关系导致数据制定和实施主体呈现出了"块块管理"与"条条管理"交织不清的特征。[1]此外，在数据的收集阶段，当前的规范并未体现出根据数据分类和级别区分主体的有关内容，从而实质赋予了各主体同时收集不同级别数据的权利，这显然具有一定的不合理性。

第二，数据存储机制亟待完善。在数据分类分级管理制度的建构和运行中，数据的有效存储是保障数据安全的核心环节。在数据的存储环节之中，不同数据的存储主体及其存储责任理应通过规范制度的方法予以固定，数据的存储技术也应当得到提升与保障。显然，在当前的数据分类分级管理制度规范中，既未产生涉及存储技术提升的明确要求，也未产生关于数据区分存储的相关规定。也即，不同类型、不同级别的数据不仅在存储主体方面没有区分，在存储介质、存储技术等方面也没有明显区别，这当然也不符合数据分类分级管理的要求。

第三，数据共享和开放机制亟须优化。毋庸置疑，数据的分类分级管理是

---

〔1〕　陈兵、郭光坤：《数据分类分级制度的定位与定则——以〈数据安全法〉为中心的展开》，载《中国特色社会主义研究》2022 年第 3 期。

为了数据的安全流通与利用，数据共享和开放的分类分级也是为了数据的安全利用与流通，因而可以说，数据安全保障是二者共同的价值目标与侧重。[1]这也表明了前述部分地区以数据共享和开放需求作为数据分类分级管理的维度和参照甚至将其混同也是具有一定合理性的。但是，在数据的分类分级结果确定以后，如何在推进数据安全流通的过程中通过具有区分性的技术措施和管控措施实现数据开放和共享的安全性保障，当前的各类规范性文件并未进行明确的回应。

第四，数据删除机制不甚完全。一般来说，数据的保护是一种体系化建设，其不仅包括收集、存储及使用等事中环节，还涉及销毁、删除等事后处理环节。这在我国关于信息数据的保护中已经得到体现，根据《个人信息保护法》的规定，如果处理个人信息的目的已经实现、不能实现或实现处理目的后不再需要，个人信息处理者将终止提供产品或服务，个人信息处理者应主动销毁个人信息，个人信息处理者未进行销毁的，个人有权要求销毁。由此，在数据收集和利用的目的实现后，需要通过数据的删除或销毁措施实现数据的退出，从而尽可能避免由数据存储不当导致的其他风险。但是，在数据销毁时，如何根据数据分类分级的结果确立其相应的删除销毁技术和标准，从目前的规范中仍不得而知，需要通过各类规范性文件予以细化和明确。

四、保障数据安全流通的协同机制尚未有效建立

一般认为，行政机关是确认和保障数据规范化管理、整合和利用各种数据资源的强有力主体，也应当是数据类型化管理的最有力推动者。因而，行政机关在保障数据安全流通的机制中承担主要责任。然而，随着政府由管理型政府向服务型政府的稳步迈进，"公私合作、协同共治"的数字治理格局显得更为重要。这也就意味着，行政机关不再是保障数据安全的唯一责任主体，个人、企业等其他主体的监管作用和监管责任也应当渐次确立。但反观现实，这种数据安全保障的公私合作新机制尚未被完全建立，行政机关作为主要监管主体的格局目前并未被明显改变。

---

〔1〕 商希雪、韩海庭：《数据分类分级治理规范的体系化建构》，载《电子政务》2022年第10期。

不过,由于理念和技术更新的相对滞后性,数据治理中技术壁垒的客观存在导致行政机关在数据规范化管理和类型化管理工作中都存在不足,并显著制约了其保护数据的效果。例如,不同的公共数据分别由不同的行政机关业务系统掌握,但这些系统之间却未形成有效联动和衔接;不同机关之间数据格式标准不统一、数据分类不合理等也制约了政府对于数据类型化管理的有效性;数据类型化管理和规制理念滞后,造成监管与发展脱节等。如此种种,既造就了政府部门在数据类型化管理时的资源整合难题,也极易导致政府管理数据的机制失灵,不利于数据类型化管理效能的发挥,并最终造成数据类违法犯罪的滋生与泛滥。诚然,目前已有相关的规范性文件对各主体之间的协作治理作出要求,[1]但此种途径难以从根本上保障数据的安全流通。原因就在于,当不同的主体义务、主体责任等在数据分类分级管理中不能得到明确时,其效果自然也是有限的。

第四节 数据分类分级管理的法治化推进:以公共数据为侧重

正如前述,在全面依法治国的战略背景下,数据分类分级管理制度的构建必须以法治为统筹,确保数据利用和数据安全的利益平衡被严格框定在法治轨道内,确保数据的分类分级管理实现法治化运行。同时,数据安全作为数字经济社会发展的生命线,需要加强对数据安全标准体系的建设以推动数字法治化水平提升,维护数据安全和人民群众的人身财产安全。而且,在数据分类分级管理制度体系建设中,不应局限于碎片式的思维,而应当从体系性的治理思维出发,从标准划定、规则细化、程序优化和其他配套措施的跟进等方面全面推动数据的分类分级管理,以此科学探寻出数据治理规范化、法治化的出路。最终,通过打造数据分类分级管理的法治范式,正确处理数

---

[1] 例如,《武汉市公共数据资源管理办法》第24条明确规定:"公民、法人或者其他组织认为开放的公共数据资源存在错误、遗漏等情形,或者侵犯其商业秘密、个人隐私等合法权益的,可以向市大数据主管部门提出异议,市大数据主管部门应当及时通知提供部门或者单位。提供部门或者单位应当立即进行核实,必要时可以中止开放,并根据核实结果采取撤回数据、恢复开放或者处理后再开放等措施,由市大数据平台及时反馈公民、法人或者其他组织。"

据利用和数据安全的平衡问题。

一、全面统一数据分类分级的宏观标准

确立数据分类分级的标准，是实现分类分级科学性的前提。因而，在优化数据分类分级规则之前，首先应当确立数据分类分级的基本参照标准。而且，该标准的确立不仅应考虑数据本身，更重要的是以数据开放共享的需求及其安全风险等作为参照。也即，数据本身的分类分级同样要与数据开放共享的分类分级挂钩，甚至予以统一。之所以要进行数据的分类分级，目的就在于实现数据收集、利用、处理等全过程的利益平衡，维护数字治理过程中的数据安全。数据开放共享的分类分级也在于如何兼顾权利和安全之间的平衡，以维护公民的人身财产安全和我国的数据主权等。因而可以认为，两者之间具有内在的一致性和契合性，是可以有机统一的。而且，同个人数据相比，公共数据的公共属性和公共开放属性都是更为明显的，其涉及的安全属性和安全流通需求自然更高，这也就决定了数据分类分级管理制度的法治化构建应当更加注重公共数据的分类分级管理。由此，公共数据在数据之中的体量和重要性不言而喻。因而，以促进数据安全流通和数据安全开放为基点，从数据的流通性、开放性来看，由于公共数据的分类分级管理必要性更高，其所采取的措施自然也应当较为严密。按照这种逻辑，公共数据的分类分级应当结合数据开放共享过程中的安全需要，依照如下标准展开。

一方面，在数据的整体分类以数据主体为标准划分为个人数据、企业数据和公共数据之基础上，作为公共数据分类的数据二级分类也应当借鉴个人信息保护中的可识别性标准，从识别对象、识别范围等层面进行类别上的具体细化。依照该标准，公共数据可以具体被划分为指涉个人事务的公共数据、指涉社会事务的公共数据、指涉政府事务的公共数据、指涉国家事务的公共数据等四类。其中，指涉个人事务的公共数据所指代的是各类公共数据的涉个人信息部分，强调的是个人的数据和信息安全；指涉社会事务的公共数据则指代各类以社会服务、社会生产等为目标的公共数据内容，例如汽车生产数据、汽车销售数据、工业产品数据等内容；指涉政府事务的公共数据所强调的是属于政府机关内部掌握的公共数据，也即狭义的政府数据或政务数据，

例如尚未公布的国内生产总值、尚未批准生效的政策计划等内容；指涉国家事务的公共数据则注重的是国家安全，例如涉及军队建设的各类数据、涉及国家地理安全的各类数据等。由此，从不同维度对当前公共数据划分出相对全面和细化的各类数据子集，从而为数据的分类分级管理与保护奠定基础。当然，在这种总体分类的基础上，针对不同主体、不同行业的数据类型再分类，则需要实践中的各部门再行协商。

另一方面，个人数据的分级标准本就应以维护数据安全作为核心，公共数据的分级则更应以数据流通安全性和国家数据主权为底线，从而统筹数据安全与数据时代的社会经济发展。数据分级的目的是有效打击各种数据违法犯罪以保证数据的规范管理，从而实现数字法治化，保护人民群众的人身财产安全和国家主权。因而，数据安全性应当成为首要的分级标准。从个人层面来看，公共数据的安全性本身得到保障其实也就同时保障了公民的个人权益，因而需要对其审慎对待，向外公开时应采取匿名化等技术手段隐去相关数据的可识别性特征，通过去识别性的技术处理保证公民个人数据的安全性，防止不当泄露并产生其他风险。从非个人层面的公共维度来看，数据的安全性强调的则可能是企业安全、行业安全、公共安全乃至国家安全。因而，对于该类非个人数据，应当严格地采用定密分级等手段，限缩数据的可公开范围，维护数据的安全流通。当涉及国家安全时，必须严格限制数据的随意出境，通过设置出境规则等手段维护我国的数据主权。

二、细化数据分级管理制度的具体规则

具有可行的、具体的规则是数据治理规范化、法治化的依据，也是数据分级制度应当首先达到的目标。相对来说，数据分类只是数据分类分级管理制度构建过程中的前置性工作，对不同数据的定级才是落实数据差异化保护的核心阶段。因而，在数字治理法治化的过程中，需要对数据的分级制度进行规则的优化和细化，以提供数据差异化保护的规范性依据。

一方面，统一数据分级架构。当前关于数据的定级，尚未产生统一的要素架构。关于数据保护的规范性文件涉及"重要数据""关键信息""敏感信息"等不同的称谓，而且对有关的内容并未明确界定，从而导致数据的分级

有所混乱。根据《网络数据安全管理条例（征求意见稿）》第 5 条的规定，数据应当主要分为三级，即一般数据、重要数据与核心数据，从而使得相应的分级逻辑更加清晰。因而，沿着这一基本架构，应当以数据的影响对象、影响广度、危害结果等不同层面对其进行细化规定。根据《数据安全法》第 21 条的规定，影响对象主要包括四类：国家安全、公共利益、个人合法权益、组织合法权益等。显然，当涉及不同的影响对象时，其具体的重要性和危害性并不等同，此时以其作为参照具有合理性。影响广度也即影响范围，当数据的破坏造成的影响仅仅局限于某个人或小范围时，其所产生的危害自然比指向社会、国家的大范围破坏结果小。因而，综合对象、广度和结果三个因素将数据分为一般数据、重要数据与核心数据，能够得出相对合理的分级架构与结果。

另一方面，分级制定管控要求。数据分级只是提供了差异化保护的规范依据，管控要求的制定和落实才是差异化保护的核心措施。因而，根据数据的前述分级结果，对不同的数据级别采取不同的管控措施，能够最大限度地保护数据安全和国家数据主权。具言之，数据的等级越高，共享或开放的力度越低，其附加的条件也应当越多，某些最高等级的数据甚至被限制在由特定部门掌握而不予开放和共享。而除不予共享的最高等级数据外，其他等级的数据应当在保证基本安全的情况下，通过适当的保护和技术处理措施，在一定的条件下向特定范围进行开放。此外，对于不同等级的数据，应当有针对性地分别制定不同阶段数据管理主体的相关技术要求和规范性要求，并同时明确法律责任，从而形成具有层次性的数据管控措施。

三、优化数据分类分级管理的程序机制

正如前文所述，在数据分类分级管理的全过程配套机制保障中，数据的收集存储、开放共享和删除等阶段均面临着一定的不足。因而，立足公共数据分类分级管理法治化推进的客观需要，结合当前的技术标准和要求，对其中的问题应当分别采用以下措施予以针对性化解。

（一）系统健全数据存储机制和手段

数据存储是政府数据开放全生命周期的关键，也为政府数据资源能够得

到充分利用和有效增值打下了坚实的基础。[1]由于数据存储是奠定数据共享、数据利用等环节的前提条件，一旦数据存储阶段出现问题，将产生不可估量的各种风险。因而，优化数据的存储机制和手段，不仅关乎数据能否顺利进入下一个利用和公开的阶段，而且也关乎数据安全能否得到保障。因而，可以说，数据的存储是否规范，直接关系到数据是否会产生泄露并影响数据安全的源头性因素。然而，反观现实，数据存储不科学等却成了导致数据泄露的最常见客观原因，也是造成数据泄露的多发因素。这些问题和风险如若不予解决，数据安全标准体系就无法建立，也就会对数据分类分级管理制度建设的效果产生负面效应。因而，以法治化的路径推进数据分类分级管理，规范当前的公共数据存储机制应当成为其中的核心环节。具体来说，在数据开放全生命周期监管过程中，为了发挥数据库存储数据资产的最大作用，就必须明确数据库存储类型，加强对数据存储环节过程的监管。[2]

一方面，制定数据存储清单，并建立定期审查和数据风险等级制度。互联网时代的各种数据纷繁复杂，稍不注意可能就会造成遗忘或泄露。因而，建立数据清单的目的就是：便于数据存储者清晰地掌握其所掌管的各种数据清单，防止因遗忘或疏忽等因素导致数据的不当泄露。而且，数据清单和数据等级的清晰有助于数据存储主体对不同的数据进行分类分级，并根据不同的需求建立数据风险等级和定期审查机制，以便及时地对数据安全风险进行检查和排除，从而实现降低风险和节省资源的双重效益。

另一方面，建立数据的有限存储期制度，防止无限期储存。《个人信息保护法》明确规定了存储限制，是政府机关等主体在收集个人信息后应当遵循的制度性要求。同信息相类似，个人数据由于对特定自然人身份的可识别性，同样应当适用有限的存储期。存储期的建立不仅有助于保护数据的安全，还有助于节约公权力资源。非个人数据虽然不似个人数据那般能够直接指向或间接指向特定的自然人，但其却具有涉及企业发展、行业稳定甚至是社会稳

---

〔1〕 邸弘阳、任思琪：《政府数据公开网络平台的数据管理与利用方式研究》，载《图书馆杂志》2017 年第 1 期。

〔2〕 张聪丛等：《开放政府数据共享与使用中的隐私保护问题研究——基于开放政府数据生命周期理论》，载《电子政务》2018 年第 9 期。

定的公共属性，因而亦可参照个人数据的存储制度来处理。由此，对于公共数据存储期的设置，同样应以实现数据目的为限，当所追求的数据目的实现后就不应再延长存储期限，此时需采用一定手段同删除、销毁等机制衔接，实现数据的退出。

（二）区分构建数据开放和共享机制

数据开放和共享是数据治理现代化的重要基础，也是整合各类数据资源、推动社会治理现代化的必然要求。但是，数据开放和共享却不可避免地存在数据泄露的风险，这也决定了数据的开放和共享绝不是没有限制的。因而，在推进数据分类分级管理法治化的过程中，需要建立完备的数据开放和共享机制，并依据分类分级方法限定各等级数据的开放程度，[1]以有效平衡数据共享和数据控制之间的关系。

1. 脱敏与加密：数据公开的核心要求

数据公开是数据开放的重要内容，也是《政府信息公开条例》等制度性规范对政府主体所作出的明确要求。然而，数据公开同样具有引起隐私和安全风险的特征，因而如何对这些数据进行公开将成为有关主体所必须直面的难题和命题。

一方面，设置脱敏为数据公开的必经程序。对于数据而言，并非所有的内容和信息都要向特定主体或全社会公开，否则将会产生诸多风险。实际上，只有经过脱敏的数据才能向一定范围或社会主体进行公布。数据脱敏在维护国家数据安全和保障数据利益方面作用重大。数据脱敏的实质是在遵循数据脱敏具体原则的基础上，制定统一的数据脱敏处理规范，提升数据开放的标准化与规范化，从而可以安全使用脱敏后的数据，减少数据安全风险的发生。[2]数据脱敏制度的核心内涵应当是数据的去识别化、去敏感化，通过去识别化技术的合理使用降低数据的被再识别风险，并将敏感数据转化为一般数据，从而避免被依法公开的数据直接或间接地指向特定主体，最终造成不可预估的不利影响。尤其是，当遇到直接涉及国家安全、公共安全和个人安全的数

---

〔1〕 郑磊：《开放的数林：政府数据开放的中国故事》，上海人民出版社 2018 年版，第 66 页。

〔2〕 黄如花、刘龙：《我国政府数据开放中的个人隐私保护问题与对策》，载《图书馆》2017 年第 10 期。

据时，更要设置去敏感化的不同程度要求，当不能达到相应程度时绝对不得公开，从而严格限制数据公开的范围。

另一方面，设立数据系统的强制加密制度。强制加密不仅应当是数据在收集、存储、传输阶段的要求，在数据公开阶段同样应当予以制度性规定。通过对数据系统的加密应用程序设置，能够有效防范对数据系统的攻击或违法获取数据信息现象的发生。但是，数据强制加密制度当前却没有成为数据处理过程中的一项制度，从而导致了诸多问题。从本源来讲，数据公开制度的强制加密其实也是对数据存储的要求，其防范的是未经程序授权公开的内容在没有加密的情况下被不当泄露并进一步导致诸多风险的情形。由此，设置强制加密制度，既能够从源头上保障数据收集、存储和传输阶段的安全，也能够防止数据公开阶段的不当泄露。对于强制加密制度而言，结合数据安全和隐私保障的需求，应当加强网络密钥的使用，通过密钥访问并加强密钥管理对数据系统、数据文件进行加密并予以制度化。

2. 区分性管控：数据共享开放的机制保障

诚然，数据共享是数据有效利用的重要途径，也是数据利用时的必要手段。但是，数据开放和数据共享制度的确立，并不表明所有的数据都要无条件开放和分享。即便数据在经历了脱敏和加密等一系列的技术手段处理后，也并非表明其就不再产生相应的风险。因而，根据核心数据、重要数据与一般数据的分类，应当采取具有区分性的分级管控措施，以促进数据共享阶段的安全性。数据共享一般是通过数据访问和下载来完成的，因而需要根据数据的等级属性和风险属性采取不同级别的数据共享机制。也即，在数据共享的过程中应该根据共享的数据级别确立不同的数据共享机制，通过制定专门的安全管理标准以防止由数据泄露所带来的各种损失。[1]

第一，对于经脱敏和加密处理后的核心数据采取严格限制性共享措施。核心数据相比于重要数据和一般数据而言，往往承载着更复杂的内容，也更为直接地关系着国家、社会乃至公民个人的核心利益。因而，对于核心数据应当采用更为严格的共享措施和保护规则。基于其内容的独特性，核心数据

---

〔1〕 黄如花、苗淼：《中国政府开放数据的安全保护对策》，载《电子政务》2017年第5期。

具有"重大侵害内容+高侵害风险"的特征,因而对于安全的需求更高。由此,在限制性共享措施的指引下,对于核心数据的共享应当注意把握两个要点:一是对于某些可能威胁国家安全和公共安全的核心数据尽量禁止共享,即便共享也要控制在特定的主体范围内;二是应该同共享部门签订协议,始终保持数据的用途和运行状态处于自己的控制范围内,不得随意泄露。

第二,对于经脱敏和加密处理后的重要数据采取限制性共享并辅以严格监管模式。同核心数据相比,重要数据的侵害内容和侵害风险有所降低,并且剥离了直接指向国家安全和公共安全的内容。但就一般数据而言,其仍然存在影响公共秩序的风险性,这也决定了其在共享过程中的管理措施应当严格于一般数据。因而,对于重要数据的共享,应当对共享主体及其共享目的做出严格限制,只有真实存在数据需求的合法主体基于合法目的而请求共享,才能开启数据访问模式。而且,在数据共享后的数据利用上,必须对其利用的目的进行严格的合规性监管。

第三,对于经脱敏和加密处理后的一般数据采取严格监管模式。一般数据是数据类别中侵害后果最小的,往往也无法直接或间接影响到国家安全和公共安全乃至个人安全,因而相应地也就降低了其遭受侵害的风险。但这并不意味着个人数据的共享就不需要进行管控。原因在于,由于管控力度的降低,一般数据的案件数量和规模反而可能更大。因而,对于一般数据的共享仍然需要采取严格的监管措施,防范其被用于不当甚至违法目的,造成一定的社会危害,造成数据利用、数据共享目的的悖论。

(三) 完善数据删除程序机制及技术

数据的删除和销毁是数据保密义务的扩张和异化,是数据生命周期最后环节的"安全保障义务",其直接功能在于避免个人数据、业务数据、重要数据等在使命完成后被大规模泄露。[1]因而,为了有效地防止数据泄露所造成的侵权风险,应建立数据利用完成后的数据删除规则,并明确对数据销毁的技术操作。

---

〔1〕 赵精武:《从保密到安全:数据销毁义务的理论逻辑与制度建构》,载《交大法学》2022 年第 2 期。

1. 明确数据删除的程序机制

针对所收集的数据，在选择公布时，需要去识别处理，并在一定期限内合理销毁。在数据收集后，数据的传递和使用应遵守相关标准，而数据销毁则是数据生命周期的最后阶段，同样需要遵守相应规范以实现保护。因此，建立数据销毁过程中的程序规范至关重要。

第一，明确数据的销毁主体。在数据的收集和处理过程中，除了法定收集主体外，部分企业、网络平台等也收集了大量数据。若这些信息被非法用于其他领域，将会极大地侵犯数据安全。因此，任何相关工作人员都负有销毁数据资料的责任，并对由不当销毁导致的数据资料泄露负责。

第二，制定信息销毁的流程标准。在数据利用完成后，收集的数据应在适当时机进行销毁，以构建完全封闭的数据生命周期和信息处理体系。为此，需要制定数据的毁灭准则，根据数据特性选择适宜的技术方法进行销毁，并防止数据复原。此外，为保护数据敏感性，也需要采用高水平的数据毁灭准则。

第三，根据数据的采集路径进一步细化数据销毁程序规范。首先，现场收集的各类数据应由管理部门予以毁灭并纳入新成立信息管理部门进行监管。其次，对于通过应用软件采集的各类数据，不仅需要销毁原有数据，还要关注由这些软件所生成之衍生数据并予以销毁。此外，数据销毁应遵循时间要求。根据《网络安全法》第 21 条的规定，在某些情况下，数据管理主体需要储存 6 个月以上访问数据，并在 6 个月后删除储存数据。这同时表明了数据管理主体所储存的数据在数据利用完成后不能立即删除，而应在确保数据安全性后再进行删除，以防止数据被滥用。

2. 提升数据删除的技术要求

对于互联网数据这种高科技产品而言，数据删除制度的构建和确立仅仅为数据的删除义务提供了规范性要求，技术的完备与否才是决定数据能否达到删除和销毁目标的核心要素。因而，在数据删除机制中，技术要求和技术标准的选定应当成为数据删除和销毁工作所需要关注的重点。

一方面，根据数据的不同级别采用不同技术标准要求的销毁介质和工具。对于数据的删除而言，删除不是目的，销毁才是目标。因而，销毁介质和销毁工具的选定和使用至关重要。针对核心数据、重要数据和一般数据的不同风险和级别要求，其理应对应不同技术标准的销毁介质。核心数据的销毁应当采用最高技术标准的销毁工具，重要数据的销毁应当采用高技术标准的销毁工具，一般数据的销毁则应当采用较高技术标准的销毁工具。尤其需要注意的是，由于数据的重要性特征，数据的销毁必须依靠具有特定资质和固定合作的销毁服务商，并且以较高标准的销毁介质作为最低要求，以保证数据销毁工作的完整性和安全性。

另一方面，需要根据数据销毁介质和工具的使用情况不定期进行更新。由于互联网技术的迭代更新速度不断加快，以计算机技术手段攻击数据系统和数据销毁系统的"黑客"等技术也在不断更新。因而，为了保证数据销毁工作中的安全性，需要对数据的销毁介质和工具进行不定时更新，对销毁技术和手段也要不断优化，以防止因销毁介质、销毁工具和销毁技术手段的固定化而被违法犯罪分子抓住漏洞，最终使得数据的销毁不能达到目的，导致数据销毁工作实质无效，流于形式。

四、系统打造完备的数据安全监管体系

数据安全监管是数据安全治理体系中不可缺少的组成部分，也是构建数据安全标准建设体系、实现数字治理法治化的有效方式。而且，数据的安全监管应当同时兼顾自律与他律，通过自律和他律相结合的方式打造全方位的数据安全监管体系。

（一）自律：数据安全监管的首要选择

数据收集、数据传输、数据存储、数据利用、数据销毁等不同阶段的数据管理主体承担着本阶段的数据安全保护工作和职责，如若数据管理主体或行业的自律意识和自律规范不到位，将产生极大的危害和风险，因而应当强化自身的责任意识，加强数据安全监管，从源头上加强管控以防范数据的不当泄露。

第一，建立科学的风险评估制度以规范数据处理过程。数据管理主体在实施数据收集、数据传输、数据利用、数据共享等过程中要明确数据的各类安全风险，在不同阶段均加强数据的风险监测，当发现数据安全风险时及时

采取相应的措施予以妥善处理。此外，对于重要数据和核心数据的数据管理者，应当定期开展数据安全风险评估，报送风险评估报告，以全面掌握数据的安全性情况。

第二，建立合理的行业自律规范以提供数据利用标准。建立数据收集、处置等不同阶段的标准是保障数据安全运行的重要制度形式。通过行业自律规范，确定有关的数据管理主体在数据收集内容、收集范围以及其他处理过程等方面应该遵循的程序和标准，防止不当处理。

第三，建立严格的责任追究制度以强化主体安全意识。之所以将责任追究纳入自律之中，原因就在于此处的责任追究并非指法律责任，而是指数据管理主体内部的责任追究制。数据在收集、传输、存储、利用等不同阶段往往由不同的管理人员进行操作，因而需要对这些技术型人才加强要求和管控。一旦因操作不当导致数据泄露甚至不必要的风险，要立刻通过内部规范对责任主体进行追究，以责任倒查来强化主体的安全意识。

（二）他律：数据安全监管的协同补充

除自律的数据安全监管机制外，来自外部的安全监管对维护数据安全具有不可忽视的作用。这种外部监管是数据安全治理中多元治理的典型表现，也是数据安全标准建设体系所应当具备的当然内容。

一方面，优化权责一致的外部统一监管机构。当前，我国已经建立了大数据管理局这一主要负责数据处理和监管的行政机构，但其具体的运行尚未有明确而完善的机制予以保障。因而，应围绕大数据管理局的具体职能，细化其具体的权限和职责，并通过设立数据保护官或数据运行官职位专职负责数据运行中的各种问题与监管，从而使得数据的运行接受大数据管理局的统一指导和监督，从外部提升、强化数据安全的监督力度。

另一方面，健全数据安全法律责任追究制度。法律责任不同于前文的行业内部责任，而是通过法律法规的形式对数据漏洞进行堵塞。数据安全法律责任的建构不但应当实现现行政法律法规和刑法之间的衔接，也需要从个人和机构两方面展开：对于负责处理数据的个人，应当根据法律法规的内容进行严肃处理，承担相应的违法责任；而在企业或行业内同样应当如此，只是其具体的责任承担方式有所变化。例如，如果某企业或单位因管理不当而导致数据泄露，则除了应当对其予以经济层面的惩罚外，也要通过黑名单制度将该单位纳入负面清单，在后续的数据处理与运用中，禁止或严格限制该单位的参与资格。

结　语

伴随着互联网技术的迅速发展和广泛应用，数据成为数字社会背景下的社会治理新要素。一般来说，数据之中往往蕴含着关乎公民、社会乃至国家安全的重要内容，从而对人民群众的人身财产和国家安危造成重大威胁。因而，实现数字社会治理法治化需要推动数据安全管理体系的建立。这也就决定了数据分类分级管理制度的构建应当成为数字社会治理法治化不可逾越的核心环节。而且，在数据分类分级管理的当前基础上，需要全面审视我国数据分类分级管理法治化过程中的运行基本情况及其不足，并通过一系列措施系统性地构建推进数据分类分级管理法治化水平的提升。而且，相比于个人数据，公共数据在整个数据群中具有其固有的特殊性，因而为保障其安全流通以兼顾数据安全和数据利用的平衡，需要对其予以重点关注。当然，在此处提出的完善措施仅仅是一种实践思路的参照，其具体的可行性和有效性仍需通过实践进行检验。数据分类分级制度作为国家宏观层面的政策指导，其在法治化运行的过程中仍存在诸多问题需要不断探寻。

第二章

政务数据开放与安全

在政府信息化建设和数字化转型的背景下，政务数据成为现代政府运行的重要资源，并且为现代化行政提供决策支撑，是推动政府治理能力创新、促进社会发展的重要方式和手段。政府的数据开放不仅能够提升政务工作的公正和效率，而且促进创新创业、改善公共服务和推动经济发展的积极作用逐渐显现。同时，政务数据开放涉及数据共享和隐私保护的平衡问题。政府承载着大量敏感的和涉及个人隐私的重要数据，数据的泄露和滥用可能会对公民的合法权益造成损害，数据开放的失误和不当操作也可能会对社会秩序、公共安全和国家利益产生不利影响。因此，建立安全保障机制，确保政务数据开放的安全性与可控性至关重要，这也是政务数据开放工作的重要目标之一。

第一节　政务数据的法律属性与权属界定

我国的法律条文并没有直接规定政务数据的概念，[1]但对其上位概念政务信息资源进行了描述，"政务信息资源，是指政务部门在履行职责过程中制作或获取的，以一定形式记录、保存的文件、资料、图表和数据等各类信息资源，包括政务部门直接或通过第三方依法采集的、依法授权管理的和因履

---

〔1〕　2022 年修正的《地方各级人民代表大会和地方各级人民政府组织法》，2021 年实施的《数据安全法》中都存在"政务数据"的字样，但是并没有在条文中明确政务数据的概念。

行职责需要依托政务信息系统形成的信息资源等"〔1〕。直到 2022 年，此暂行条例仍然未进行正式法律规范的制定，"建议待条例审议通过施行一段时间并加以总结完善后，再推进政务数据共享法的立法工作"〔2〕，关于政务信息资源的法律表述仍然有效。数据作为政务信息资源的法律概念中所列举的一种，其法律概念适用政务信息资源法律概念的表述，即政务数据是政府部门及法律法规授权具有行政职能的事业单位和社会组织在履行职责过程中制作或获取的，包括直接或通过第三方依法采集的、依法授权管理的和因履行职责需要依托政务信息系统形成的数据。

一、政务数据是新型的法律关系客体

政务数据并非法律上的个人或法律拟制的个体，不符合"在法律关系中享有权利和履行义务的人"的定义，因此政务数据不是法律关系主体，而是"法律关系主体的权利和义务所指向、影响和作用的对象"。法律关系的客体通常具有客观性、有用性、可控性、法律性，并主要分为物、人身人格、智力成果、行为、信息五类。政务数据具有法律关系客体的四个特性，但区别于法律关系客体主要的五类。

第一，政务数据符合作为法律关系客体的事物的特性。其一，数据作为无形存在，并非直观可认的以物理形态存在的有形物，其依赖信息技术和储存载体而存在，但其仍然独立于人的意识并且能够通过各种机器读取，最终为人的意识所感知，并且随着现代区块链〔3〕技术的发展，数据的唯一存在性得到进一步明确，不以人的意志而篡改，具有客观实在性。政务数据作为数

---

〔1〕《政务信息资源共享管理暂行办法》第 2 条第 1 款规定："本办法所称政务信息资源，是指政务部门在履行职责过程中制作或获取的，以一定形式记录、保存的文件、资料、图表和数据等各类信息资源，包括政务部门直接或通过第三方依法采集的、依法授权管理的和因履行职责需要依托政务信息系统形成的信息资源等。"

〔2〕此为《全国人民代表大会财政经济委员会关于第十三届全国人民代表大会第五次会议主席团交付审议的代表提出的议案审议结果的报告》中的部分内容。

〔3〕《工业和信息化部、中央网信办关于加快推动区块链技术应用和产业发展的指导意见》指出："区块链是新一代信息技术的重要组成部分，是分布式网络、加密技术、智能合约等多种技术集成的新型数据库软件，通过数据透明、不易篡改、可追溯，有望解决网络空间的信任和安全问题，推动互联网从传递信息向传递价值变革，重构信息产业体系。"

据的一种也具有这种客观性。其二，政务数据自政府服务过程中产生，政府服务即为满足人的物质需要或精神需要的活动，政务数据本身即具有满足人们需求的有用性。此外，数据因稀缺性而具备相应的价值。现实生活中虚拟经济的兴起推动数据的价值得到普遍认可和接受，2021 年我国《民法典》明确保护虚拟财产。[1] 作为未来信息技术的发展方向，互联网、大数据和人工智能的进一步发展都需要大量数据的投入，例如人工智能的深度学习模式需要相应数据来进行定制培养，并且技术运用中所需要的数据强调多样性和不重复性以作为有效分析样本，自动生成的数据不具有现实分析价值，现实采集数据主要集中于政府和平台手中，这使得数据作为一种资源已经成为区别于土地、劳动力、资本和技术的新型生产要素。[2] 因此，政务数据具备法律关系客体的有用性。其三，政务数据可以通过技术与设备被处理和控制，"正如威廉·米切尔（William Mitchell）所言，代码就是网络空间的'法律'"，[3] 政务数据具有法律关系客体的可控性。其四，政务数据作为政府与信息技术结合的新型产物，是世界数据立法竞赛的重要内容，已经或将要由法律加以明确规定。例如，我国 2021 年《数据安全法》第 39 条规定："国家机关应当依照法律、行政法规的规定，建立健全数据安全管理制度，落实数据安全保护责任，保障政务数据安全。"因此，政务数据具有法律关系客体的法律性。

第二，政务数据是独立于五大类法律关系客体之外的新型客体。其一，政务数据是一种无形存在，并非以一定物理形态存在的有形物，不属于物的类别。其二，政务数据是独立于人的客观存在，其存在本身不具备人的物质形态和精神利益，不属于人身、人格的类别。其三，政务数据不以人的智力劳动为前提条件，并非人通过智力劳动创造出来的精神产品，不属于智力成果的类别。其四，政务数据是凝固静止的客观存在，并非动态行为，不属于

---

〔1〕《民法典》第 127 条规定："法律对数据、网络虚拟财产的保护有规定的，依照其规定。"

〔2〕《中共中央、国务院关于构建数据基础制度更好发挥数据要素作用的意见》指出："数据作为新型生产要素，是数字化、网络化、智能化的基础，已快速融入生产、分配、流通、消费和社会服务管理等各环节，深刻改变着生产方式、生活方式和社会治理方式。"

〔3〕［美］劳伦斯·莱斯格：《代码 2.0：网络空间中的法律》，李旭、沈伟伟译，清华大学出版社 2009 年版，第 98 页。

行为的类别。其五，数据是信息的原材料，其范围与信息的范畴并不重合，政务数据不属于信息的类别。

二、政务数据的权属界定

政务数据作为法律关系的客体以及权利义务的影响对象，在政务数据之上产生的是区别于一般物权、债权、股权和知识产权的具有财产性内容的新型权利，即数据产权。[1] 政务数据因其面向所有主体而存在的绝对性，不属于在特定法律关系中相对存在的债权和股权，但相对于同样具有绝对性的物权和知识产权而言，也存在区别。首先，政务数据区别于物权，我国《民法典》规定，"物权是权利人依法对特定的物享有直接支配和排他的权利，包括所有权、用益物权和担保物权"[2]，"物权的种类和内容，由法律规定"[3]，"物包括不动产和动产。法律规定权利作为物权客体的，依照其规定"[4]。我国法律规定的物权是动产和不动产上的权利，即物权所指向的法律关系客体是有体物，政务数据作为无形存在并非有体物，不适用物权的规定，政务数据之上的权利并不属于物权。其次，政务数据区别于知识产权，我国《民法典》规定，知识产权是权利人依法就特定客体享有的专有权利[5]，政务数据不在知识产权的客体之列。政务数据以直接收集而成的数据库为主要内容，并不具备知识产权所保护的创新性利益，政务数据之上的权利不属于知识产权。

政务数据独立于现有的财产权，面对如今追求数据利用收益的潮流，从重视经济利益的方面来看，可以借用经济学上的"产权"概念，其范畴广泛包括所有在市场经济活动中体现为经济利益的权利，因此将政务数据之上的财产

---

〔1〕 我国2016年《国务院关于印发"十三五"国家信息化规划的通知》指出："建立数据产权保护、数据开放、隐私保护相关政策法规和标准体系。"

〔2〕《民法典》第114条规定："民事主体依法享有物权。物权是权利人依法对特定的物享有直接支配和排他的权利，包括所有权、用益物权和担保物权。"

〔3〕《民法典》第116条规定："物权的种类和内容，由法律规定。"

〔4〕《民法典》第115条规定："物包括不动产和动产。法律规定权利作为物权客体的，依照其规定。"

〔5〕《民法典》第123条第2款规定："知识产权是权利人依法就下列客体享有的专有的权利：（一）作品；（二）发明、实用新型、外观设计；（三）商标；（四）地理标志；（五）商业秘密；（六）集成电路布图设计；（七）植物新品种；（八）法律规定的其他客体。"

性权利表述为一种数据产权。政务数据一般被视为公共资源，归属于政府和公众利益，下文将结合学界提出的中央与地方政府"分别分级所有"学说[1]，对政务数据的归属问题进行论述。

（一）政务数据的中央所有

探究政务数据的权属即讨论其数据产权的主体，政务数据由政府部门及法律法规授权具有行政职能的事业单位和社会组织收集或产生，数据产权具有公共属性，即为国家所有。我国《宪法》规定，我国实行的是生产资料的社会主义公有制，对于公有的具体内容，虽然只明确了自然资源和土地的国有属性，但根据我国的基本经济制度，国有财产的范围仍然具有广泛性，例如《民法典》规定野生动植物资源、无线电频谱资源、文物、国防资产、基础设施等归国家所有。有关国有资产的部门规章也明确其表现形式为流动资产、固定资产、无形资产和对外投资等，政务数据具有的公共属性和无形资产属性证明其属于国有资产，归国家所有。澳大利亚也规定政务数据属于国家资源，2009 年《参与政府 2.0 的报告》提出拥有大量数据的政府部门信息应当被视为国家资源，2013 年《公共服务大数据战略》提出数据是一种国家资产，应被用于人民福祉。[2]明确了政务数据理论上属于国家所有后，在国有资产具体控制主体的问题上，我国《民法典》第 246 条规定："法律规定属于国家所有的财产，属于国家所有即全民所有。国有财产由国务院代表国家行使所有权。法律另有规定的，依照其规定。"这实际上将虚设的国家所有落实到了由国务院所有，即中央政府所有。实践中，政府也积极运营数据产权，2002 年我国《关于中国电子政务建设的指导意见》提出要整合资源、统一规划、统一标准以加快建设电子政务平台，重点将围绕"两网一站四库十二金"。

（二）政务数据的地方所有

国务院无法兼顾地方的具体工作，"谁出资、谁享有；谁管理、谁负责"显然要比泛泛而笼统地强调"维护国有财产的统一性和完整性"更具有实践

---

[1] 参见李昌庚：《国有财产的中央与地方关系法治考量》，载《上海财经大学学报（哲学社会科学版）》2011 年第 4 期。

[2] 陈萌：《澳大利亚政府数据开放的政策法规保障及对我国的启示》，载《图书与情报》2017 年第 1 期。

性。[1]2020 年国家发展和改革委员会配合中网联会同有关部门制定了《公共数据资源开发利用试点方案》，在上海、江苏、浙江等 8 个地方开展公共数据资源开发利用试点工作，武汉、遵义、滁州、安顺、丽水制定了相应的公共数据资源地方政府规章和地方规范性文件，其中武汉市规定将公共数据资源管理工作经费纳入本级财政预算，遵义市规定建立公共数据资源目录管理体系，这些都体现了地方政府对地方政务数据的实际控制。2021 年《数据安全法》第 6 条第 1 款规定："各地区、各部门对本地区、本部门工作中收集和产生的数据及数据安全负责。"《地方各级人民代表大会和地方各级人民政府组织法》第 66 条规定："地方各级人民政府应当坚持政务公开，全面推进决策、执行、管理、服务、结果公开，依法、及时、准确公开政府信息，推进政务数据有序共享，提高政府工作的透明度。"可以看出，在我国的立法实践中，政务数据进行了中央与地方的划分，地方政府收集与产生的数据归地方政府所有。在《政府信息公开条例》中也存在同样的分层，各级政府组织领导各级的政府信息公开工作，政务数据与政府信息同样在政府行政工作中产生，可以适用同样的管理结构，由地方政府所有本级产生的政务数据具有可操作性。此外，各地政务数据归各地政府所有的设计，有利于激活地方政府的积极性，促进政府积极行政，加强服务型政府建设，提高政府的治理水平。

（三）政务数据的商业秘密和个人隐私

政务数据虽然归国家所有，但国家也要注意保护其中的个人隐私和商业秘密。2021 年《个人信息保护法》第 4 条规定："个人信息是以电子或者其他方式记录的与已识别或者可识别的自然人有关的各种信息，不包括匿名化处理后的信息。个人信息的处理包括个人信息的收集、存储、使用、加工、传输、提供、公开、删除等。"政府在运营政务数据时要注意保护个人信息，需要对个人信息进行匿名化处理，此处的匿名化是指"个人信息经过处理无法识别特定自然人且不能复原的过程"[2]。第 68 条规定国家机关也要遵守本

---

〔1〕 王利明：《物权法研究》（第 4 版·下卷），中国人民大学出版社 2016 年版，第 484 页。

〔2〕《个人信息保护法》第 73 条第 4 项规定："匿名化，是指个人信息经过处理无法识别特定自然人且不能复原的过程。"

法，履行个人信息保护义务。[1]就数据而言，其既可能承载数据持有者的财产利益，也可能附着相关用户的人格利益，乃至社会公众的公共利益。[2]数据本身独立于主体而存在，人格利益不存在于其本身，而是存在于其承载的内容，主体可以对数据之上的人格利益主张权利，但不能因此扩张到对数据主张权利。当政务数据被处理时，数据之上捆绑的人格利益也会随之被处理，这样主体的人格利益就有被侵犯的风险，对政务数据进行匿名化处理就成了必要前提。此外，政府对无法匿名化处理的政务数据需要及时删除，2023年3月2日无锡市举行涉疫个人数据销毁仪式，首批销毁10亿余条此前出于疫情防控及服务目的存储在城市大数据中心的个人信息数据。商业秘密也同个人隐私一样存在于数据之上，同样需要经过匿名化处理等方式去除数据之上的人格利益。

第二节　我国政务数据开放的价值分析

一、政务数据开放的政治价值和经济价值

政务数据公开（Open Government Data, OGD）是在政府信息公开（Open Government）的基础上发展而来的，具有鲜明的大数据时代色彩。有关政府信息公开的讨论始于20世纪50年代的美国，是《美国信息自由法案》（Freedom of Information Act, FOIA）通过的大背景。在信息技术革命到来以前，政府信息公开以公民的知情权为基础，旨在让政府承担公开信息的法定义务，是政府工作透明化的工作环节之一。其主要目标有：加强政府的公共责任、监督政府工作、提高政府工作的透明度、提升政府公信力等等。在信息技术革命的驱动下，政务数据的经济价值受到了各方的重视，政务数据开放这一概念

---

[1]　《个人信息保护法》第68条规定："国家机关不履行本法规定的个人信息保护义务的，由其上级机关或者履行个人信息保护职责的部门责令改正；对直接负责的主管人员和其他直接责任人员依法给予处分。履行个人信息保护职责的部门的工作人员玩忽职守、滥用职权、徇私舞弊，尚不构成犯罪的，依法给予处分。"

[2]　李海敏：《我国政府数据的法律属性与开放之道》，载《行政法学研究》2020年第6期。

的重要性逐渐凸显，得到了广泛的研究。2012 年，有研究指出，应当将有关"公开政府"的政治性内容的公开（即政府信息公开）和政府收集的技术性数据的开放（政务数据开放）区分讨论，[1]肯定了政府数据独立的经济价值。2013 年，麦肯锡研究院的一项研究报告系统地阐述了政府数据开放可以给教育、交通、消费品、能源、健康和金融行业带来的改变，全面展示了潜藏于政务数据开放中的巨大经济价值。[2]在当下的学术语境中，政务数据开放是一个区别于政府数据公开的独立概念，其在政府数据公开的侧重点、用户、运作方式和价值取向上均存在着不同程度的差异。[3]有研究者认为，政务数据公开的概念"继承但不取代"政府信息公开，即二者之间并非在信息网络时代升级迭代的关系，虽然政务数据开放可以被看作沿着政府信息公开精神的一定发展，但是政务数据公开的要求更加严格和细致，强调"原始数据的彻底开放"。政务数据开放和政府信息公开一起组成了政府的开放机制，形成了一种彼此独立、互相完善的格局。[4]简言之，政府信息公开的主要目标是通过民主监督强化依法行政，而政务数据开放则主要侧重于通过政务数据的合理利用最大限度地释放数据的潜能，实现社会经济方面的治理目标。[5]

虽然政务数据开放和政府信息公开的目标侧重有所不同，但这并不意味着两者的价值完全没有重合。在比较法的视域，从《欧盟公共部门信息指令》[Public Sector Information（PSI）Directive][6]到《欧盟开放数据指令》[Directive（EU）2019/1024 of the European Parliament and of the Council of 20 June 2019 on open data and the re-use of public sector information]，其中：一方面，

---

　　[1]　H. Yu & D. G. Robinson，"The New Ambiguity of Open Government"，*59 UCLA L Rev Disc*，2012（178）：178~208.

　　[2]　Mckinsey Global Institute（2013），"Open Data: Unlocking Innovation and Performance with Liquid Information"，Available at: https://www. mckinsey. com/capabilities/mckinsey-digital/our-insights/open-data-unlocking-innovation-and-performance-with-liquid-information.

　　[3]　赵需要：《政府信息公开到政府数据开放的嬗变》，载《情报理论与实践》2017 年第 4 期。

　　[4]　王万华：《论政府数据开放与政府信息公开的关系》，载《财经法学》2020 年第 1 期。

　　[5]　宋烁：《政府数据开放宜采取不同于信息公开的立法进路》，载《法学》2021 年第 1 期。

　　[6]　K. Janssen，"The Influence of the PSI Directive on Open Government Data: An Overview of Recent Developments"，*Government Information Quarterly*，2011，28（4），446~456.

对于政务数据作为具有公共属性的财产性利益有较多的讨论；另一方面，他们也认可政务数据开放的政治和社会价值，展现出政务数据的经济价值和社会价值并重的格局。[1]2009年，美国政府通过《开放政府指令》（Open Government Directive），明确了"透明、参与、协同"三大政府数据开放的原则，此后美国上线了"Data.gov"网站，确保公民较为便利地查阅、使用政府数据。2018年《美国开放政府数据法》（Open Government Data Act），使得"开放政府资产"（Open Government Data Asset）的概念得到明确[2]：联邦政府控制的政务数据本身虽不明显具有传统"资产"概念特有的财产属性，但一旦与有效的数据使用者相结合，可以作为大数据开发的对象而产生巨大的经济价值。[3]可见，美国对于政务数据价值的发现也经历了从政治价值（政府社会责任）向经济价值（结合大数据时代的数据处理能力）转变的过程。

通过以上对于政务数据公开的发展过程的梳理，可见其价值可分为两大方面：政治价值和经济价值。其中，政治价值传承于政府信息公开的传统概念，经济价值则是数据处理技术赋予政务数据的最新的独立价值。

二、政务数据开放价值分析的角度：政府角度和个人角度

然而，从各国政府政务数据开放的实践来看，即便他们已经忠实地履行了政务数据开放的要求，但在实践中还是发现数据开放总难以达到所预期的政府工作透明化、公民协作与政治参与性提高、社会创造力增强等效果，这在很大程度上是因为政务数据公开仅是实现政务数据全部价值的第一步，属于价值创造的内容。而完全发挥政务数据的价值要求政策的制定者从不同社会主体的立场出发，便利各种社会成员使用已经公开的政务数据，即打通价值获取的环节。相关的研究已经发现，所公开的政府数据本身的有效性、社

---

〔1〕　From the Public Sector Information（PSI）Directive to the Open Data Directive, accessed 13 May 2023, https://digital-strategy.ec.europa.eu/en/policies/psi-open-data.

〔2〕　H.R.1770-OPEN Government Data Act, accessed 13 May 2023, https://www.congress.gov/bill/115th-congress/house-bill/1770.

〔3〕　任丹丽：《政务数据使用的法理基础及其风险防范》，载《法学论坛》2023年第2期。

会成员使用数据的便利性、公民使用政务数据的内部和外部动机以及数据平台的可靠性都影响着政务数据社会化利用的综合程度。[1]进一步的相关研究从政务数据运用实践的角度出发,将所公开的政务数据可能被运用的场景、政务数据的潜在使用者纳入考虑范围,发现若政府和社会对政务数据公开的认识不统一、高质量的数据集的缺乏都可能会对数据公开的效果造成负面影响。[2]政府不仅应当对政务数据的真实性、全面性负责,还需要站在数据使用者的视角,切实地改进所公开政务数据的可用性、易用性;还应适时针对不同类型的数据使用者,比如记者、研究者、技术人员、企业家、普通公民等,进行对数据分析技术的培训和对有关具体政府工作内容的背景知识教育,提升社会全面利用、充分挖掘政务数据的社会和经济价值的能力。[3]

从上面的分析中可以看出,对政务数据公开实际效果进行分析和衡量有两个角度:政府角度和个人角度。其中,政府角度的分析着眼于政务数据的公布、维护和优化;个人角度的分析则关注不同的社会主体对政务数据的认识、理解和使用能力。

三、政务数据开放的四种价值分析

如前所述,政务数据开放的价值可以被分为政治和经济两个价值面向;而对于每一种价值面向都可以进一步采用政府和个人两种角度加以具体分析。于是,我们可以综合两个分析角度,交叉对应政务数据开放两个面向的价值进行讨论,进而形成一种二乘二的"四象限"的讨论格局,其中每一个"象限"都对应着一种政务数据开放价值的产生机制。[4]

(一)从政府角度看政务数据开放的政治价值——政府工作的透明化

政务数据开放以后,政府工作的透明化程度自然得以提高,这是政务数

---

[1] B. W. Wirtz, J. C. Weyerer & M. Rösch, "Citizen and Open Government: An Empirical Analysis of Antecedents of Open Government Data", *International Journal of Public Administration*, 2018, 41 (4), 308~320.

[2] E. Ruijer et al., "Open Data Work: Understanding Open Data Usage from a Practice Lens", *International Review of Administrative Sciences*, 2020, 86 (1), 3~19.

[3] M. Gascó-Hernández et al., "Promoting the Use of Open Government Data: Cases of Training and Engagement", *Government Information Quarterly*, 2018, 35 (2), 233~242.

[4] J. Haller, "The Value of Open Evaluation", *Open Evaluation*, 2013 (23), 157~166.

据开放继承自政府信息公开的价值内容。此外，政务数据开放是对政府信息公开的全面升级：在内容上，开放的对象由"政府信息"转化为"政务数据"，相比之前，政务数据具有原始、完整、及时、可机读等更高的要求；在方式上，从以前的被动"公开"转化为主动"开放"，简化了公民获取政府信息的流程。相比于政府信息公开，政务数据开放更加有利于解决政府工作过程中出现的过程不透明、信息不对称以及进而引发的道德风险问题：当政府及其管理对象各自掌握的信息存在较大程度的差异时，政府滥用信息优势，以损害社会其他主体的利益为代价让自己获利的可能性非常高。较高的政府工作透明度可以有力地杜绝暗箱操作，有利于正当程序的稳定运行，便于社会对政府工作进行问责，从而提升政府运行的效率和公平，[1]在这个过程中提升政府的公信力。

具体来讲，政务数据的开放从两个方面增强了政治信息的公开：首先，政务数据开放的范围包括政府公开信息的底层数据，这使得政府不再垄断数据的解释权，使得社会各方对同一数据集合进行多种解读成为可能；其次，政务数据开放的范围覆盖了更加海量的、可由机器读取的数据，包括以前很难用政府信息的形式公开的数据，虽然政府难以对这些数据加以分析解释，但是这对于有数据分析能力的社会主体来说是很有价值的资源。甚至在某些情况下，社会主体通过挖掘、分析政府数据集合可以得到有价值的信息，这种基于数据分析得到的信息还会反过来对政府工作发挥指导作用。

但同时也有研究指出，虽然政务信息开放具有诸多政治优势，被认为是在大数据时代推进民主政治的有力手段，但在部分国家和地区，现有政治体制设计和政治文化的传统对政务信息开放造成了一定程度的挑战，体制内外压力方也会牵制政务信息开放的进程。[2]除此之外，有研究发现，在某些国家和地区，政府在面对政务信息开放时，相比于其可能带来的大量好处，更加倾向于维持某些特定领域"战略性模糊"（Strategically Opaque Transparency），

---

〔1〕 K. Nilsen, "Economic Theory as It Applies to Public Sector Information", *Annual Review of Information Science and Technology*, 2010 (44), 419~489.

〔2〕 M. S. Altayar, "Motivations for Open Data Adoption: An Institutional Theory Perspective", *Government Information Quarterly*, 2018, 35 (4), 633~643.

即有意地对政务数据进行选择性披露。[1]对于政府来说，政务数据开放带来的政治方面的好处仅仅来自有限的几个领域，但是对于一些更加敏感、对政府行政合法性有挑战可能的数据，则不仅缺乏开放的动力，还会竭力使其处于保密状态，即便这些信息对于公民和利益相关方而言至关重要。

（二）从个人角度看政务数据开放的社会价值——社会的参与协作

数据开放的社会价值除了可能产生于政府工作的日益透明、公正和高效外，还可能来自由数据开放引起的社会各个主体创造力的释放——公民和社会组织对于政治过程的参与和协作。在商业领域，有关开放创新的话题在早些年得到了广泛的探讨，开放性的理念最早发源于电脑软件领域，Linux开源内核的大获成功证明了发动社区的力量共建一套稳定、统一的系统的可行性。在此之后，软件工程领域的"开源"理念逐渐迁移到产业链上游的基础科学研究领域和下游商业市场领域。类似地，政务数据的开放相当于对全社会发出了监督和建议的邀请，政务数据开放鼓励各个社会主体的参与，他们发挥各个学科、领域的知识和不同的生活经验，成为政府的"智库"，为政府日后的决策提供更多的智力资源，高效地弥补政府工作人员的知识盲区。

此外，政务数据的开放单独作为一种参与的途径，仍难以维持社会各方的积极性，个体的参与需要和更加广大的社会群体、组织结合，形成广泛的社会协作，才可以提供短期报酬以外的长期的社会价值追求，这是使开源软件社区保持活力的最大原因。同时，这也是政府数据开放社会价值持续产生的条件。这种基于政务数据公开的广泛的社会协作也是合作民主的基础，正如开源软件社区通力合作完善一个算法一样，公民之间的协作将社会问题拆分为无数个细小的环节，由公民、社会组织和政府一起协同解决，这也是巩固民主制度的一种广泛实践。

（三）从政府角度看政务数据开放的经济价值——行政效率和行政效果

政府借助政务数据开放可以通过行政效率和行政效果的提升来创造更多

---

［1］ E. Ruijer et al. , "The Politics of Open Government Data: Understanding Organizational Responses to Pressure for More Transparency", *American Review of Public Administration*，2020，50（3），260~274.

的经济价值。首先，政务数据开放可以帮助政府实现现有资源的最优化运用，经济学中的交易成本理论（Transaction Cost Economics）可以解释这一点：政务数据开放要求政府对现有的数据进行统一的整理归类，这一政策可以节省在政府的日常工作中因数据储存混乱、数据查阅权限不清、数据库缺乏维护等问题产生的直接或者间接的费用。此外，在社会主体申请政府信息公开时，部分信息可能被不同的社会主体重复申请公开，从而加大了政府部门无意义的重复工作量，进一步降低了行政效率。

其次，政务数据公开有助于政府提供更加有价值的公共服务。政府公开的政务数据往往对于市场交易有很大的参考价值，政务数据公开可以缓解市场参与者之间信息不对称的情况，有利于消除市场参与者交易的成本，减少一定的交易风险，有助于产业的良性健康发展。在大数据时代，有能力收集、储存、分析数据的大企业可以先于所有人了解市场的趋势信息，或者通过分析数据发现某种隐秘的波动模式，进而相应地修正他们的经营策略。政府和有能力的企业都在对粮食数据进行收集和分析，但是相比于有足够逐利动力的企业来说，政府在数据收集和分析的工作上远远落后了。政府数据收集的不力使得在粮食和农业市场中，市场参与者之间信息不对称的情况得不到缓解和救济，占据数据优势的大企业得到了不成比例、不健康、具有极大风险的交易优势，这些在供应链垂直方向上高度整合的大企业由此具有了更牢固的市场支配地位，在食品行业供应链中，这种几家做大的格局非常脆弱，这也在一定程度上酿成了 2020 年新冠疫情期间美国食品行业发生的重大危机。[1]对市场各方赋予更公平的数据能力是政府制定更加公平、更加完善、连续性更强的市场规则的基础，也是对中小企业的生存、经营更加友好的条件。这要求政府对于不同市场主体之间不合理的信息不对称加以救济——增进数据的流动，提高数据的共享率，有利于及时反映市场的变化，提升风险管理的能力，[2]有效的政务信息公开就是一种弥合信息鸿沟的有力手段。

---

〔1〕 M. Pullman & Z. Wu, *Food Supply Chain Management*：*Building a Sustainable Future* (2nd ed.), Routledge, 2021.

〔2〕 M. Miller, "Big Data, Information Asymmetry, and Food Supply Chain Management for Resilience", *Journal of Agriculture*, *Food Systems*, *and Community Development*, 2021, 11 (1), 171~182.

（四）从个人角度看政务数据开放的经济价值——鼓励社会创新

不同的社会主体，个人或组织可以借助公开的政务信息，通过创造新的产品和提供新的服务来产生经济价值。开放的政务数据可以和不同领域的知识和经验相结合，从而产生新的经济价值，创新是价值最为主要的来源。新生产要素的发现、不同的生产要素之间新的结合方式是经济价值产生的量变，那么其积累最终导致的整个市场和行业的改革可以看作质变的进步。经济增长是各国政府开展政务数据开放工作的最主要目的，政务数据开放拉动的经济增长相比于传统的经济增长模式有显著不同，[1]其主要特征有以下几个方面：

第一，虽然对于提供密集数据产品的行业来说，海量的政务数据提供的直接经济增长是非常显著的，但政务数据开放带来的最主要的经济效益是间接产生的，其最主要的享受者仍然是数据服务的用户群体。因为对数据密集型行业来说，数据产品的发布、客服等边际成本并不显著，一旦在资源端——数据源的限制和成本有所放宽，则最终的数据服务或产品的提供商将降低价格吸引更多的用户，和其他数据产品或服务的提供商竞争。相应地，用户将在其中得到优惠的价格。

第二，政务数据的开放除了可以给数据服务和产品提供商和他们的用户群体带来实惠，还能有效助力中小企业发展，为他们试验新型的商业模式提供机会和资源，且还能吸引除了传统用户以外的广告商的注意，进一步丰富了某一行业的社会分工协作。其中最显著的例子是荷兰政府将气象数据开放，以供天气信息服务提供商使用，由此引发了该领域激烈的竞争和不断的创新。有一家名叫"荷兰气象办公室"（Dutch Meteorology Office KNMI）的中小型企业，通过分析政府提供的气象数据，为用户预测在某一个精确地点在某段时间降水的可能，在全欧的范围内大获成功，而且该气象服务完全是通过广告收益支持的，不向用户收取任何费用。2012年统计数据表明：自从荷兰实现气象数据开放以来，该领域的营业额增长了400%，该行业的用户活跃度提高了300%，该行业的企业纳税申报也增加了3500万欧元以上。[2]

---

[1] The World Bank, "Open Data for Economic Growth", *World Bank*, 2014: 1~20.

[2] M. De Vries et al., *European Commission Information Society and Media Directorate-General*, 2011, 1~50.

第三，政务数据的经济价值并不在于数据集合本身，而是在于数据集合与其他因素的结合，比如说某行业的创新点、数据处理的新技术、新的业务模式等。对一个数据集合来说，即便是其内容丰富，如果第三方加以利用的难度和成本都较大，那么其可能产生的经济效益不一定和数据规模成正比。因此，对某个数据集合潜在经济价值的评估需要从大数据分析的专业角度进行。

第四，政务数据开放实际的经济效用需要一定的时间才能评估。新兴企业的创新点往往起源于问题的发现，创业者凭借对问题的研究进而发现潜在的市场机会，在这个过程中对政府公开的数据加以利用，放在社会中看，这个过程必然是循序渐进的。出于对效率和成本的考虑，很少有创业者会在没有大概方向的情况下对政府公开的数据进行深入挖掘。况且，新的技术成果从立项到落地，一直到打开市场、被消费者接受，最后带来盈利，这整个流程是一个较为漫长的周期。再综合政务数据开放的直接经济利益和间接经济利益的区分，使得衡量数据开放的经济效益是一个繁杂艰难的工作，以至于现如今还没有较为精确的手段。

政务数据开放所产生的直接经济价值的确难以测算，但是政务数据社会化利用的方式却是可以进行归纳总结的，从类型化的研究结果中可以进一步具体化政务数据价值产生的途径，为进一步精确衡量政务数据开放的价值起到重要的准备作用。在 2010 年，有研究总结了当时英国社会对公开的政务信息主要的五种使用方式[1]：从数据得到事实（fact）、分析数据得到信息（information）、从数据到用户交互界面（interface）、从数据中得到新数据（data）、从数据到服务（service）。2017 年，有研究在此基础上通过对 178 家企业使用公开政务数据的模式进行实证类型化研究，将上述的五种使用方式扩展到了12 种，分别为[2]：协助宣传、提供咨询、数据提炼、数据架构、单一用途应用程序、交互式应用程序、数据平台构建、开放数据门户搭建、商业智能化、流程优化、产品/服务改进以及研发。不同的行业应用公开政务数据的模

〔1〕　T. Davies, *Open Data, Democracy and Public Sector Reform: A Look at Open Government Data Use From Data. Gov. Uk*, 2010, 1~47.

〔2〕　G. Magalhaes & C. Roseira, "Open Government Data and the Private Sector: An Empirical View on Business Models and Value Creation", *Government Information Quarterly*, 2020, 37（3）, 1~10.

式不同，因此在对数据的开发使用中获得的创新动力和利益也有所不同。

第三节　我国政务数据开放的现状及问题

一、政务数据的开放范围及界限划分

政务数据的开放范围是政府部门在信息化建设和数字化转型过程中，主动将政务数据向公众和社会开放的范围，意味着政府部门将自己所拥有的政务数据以开放的方式提供给公众、企业、非营利组织等各方使用。政务数据的开放范围可以涵盖不同层级和领域的数据，包括但不限于政府行政管理数据、经济统计数据、环境资源数据、公共服务数据等。[1]这些数据可以是实时数据、历史数据或者统计数据等形式。从"十二五"规划以来，我国积极推进政务数据开放，在政务数据开放方面已经形成了从中央到地方，从纵向到横向的全面开放趋势。

第一，纵向上从中央到地方都在政务数据的开放范围之内。在中央层面，国家促进"形成国家政府数据统一开放平台"[2]，我国基于电子政务建设的"两网一站四库十二金"[3]基本框架，为政务数据开放提供数据资源，在国家层面开放政务数据。例如，我国国务院官方网站的"为民服务"栏目，汇

---

[1]　我国一些地方条例对政务数据资源作出了界定。如《抚顺市政务数据资源共享开放条例》第3条第1、2款规定："本条例所称政务数据资源，是指政务部门在履行职责过程中产生或者获取的，以一定形式记录、保存的文字、资料、数字、图表、图像、音视频、电子证照和电子档案等各类数据资源，包括政务部门直接或者通过第三方依法采集的、依法授权管理的和因履行职责需要依托政务信息系统形成的数据资源等。本条例所称政务部门，是指本市政府部门以及法律、法规授权具有行政职能的事业单位和社会组织。"

[2]　2015年8月31日《促进大数据发展行动纲要》。

[3]　"一站"，是指政府门户网站；"两网"，是指政务内网和政务外网；"四库"，即建立人口、法人单位、空间地理和自然资源、宏观经济等四个基础数据库；"十二金"，则是要重点推进办公业务资源系统等12个业务系统。这12个重点业务系统又可以被分为三类：第一类是对加强监管、提高效率和推进公共服务发挥核心作用的办公业务资源系统、宏观经济管理系统建设；第二类是增强政府收入能力、保证公共支出合理性的金税、金关、金财、金融监管（含金卡）、金审等5个业务系统建设；第三类是保障社会秩序、为国民经济和社会发展打下坚实基础的金盾、社会保障、金农、金水、金质等5个业务系统建设。

集了国家户籍、教育、税收等各种国家级数据库，以供开放使用。地方上，《全国一体化政务大数据体系建设指南》指出："全国 31 个省（自治区、直辖市）均已结合政务数据管理和发展要求明确政务数据主管部门，负责制定大数据发展规划和政策措施，组织实施政务数据采集、归集、治理、共享、开放和安全保护等工作，统筹推进数据资源开发利用"，在地方范围开展政务数据开放。例如，2020 年 10 月 1 日起施行的《沈阳市政务数据资源共享开放条例》规定，沈阳市人民政府统一建设本市开放平台，[1]并且沈阳市信息中心主办"沈阳市政务数据开放平台"，进行了市级范围内的政务数据开放。

第二，横向上从各部门到各领域都进行了政务数据开放。2015 年 8 月 31 日国务院发布的《促进大数据发展行动纲要》提出，"2020 年底前，逐步实现信用、交通、医疗、卫生、就业、社保、地理、文化、教育、科技、资源、农业、环境、安监、金融、质量、统计、气象、海洋、企业登记监管等民生保障服务相关领域的政府数据集向社会开放"，各领域相关的政务数据有序开放。2017 年 6 月 30 日国家发展和改革委员会、中央网络安全和信息化委员会办公室发布的《政务信息资源目录编制指南（试行）》提出，按资源属性进行划分，有基础信息资源目录、主题信息资源目录、部门信息资源目录等三种类型。基础信息资源目录是包括国家人口、法人单位、自然资源和空间地理、社会信用、电子证照等的国家基础信息资源的编目。主题信息资源目录是围绕经济社会发展的同一主题领域，由多部门共建项目形成的政务信息资源目录。部门信息资源目录是对政务部门信息资源的编目。作为政务数据开放的前置，政务信息资源目录进行了各领域和各部门的列举，展示了后续开放的内容。

政务数据的开放与不开放的范围分界不清，使得政务数据质量问题突出，数据完整性、准确性、时效性亟待提升。在我国政务数据的开放过程中，尽管已经进行了基本建设，但仍然存在一些问题：一是主体与部门多样性不足。

---

[1]《沈阳市政务数据资源共享开放条例》第 7 条规定："本市共享平台和开放平台由市人民政府统一建设，用于汇聚、存储、共享、开放本市政务数据资源。共享平台是发布本市政务数据资源共享目录、支撑政务部门进行政务数据资源共享交换的基础平台，应当按照国家网络安全相关制度和要求，依托本市电子政务外网建设和管理。开放平台是发布本市政务数据资源开放目录和向公民、法人和其他组织开放政务数据资源的基础平台。共享平台和开放平台建设、运行、维护、管理和安全保障的具体办法，由市人民政府制定。"

政务数据的开放应该涵盖国家级、省级、市级等各级政府部门，并且还应包括公安、环保、卫生、教育等不同领域的政府机构，但目前在政务数据开放中，参与的政府主体和部门还相对有限，缺乏全面性和多样性。二是常见数据集信息不完整。政务数据的开放应该包括常见的数据集，如人口统计数据、经济指标数据、交通数据等，但某些常见数据集的信息并不完整，存在缺失、更新不及时或者格式不规范等问题。三是包容性数据集内容短小。政务数据的开放应该具有包容性，涵盖各个社会群体的需求，但现实情况是有些数据集的内容相对较少，无法满足不同用户的多样化需求。四是非政府部门来源数据集缺位。政务数据的开放也可以包括非政府部门、企业等其他来源的数据集，但在某些领域，非政府部门来源的数据集还比较缺位。

二、政务数据的开放方式及透明可信度

为适应数字时代电子产品密切参与的生活方式，从国家视角的平台提供方面到公民视角的数据获取方面，我国形成了丰富的政务数据开放方式。

第一，我国在电脑端和移动端都建立了政务数据开放门户。在电脑端主要有三种开放方式，分别是各政府部门官网、政府主导建设的对公众开放的数据库、政府数据开放门户网站。其中，一般的电子政务平台上线了政务数据开放功能，进行了专门数据开放平台的建设，表现为域名中存在"gov. cn"字段。在移动端，同时提供数据开放服务，例如国务院办公厅主办的"国家政务服务平台"应用软件，作为全国政务服务总枢纽，提供统一政务服务，进行数据共享。地方政务数据开放门户作为国家政务数据开放在地方上的具体内容，目前已基本落实。复旦大学和国家信息中心联合发布中国开放数据指数和中国地方政府数据开放报告，是我国首个评估政府数据开放水平的专业指数和报告。其显示：截至2022年10月，我国已有208个省级和城市的地方政府上线了政府数据开放平台，其中省级平台21个、城市平台187个，我国74.07%的省级政府已上线了政府数据开放平台。[1]

---

〔1〕 复旦大学数字与移动治理实验室：《中国地方政府数据开放报告——省域指数（2022年度）》，载 http://ifopendata. fudan. edu. cn/report，访问日期：2023年1月10日。

第二，公民获取政务数据有自助查找和申请开放两种方式。为方便公民无条件获取数据，政务部门按照政务数据资源开放目录，通过开放平台，以可机读标准格式主动向社会开放，公民、法人和其他组织无须申请即可以通过开放平台在线访问、获取。[1]此外，可以通过公共数据资源平台提出申请，由相应的大数据主管部门会同数据提供单位审核后确定是否开放。我国为需要申请获得的数据提供申请渠道，例如上海市公共数据开放平台，为开放公开属性显示为依申请公开的数据，在页面上增加"申请"按钮，与符合条件的自然人、法人和非法人组织签订数据利用协议，明确数据利用的条件和具体要求，并按照协议约定通过数据下载、接口访问、数据沙箱等方式开放公共数据。

当前，我国在政务大数据开放的过程中：一是缺乏相对统一的平台，用于集中管理、发布和分享政务数据，导致政府部门在数据开放时责任不明确，缺乏统一的标准和流程，容易造成数据开放的不一致性和混乱；二是一些政府部门担心数据开放会对自身的公信力产生负面影响，对应该公开的数据进行隐藏处理或限制开放，影响了政务数据的透明度和可信度；三是政府部门独占信息资源，包括各个领域的数据，加大了社会对数据信息的获取和利用成本，既无法满足市场对数据的需求，也制约了社会经济的持续发展；四是我国政务数据的开放方式相对零散，缺乏统一的体系和标准，不同部门之间颁布的数据时常存在矛盾，缺少整体性和协调性，导致公众对政府数据的使用和解读产生怀疑。

三、政务数据开放与数据安全

数据与现实生活的紧密结合，使数据安全成了国家安全、社会安全和个人安全的重要内容，政务数据具有涉及广泛的大体量数据，在开放时要特别保障数据安全。基于数据安全的重要性，我国制定了《数据安全法》和《网络安全法》，搭建了数据安全的法律框架，规范政务数据的开放。在数据发展

---

[1]《沈阳市政务数据资源共享开放条例》第25条规定："无条件开放类政务数据资源，政务部门应当按照政务数据资源开放目录，通过开放平台，以可机读标准格式主动向社会开放，公民、法人和其他组织无需申请即可以通过开放平台在线访问、获取。"

初期，由于数据复制无法追踪到流转后，为保证政务数据安全只能从源头控制，用分类分级等方式谨慎开放数据。随着数字技术的进一步发展，如今可以通过安全沙箱等方式在政务数据开放中后端控制，可以承担大批量数据的开放利用，实现数据红利。

第一，以分类分级保护制度[1]为代表的措施，从政务数据开放源头保护政务数据。2020年《中共中央、国务院关于构建更加完善的要素市场化配置体制机制的意见》指出："推动完善适用于大数据环境下的数据分类分级安全保护制度。"《政务信息资源目录编制指南（试行）》《国务院办公厅关于印发政务信息系统整合共享实施方案的通知》等中央政策文件也指出，对数据的分类分级是对数据的重要保护措施。虽然对政务数据的分类分级还没有具体规定，但是还可以按照对数据的保护来分类，划分为公共数据、内部数据和涉密数据，由此在开放时可以按照分类作出无条件开放、有条件开放和不开放的决定，用从源头封闭的手段实现数据安全。利用大数据及云计算的能力，对政务数据进行分类管理，在我国政务数据目录中以各种标准对数据进行分类，实现按类别的有效利用。[2]不同数据不同管理，级别不同保护程度不同，分类管理的方法可以应对现实庞大繁杂并且迅速迭代的数据集。

第二，以安全沙箱等机制为代表的措施，从政务数据开放中后端保护政务数据。安全计算沙箱在上海形成了较成熟的功能，是上海市公共数据开放平台解决数据流通安全问题的可行方式之一，有效解决了数据开放主体和数据利用主体之间的数据互信使用、安全合规流通、数据价值如何赋能等问题。安全计算沙箱以"逻辑封闭，进出审计，内部自由"为功能特点，进一步降低了数据分析挖掘门槛。其主要运用"可用不可见""可用不可得"的原理，防止了由数据特性导致的复制即带走所有权的问题。此外，数据保护从依靠源头封闭的手段，发展到建立全过程、全方位的监测预警机制、应急处置机

---

[1] 《数据安全法》第21条规定："国家建立数据分类分级保护制度，根据数据在经济社会发展中的重要程度，以及一旦遭到篡改、破坏、泄露或者非法获取、非法利用，对国家安全、公共利益或者个人、组织合法权益造成的危害程度，对数据实行分类分级保护。国家数据安全工作协调机制统筹协调有关部门制定重要数据目录，加强对重要数据的保护。"

[2] 朱海涛：《政务大数据开放及共享安全问题研究》，载《网络安全技术与应用》2022年第6期。

制、安全审查制度、风险监测，从采集、传输、存储、共享及应用、销毁全流程保护数据安全。我国同时设置了相关机构来保证数据安全。《数据安全法》第6条第4款规定："国家网信部门依照本法和有关法律、行政法规的规定，负责统筹协调网络数据安全和相关监管工作。"此外，2023年国务院机构改革组建的国家数据局，由国家发展和改革委员会管理，负责协调推进数据基础制度建设，统筹数据资源整合共享和开发利用，统筹推进数字中国、数字经济、数字社会规划和建设等。机构设置是落实数据保护的实践举措。

当前，全国各地的地方政府数据开放平台系统各异，各数据集异构分散，这使得在数据流通过程中存在数据泄露、滥用和篡改等隐患，政务数据开放管理缺乏全局性。[1]由于缺乏统一的政务数据开放管理机制，各地方政府在数据开放过程中缺乏全局性的统筹和监管，导致了政务数据的重复开放、冗余发布和信息碎片化等问题，加大了数据管理的复杂性和风险。另外，由于一些地方政府部门未能充分意识到政务数据的价值和风险，缺乏有效的数据安全保护措施，加之数据安全管理的责任和义务缺乏明确的规定和约束，政务数据在开放过程中存在不少安全隐患。

四、政务数据开放与个人信息保护

我国《个人信息保护法》第33条规定："国家机关处理个人信息的活动，适用本法；本节有特别规定的，适用本节规定。"同时，在第三节设置了国家机关处理个人信息的特别规定，明确规定国家机关处理个人信息的活动适用本法。此外，个人信息还有进一步划分，《民法典》第1034条明确了个人信息与隐私保护的衔接规则，一般个人信息和敏感个人信息因为适用环境与考量因素不同，有各自的保护体系，对敏感个人信息进行更严密的保护。[2]对个人信息一般保护的原则同样适用于国家数据处理者，在政务数据开放的全过程，政务数据主管部门要遵循知情同意原则、目的限制原则、最小化原则、匿名化原则等。我国的政务数据保护集中体现在目的限制和匿名化处理两项

---

〔1〕　赵润娣：《我国政府数据开放分类分级研究——基于开放政府数据平台教育类数据的调查》，载《现代情报》2021年第4期。

〔2〕　商希雪、韩海庭：《政府数据开放中个人信息保护路径研究》，载《电子政务》2021年第6期。

措施上。

第一，目的限制。《个人信息保护法》第 6 条第 1 款规定："处理个人信息应当具有明确、合理的目的，并应当与处理目的直接相关，采取对个人权益影响最小的方式。"在搜集个人信息时不可以超越政务目的，2020 年 11 月 13 日国家网信办 App 违法违规收集使用个人信息治理工作组通告，鄂汇办、皖事通、宁归来等政务软件存在个人信息收集使用问题，不可超越政务目的进行数据收集，这是从数据生命周期的起点对个人信息进行保护。

第二，匿名化处理。《个人信息保护法》第 4 条第 1 款规定："个人信息是以电子或者其他方式记录的与已识别或者可识别的自然人有关的各种信息，不包括匿名化处理后的信息。"匿名化之后的数据不存在识别特定自然人的可能，因此无法对个人造成损害，继而无须特别保护。匿名化是数据产生之后对个人信息进行有效保护的手段，政务数据在经过匿名化处理之后开放，是在保护个人信息的前提下进行的数据利用，维持了个人信息保护利益与政务数据开放利益的平衡。

政务数据开放中的个人信息保护存在法律依据缺失的问题。目前，《个人信息保护法》要求的国家个人信息保护合规制度体系并没有建立，使得实践中缺少配套的法律法规依据。此外，我国《个人信息保护法》确立的一体调整模式，事实上是将数据处理者为私法主体时的个人信息保护规则，适用于数据处理者为公法主体时，没有注意到政务数据的公共属性。政府的公共属性没有因为其数字化转型而丧失，应予以特别注意。公共部门缺乏专门的个人信息保护规则，一体调整模式制度无法为公共部门提供专门支持，需要设立特别规则。

第四节　数据生存周期视角下的政务数据安全保障机制构建

2022 年 9 月 13 日发布的《国务院办公厅关于印发全国一体化政务大数据体系建设指南的通知》提出："坚持总体国家安全观，树立网络安全底线思维，围绕数据全生命周期安全管理，落实安全主体责任，促进安全协同共治，运用安全可靠技术和产品，推进政务数据安全体系规范化建设，推动安全与利用协调发展。"围绕数据全生命周期部署政务数据的安全保障机制。关于数据全生命周期，2020 年 3 月 1 日实施的《信息安全技术 数据安全能力成熟度模型》（GB/T 37988-2019）提出，数据生存周期有数据采集、数据传输、数据存储、数据处理、数据交换、数据销毁六个阶段，特定的数据所经历的生存周期由实际的业务所决定，可为完整的六个阶段或其中的几个阶段。"数据生命周期"与"数据生存周期"的字样都存在于行政法规和部门规章中，但"数据生存周期"有具体的体系内容，而"数据生命周期"多指数据从诞生到消亡的整个宏观过程，所以下文采用六个阶段的数据生存周期划分，按阶段匹配政务数据的安全保障机制。

我国政务数据的安全保障体系包含在数据经济发展体系中，为数据经济的安全发展保驾护航。形成以国务院《"十四五"数字经济发展规划》为顶层规划，以《国家安全法》《网络安全法》《民法典》《数据安全法》《密码法》《个人信息保护法》为国家数据法规，以《关键信息基础设施安全保护条例》《互联网收费系统省域系统并网接入网络安全基本技术要求》《数字交通发展规划纲要》《国家重要数据保护目录》等为行业数据法规或要求，与各省市数据法规一同构成从中央到地方、从宏观发展到具体行业的数据经济发展战略体系。我国以规范法律体系保障数据生存全周期各个阶段的数据安全，政务数据作为我国数据主体，在数据生存的六个阶段获得同样的安全保障。

一、政务数据采集阶段：从数据源开始分类分级

数据采集是指内部系统中新产生的数据，以及从外部系统收集数据。[1]政务数据的采集即从政府新产生数据以及从外部收集数据，在采集阶段主要涉及政务数据分类分级制度的安全保障机制，主要确保采集的合法、正当、合规。

政务数据分类分级虽遵从《数据安全法》相关规定，[2]但我国尚没有统

---

〔1〕 2020 年 3 月 1 日实施《信息安全技术 数据安全能力成熟度模型》。

〔2〕《数据安全法》第 21 条第 1 款规定："国家建立数据分类分级保护制度，根据数据在经济社会发展中的重要程度，以及一旦遭受篡改、破坏、泄露或者非法获取、非法利用，对国家安全、公共利益或者个人、组织合法权益造成的危害程度，对数据实行分类分级保护。国家数据安全工作协调机制统筹协调有关部门制定重要数据目录，加强对重要数据的保护。"

一的政务数据分类分级标准。实践中，贵州、浙江等地进行了尝试，主要按照一旦泄露的危害程度进行划分，涉及国家秘密、商业秘密、个人隐私的数据得到更高的保护。对政务数据进行分类分级是之后阶段面向开放的前提条件，[1] 从数据源开始分类分级进行有区别的保护，是对政务数据进行事前保护的安全保障机制。当前，国内外对于开放政府数据资源建设的研究已取得了一定成果，但是对于开放政府数据过程中的政府数据资源分类分级问题尚未引起足够重视，国内的相关研究主要集中于开放政府数据资源建设的评估，[2] 例如涵盖了"数据层""平台层"等 3 个层面及具体的"组织和管理""数据数量"等 13 个维度的评估框架的提出，[3] 并且多集中在具体行业领域或整个数据领域，缺少对政务数据的针对性研究。对政务数据分类分级研究的关注仍然较为欠缺。

政务数据分类分级是政务数据采集阶段安全保障的重要措施。实践中，我国已经在各层次的政府数据平台建设中，在开放数据的前置程序进行了政务数据分类分级，政务数据采集应当根据实践经验和法律规范落实分类分级制度。首先，在制定分类标准和评估方法时，应当更加科学、公正和透明。当前存在的问题之一，是标准缺乏统一性和规范性，导致不同部门和单位对政务数据的分类标准和级别存在差异。这种不统一的分类标准，可能会导致数据的错配和混淆，增加数据管理的复杂性和风险。其次，在实施分类分级制度时，需要加强对数据采集人员和机构的培训与管理。政务数据采集人员应具备丰富的专业知识和数据安全意识，了解不同级别数据的特点和保护要求，遵守相应的数据安全规定和操作流程。再次，还应加强对数据采集机构的监督和评估，确保其按照相关规定和标准进行数据采集，避免数据泄露和滥用的风险。最后，可以借鉴国际先进经验，结合我国国情提出创新性措施，提升政务数据分类分级制度的效能。可以考虑采用技术手段，如人工智能和

---

〔1〕 赵润娣、赵文慧、赵晓军：《面向开放的政府数据分类分级研究——基于文本分析视角》，载《图书馆学研究》2022 年第 8 期。

〔2〕 赵润娣：《我国政府数据开放分类分级研究——基于开放政府数据平台教育类数据的调查》，载《现代情报》2021 年第 4 期。

〔3〕 郑磊、高丰：《中国开放政府数据平台研究：框架、现状与建议》，载《电子政务》2015 年第 7 期。

大数据分析，提高数据分类和标记的准确度和效率。同时，政府还可以依托第三方评估机构，对政务数据分类结果进行独立评估和审查，确保分类结果的客观和合理。

二、政务数据传输阶段：传输加密与网络可用性管理

数据传输是指数据从一个实体传输到另一个实体。[1]政务数据的传输即政务数据从一个实体传输到另一个实体，在传输阶段涉及政务数据传输加密和网络可用性管理两方面的安全保障机制，主要确保传输完整、机密。

数据开放对政府管理与商业运营都具有重大价值，而完全开放的跨境数据传输将使数据开放发挥最大功效。[2]对于传输阶段，目前学者多集中在跨境传输的问题上，跨境传输以其更复杂的法律与技术环境，可以为国内政务数据传输提供参考。数据资产所有权的归属决定着数据价值利益的分配以及对数据质量、安全责任的划分。[3]按照所有权进行具体落实政府数据传输阶段的安全保障，是数据跨境研究的有益经验。

针对政务数据传输的安全问题，有两条保障路径：其一，政务数据传输加密。政务数据传输加密主要确保传输节点、传输数据安全，重点在于技术人才培养和组织管理架构的建设。对政务数据的发送方和接收方的身份进行认证与鉴别，确保政务数据传输双方可信，使用加密产品或工具落实制度规范所约定的加密算法要求和密钥管理要求，同时在加密算法的配置、变更、密钥的管理等操作过程中设置审核机制和监控手段，采用数据库防火墙设备，防止在政务数据传输过程中在结构化查询语言数据库使用时注入风险。[4]我国《数据安全法》第 20 条规定："国家支持教育、科研机构和企业等开展数据开发利用技术和数据安全相关教育和培训，采取多种方式培养数据开发利用技术和数据安全专业人才，促进人才交流。"需要增加人才储备与培养，在

---

〔1〕　2020 年 3 月 1 日实施《信息安全技术　数据安全能力成熟度模型》。

〔2〕　曹博：《跨境数据传输的立法模式与完善路径——从〈网络安全法〉第 37 条切入》，载《西南民族大学学报（人文社会科学版）》2018 年第 9 期。

〔3〕　丁道勤：《基础数据与增值数据的二元划分》，载《财经法学》2017 年第 2 期。

〔4〕　余晓斌：《政务数据安全框架构建》，载《信息安全研究》2022 年第 11 期。

相关部门配备专业技术人员，充分运用政府科技顾问制以及对专业性较强的职位的聘任制，或积极与拥有新技术的第三方展开合作，以适应政务数据传输加密的高科技要求。其二，网络可用性管理。网络可用性涉及传输通道安全，事关网络安全。一旦发现禁止发布或者传输的信息，网络运营者应当停止传输，采取消除等处置措施。[1]这要求健全组织管理人员，建设突发事件应急响应机制，按照谁管理、谁负责的原则进行责任制设计，要求专门部门承担网络与信息安全技术平台的建设和使用管理，以及互联网行业网络安全审查相关工作，组织推动互联网安全自主可控。2001年成立了国家计算机网络应急技术处理协调中心，是中国计算机网络应急处理体系中的牵头单位，运行和管理国家信息安全漏洞共享平台，维护公共互联网安全。此外，政务系统搭建了国家电子政务外网、政务专网、政务内网等专门网络，以保障政务数据的安全传输。健全的政府组织架构和技术支持保障网络可用，确保政务数据传输安全。

三、政务数据存储阶段：存储媒体安全、逻辑存储安全、政务数据备份和恢复

　　数据存储是指数据以任何数字格式进行存储。[2]政务数据的存储即政务数据以任何数字格式进行存储，在存储阶段涉及存储媒体安全、逻辑存储安全、政务数据备份和恢复三个方面的安全保障机制，主要确保存储机密、可用。

　　第一，存储媒体安全。存储媒体包括终端设备及网络存储，涉及对数据库、平台、存储文件等实施安全防护。对于存储媒体的购买、使用都要有相应的安全责任制度，设立负责存储媒体安全的岗位和人员，建立配套的审批和记录制度，跟踪存储媒体的使用和传递过程，实时监测存储媒体的性能，对超过安全阈值的存储媒体进行预警。存储媒体安全更多地依靠组织监管，

---

〔1〕《网络安全法》第50条规定："国家网信部门和有关部门依法履行网络信息安全监督管理职责，发现法律、行政法规禁止发布或者传输的信息的，应当要求网络运营者停止传输，采取消除等处置措施，保存有关记录……"

〔2〕 2020年3月1日实施《信息安全技术 数据安全能力成熟度模型》。

要落实责任制监管和审批记录制度，在管理上保障政务数据存储安全。

第二，逻辑存储安全。数据逻辑安全存储管理包括认证授权、账号管理、权限管理、日志管理、加密管理、版本管理、安全配置、数据隔离等，是专业技术性的安全保障。行政系统内部对技术要求高的部分采取了政府采购的方式，2021 年 3 月 19 日，中央政府采购网发布《中央国家机关 2021 年数据库软件协议供货采购项目成交公告》。公告显示，包括武汉达梦、天津神州通用、浪潮电子和腾讯云计算等在内的 21 家企业入围。我国《数据安全法》第 40 条规定："国家机关委托他人建设、维护电子政务系统，存储、加工政务数据，应当经过严格的批准程序，并应当监督受托方履行相应的数据安全保护义务。……"在审查采购时对个人信息、重要数据等敏感数据要进行特别加密存储，注意符合分类分级的不同程度的安全存储要求。

第三，政务数据备份和恢复。政务数据的备份和恢复重点在于对存储数据的冗余管理，需要进行有效的容灾备份，保障政务数据的可用性。数据的备份和恢复是面对软件故障、人为因素、病毒、自然灾害、硬件故障等数据安全主要威胁的兜底手段，采用的主要技术有快照技术、远程镜像技术、互联技术等。[1]政务数据备份和恢复充分运用区域优势，在京津冀、长三角、粤港澳大湾区、成渝地区双城经济圈、贵州、内蒙古、甘肃、宁夏等地区建设数据中心集群，保障政务数据存储安全。

政务数据存储阶段安全保障的关键点是加强对政务数据存储设施的监管，制定相关法律和法规，规定政府部门和云服务提供商在政务数据存储过程中的责任和义务。监督和审查存储设施的安全性、可靠性和合规性，确保存储设施符合相关法律标准并进行必要的安全审计。同时，加强对政务数据存储合同的法律约束力，在选择服务商时应制定严格的合同条款，明确服务商的责任范围和承诺，规定其对政务数据的保密义务、备份和灾难恢复机制等安全保障措施。

---

〔1〕　宋凯等：《基于网络环境下的数据备份与容灾技术研究》，载《中国军转民》2023 年第 3 期。

四、政务数据处理阶段：数据脱敏

数据处理是指组织在内部对数据进行计算、分析、可视化等操作的阶段。[1]政务数据的处理即政府部门对数据进行计算、分析、可视化等操作，在处理阶段主要有政务数据脱敏等方面的安全保障机制。

政务数据脱敏是因为随着电子政务的发展，各部门业务与互联网进行了深度结合。例如，教育部下属的学信网推出的学历查询认证、中国民航局下属的中航信推出的航旅纵横、公安部下属的国政通推出的身份证核验，[2]这使得一大批敏感信息进入了政务数据，在进一步使用前要进行脱敏处理。脱敏处理的手段有敏感字段屏蔽，泛化、抑制、假名化等技术。我国《个人信息保护法》第4条第1款规定："个人信息是以电子或者其他方式记录的与已识别或者可识别的自然人有关的各种信息，不包括匿名化处理后的信息。"匿名化处理作为脱敏手段的一种，对于个人信息的保护至关重要。在对不同政务数据进行脱敏时，同样遵从分类分级对数据进行不同程度的安全处理。此外，数据脱敏的作用是在保留原始数据的业务价值、技术价值的前提下，对敏感信息进行脱敏、隐蔽处理，按照不同的使用需求，对数据内容进行变化，同时应用管理流程实现针对特定用户访问真实数据的能力。[3]作为脱敏的重要应用场景的数据对外输出服务，是数据交换共享的目标之一，无论是依照《政务信息资源共享管理暂行办法》公开数据，还是对外部企业或个人输出路网的数据服务，均要符合相关的法律法规，不应存在隐私泄露的风险。[4]政务数据脱敏是解决隐私泄露风险的良好手段，有助于保护公民的隐私权。在收集和处理的政务数据过程中可能含有大量的个人敏感信息，例如身份证号码、家庭住址等，通过数据脱敏，可以将这些个人敏感信息进行去标识化处理，减少对公民隐私的潜在威胁，并且在一定程度上保护公民的隐私权，防

---

[1] 2020年3月1日实施《信息安全技术 数据安全能力成熟度模型》。

[2] 王毛路、华跃：《数据脱敏在政府数据治理及开放服务中的应用》，载《电子政务》2019年第5期。

[3] 王毛路、华跃：《数据脱敏在政府数据治理及开放服务中的应用》，载《电子政务》2019年第5期。

[4] 周海涛：《大数据平台数据脱敏关键技术》，载《电子技术与软件工程》2017年第21期。

止个人信息的滥用或泄露。政务数据脱敏还有助于促进数据开放和共享，脱敏后可以更容易与其他机构或公众分享。将政务数据脱敏后作为资源开放，供其他部门、学术界、民间组织或企业进行研究和利用，推动数据创新和社会发展。政务数据脱敏有助于促进数据的流通和共享，提高政府数据的利用效率和社会价值。然而，政务数据脱敏也面临对个人重新识别的风险。因此，政务数据脱敏需要充分考虑匿名性要求，采取有效的技术和管理手段，确保脱敏后的数据无法被还原或重新识别。此外，政务数据脱敏还需要平衡数据开放和隐私保护之间的关系。政府在进行数据脱敏时，需要权衡数据的开放和利用价值，以及对个人隐私的保护。政务数据脱敏应该建立在充分尊重和保护个人隐私的基础上，确保数据的开放和共享不会造成对个人隐私权的侵犯。

运用经济学的概念，关键数据处理机构的负外部性是指其数据处理行为可能会给其他主体合法权益或公共利益、国家利益带来不利影响和损害，或者在数据处理行为中私人成本低于社会成本。[1]而政务数据处理的内容和载体导致其具有较高的负外部性，具有很高的安全风险。但更高成本的负担是为了保护高于金钱的价值，并且撬动更大的市场，政务数据开放不可阻挡，处理阶段的安全保护也要加强。

五、政务数据交换阶段：数据的共享、发布与接口安全

数据交换是指组织与组织或个人进行数据交换。[2]政务数据的交换即政府部门间的数据交换或与社会组织、企业、个人进行数据交换，在交换阶段涉及政务数据共享安全、政务数据发布安全、政务数据接口安全三个方面的安全保障机制。

第一，政务数据共享安全。政务数据共享安全是指与非本部门组织交换数据时的安全风险控制，保障共享场景下的数据安全。明确政务数据提供者与共享数据使用者的安全责任和防护能力，确保共享交换区域安全、通道安全、数据加密脱敏，确保政务数据共享给接收方不会损害数据已达到的安全

---

〔1〕　周昀、姜程潇：《关键数据处理机构的数据治理结构》，载《法学杂志》2021 年第 9 期。
〔2〕　2020 年 3 月 1 日实施《信息安全技术　数据安全能力成熟度模型》。

程度。对于不确定接收方的政务数据共享，相关数据提供部门要确保数据投入公共数据池后不会损害国家、集体和公民个人的权益。并且，不是政务工作中产生的所有数据都可以完全地公开共享，部分敏感性数据只有经过特定处理，或经过一定时间的保密期限后才可开放共享。[1]

第二，政务数据发布安全。在政务数据发布的过程中，对于发布数据的格式、适用范围、发布者与使用者权利和义务进行明确，保障过程的安全可控。到 2022 年为止，覆盖国家、省、市、县等层级的政务数据目录体系初步形成，规范政务数据的安全发布，对于实践中可发布数据进行具体指导。政务数据涉及大量个人信息[2]，需要政务数据目录推动安全的政务数据发布行动。

第三，政务数据接口安全。采用时间戳、安全协议、身份鉴别、访问控制等安全措施确保政务数据接口安全，但也要考虑服务的需求，我国开放数据平台应用程序接口服务不足，借鉴开放数据协议的国际标准可以提升互操水平。[3]在技术方面仍然要不断研究新技术，以满足安全与服务的双重需求，在等待技术升级的过程中，可以在组织管理上弥补技术的缺位，通过严格的人员设施控制保证政务数据接口安全。

六、政务数据销毁阶段：数据销毁处置和存储媒体销毁处置

数据销毁是指对数据及数据存储媒体通过相应的操作手段，使数据彻底删除且无法通过任何手段恢复。[4]政务数据的销毁即为对政务数据及政务数据存储媒体通过操作使政务数据彻底删除且无法恢复，在销毁阶段，涉及政务数据销毁处置和存储媒体销毁处置两方面的安全保障机制。

---

〔1〕 宰冰欣：《科研数据共享中的数据安全规范研究——以澳大利亚高校科研数据共享政策为例》，载《新世纪图书馆》2022 年第 1 期。

〔2〕 《个人信息保护法》第 10 条规定："任何组织、个人不得非法收集、使用、加工、传输他人个人信息，不得非法买卖、提供或者公开他人个人信息；不得从事危害国家安全、公共利益的个人信息处理活动。"

〔3〕 翁丹玉等：《开放数据平台的接口服务研究及应用探讨》，载《数据分析与知识发现》2017 年第 8 期。

〔4〕 2020 年 3 月 1 日实施《信息安全技术 数据安全能力成熟度模型》。

第一，政务数据销毁处置。政务数据的销毁处置是指对数据的删除、净化，擦除数据以防止存储媒体中的数据恢复。设置专门的监督人员与程序，确保政务数据及其副本的销毁的不可逆。对已共享的数据进行管控，还要避免对数据的误销毁。按照政务数据目录对各级各类数据共享开放期限的要求，在停止共享开放后要及时销毁，不要超期留存。我国《个人信息保护法》第47条以及《网络安全法》第43条都提到违法使用个人信息应当删除，我国现行法律规范还未对数据生命周期终结的销毁进行权利义务上的具体规定，但数据销毁义务应当在《数据安全法》的数据安全保障制度框架内，个人信息的销毁仅是数据销毁义务履行的一部分。[1]不涉及物理销毁的政务数据销毁需要专业技术的支持，以保证数据的彻底删除，确保终极的不会因泄露造成事故的安全。对于不同的数据存储媒介，政务数据销毁的方式和实施难度也不同，处置者要衡量时间成本和金钱成本等选择最优销毁方式。这需要配套的评估和审批机制，以及完善的销毁程序设计，用人力和技术保障数据销毁安全。

第二，存储媒体销毁处置。存储媒体的销毁处置是指对存储媒体进行安全销毁，防止因其丢失等而导致数据泄露。销毁时要确保存储媒体销毁的彻底性，以防止因销毁不彻底而仍然可读取数据，最终导致数据泄露，妨害政务数据安全。此外，对磁媒体、光媒体和半导体媒体等进行安全的物理销毁，销毁时应注意防止造成资源浪费和环境污染。例如，硬盘的粉碎销毁可能会造成水和土壤污染。我国可持续发展要求人与自然和谐共生，在存储媒体销毁时也要注意存储媒体的无害化销毁。政府在无害化销毁上可以寻求与拥有相应技术的第三方合作，实现合法合理安全的存储媒体销毁。

在数据大爆炸的时代，数据质量的商业价值远高于数据数量，信息处理者需要在有限的存储空间内进行数据筛选，所以销毁的对象往往是业务活动中产生的无用数据、无效数据，而非涉及业务核心的用户个人信息。[2]政务

---

〔1〕　赵精武：《从保密到安全：数据销毁义务的理论逻辑与制度建构》，载《交大法学》2022年第2期。

〔2〕　赵精武：《从保密到安全：数据销毁义务的理论逻辑与制度建构》，载《交大法学》2022年第2期。

数据中被销毁的也是无用的不可过度保留的数据，政务数据销毁是确保政府数据安全的必要步骤。政府部门在履行职责的过程中收集了大量政务数据，其中可能包含了大量个人身份信息、敏感商业数据等。政务数据销毁可以有效地避免这些数据被滥用、泄露或被未经授权的个人或组织访问。通过及时且彻底地销毁政务数据，可以减少数据安全风险，保护公民和机构的利益。并且，收集和处理的政务数据中可能含有大量个人敏感信息，例如身份证号码、家庭住址等。这些个人隐私信息需要得到妥善保护和处理，避免被滥用或流失。政务数据销毁可以将不再需要的个人隐私信息彻底删除，降低个人信息泄露的风险，保护公民的隐私权。

第三章

企业数据跨境流动监管

数据流动通常能充分释放其潜在的经济价值，而静态数据往往无法展现这一价值，因此大多数国家均支持数据在国内自由流动。然而，当数据流动跨越国界时，各国的立场就各异了。这种分歧的本质在于，尽管数据跨境流动可能带来巨大的经济收益，但同时也可能引起数字领域的争议，增加数据监管的复杂性，增加数字安全风险，甚至威胁到国家的数字主权。鉴于数据跨境流动与国家网络安全紧密相连，其还可能涉及社会、经济、政治等多个层面的国家安全。从全面国家安全的角度来看，网络安全是国家安全的重要组成部分，网络安全的波动会影响国家安全的整体稳定。[1]我国数字经济的规模目前全球排名第二，这预示着我国的数据跨境流动将变得更加频繁。为了预防数据跨境流动可能带来的风险，必须对现行的数据跨境流动规则进行审查和优化，以强化法律规制，保护国家的数字主权和安全。

第一节　数据跨境流动与数据跨境治理关系辨析

随着数字化时代的到来，国家间的竞争和博弈已经不断拓展到数字领域。[2]在这一过程中，确立高效的数据跨境治理机制成了维护数字经济安全的核心要素，这一点已经获得了国际社会的广泛认同。尽管如此，各国和地

---

〔1〕　杨蓉：《从信息安全、数据安全到算法安全——总体国家安全观视角下的网络法律治理》，载《法学评论》2021 年第 1 期。

〔2〕　许蔓舒等：《数字空间的大国博弈笔谈》，载《信息安全与通信秘密》2021 年第 12 期。

区在追求数据主权和国家安全的过程中，采纳了各种不同的治理模式，导致在具体的政策和策略上存在显著差异。值得注意的是，数据跨境治理与数据的实际跨境流动是密不可分的。在推进数据跨境治理时，不可忽视对数据流动环节的管理和监管。只有通过深入理解数据跨境流动与治理之间的关系，并对其进行明晰界定，才能为企业数据跨境流动的监管机制的必要性和优化方向提供坚实的理论基础。

一、数据跨境流动是数据跨境的逻辑起点

数据跨境的概念最早出现在 1980 年的国际性文件 "Guidelines on the protection of Privacy Trans border Flows of Personal Data" 中，其在该文件中的含义为 "个人数据的移动跨越国家边界"，并认为数据跨境流动实际上将国家置于了危险境地。[1]可见，数据跨境概念在产生之初便伴随着数据跨境流动的概念提出。数据跨境本身是通过数据跨境流动完成的，数据跨境流动是数据跨境的起点。当前，各个国际组织或国家并未对数据跨境流动进行明确、统一的界定，但对数据跨境流动的本质与核心意涵的理解却具有共通性。通常而言，数据跨境流动即为：一国境内产生的数据，被域外主体读取、储存、使用等。

毋庸讳言，数据跨境流动的概念围绕 "跨境" 和 "流动" 两个不可分割的关键要素展开。跨境元素指的是数据的传输超越了单一国家的边界，进入其他国家的领域，通常与数据主权等复杂问题相关。而流动元素则涵盖了数据传输过程中的技术层面，包括网络与信息技术领域的各项规范和标准。值得注意的是，数据流动有其两面性，既包括数据从本国流向其他国家，也涵盖了数据从外国流入。在国家层面，在大多数情况下，更大的关注点在于本国数据向外流动，这与对数据安全和数据主权的关切密切相关。数据跨境流动是当前各国在数据资源争夺和保护中的竞争焦点，[2]这一现象是由信息时

---

〔1〕 胡海波、耿骞：《数据跨境流动治理研究：溯源、脉络与动向》，载《情报理论与实践》2023 年第 7 期。

〔2〕 卜学民、马其家：《论数据主权谦抑性：法理、现实与规则构造》，载《情报杂志》2021 年第 8 期。

代数据的爆炸式增长催化的。各国由于网络技术的差异和网络治理理念的不同，采取了不同的治理方法。但无论如何，数据跨境流动作为数据国际化的起点，其重要性已经得到普遍认可，成为一个不容忽视的现实。

二、数据跨境治理是维护数据安全的内在要求

企业数据的跨境交易与运作等，可以为企业主体带来一系列利益与价值，但同时也伴随着一系列数据风险。具体而言，企业数据在出境过程中主要涉及以下风险：其一，数据泄露和滥用的风险。企业数据不仅涉及企业自身的交易数据，还涉及国家安全、经济发展与社会稳定等具有公共利益属性的信息与数据。正是基于企业数据本身所蕴含的庞大价值量与信息量，其容易在出境过程中被不当挖掘与利用，从而直接引起相关风险。其二，跨境企业数据面临的各种数据攻击有所升级。由于企业数据的安全价值与利益价值不断攀升，针对企业数据的各种网络攻击也在不断升级，不仅在攻击对象上逐渐演变为对包括网络设备、终端和关键信息基础设施的直接攻击，而且具有更加多样性和隐蔽性的特征，这些都显著增加了跨境数据的安全风险。其三，海量的企业数据具有混乱性特征，从而引起数据安全风险。当前，我国的数据总量已经达到世界第二位，但海量的数据尚未建立起有效的分类分级管理制度，各种中小型企业也没有建立完善的跨境数据安全管理制度，这些都容易造成企业数据跨境过程中的泄露与滥用，并最终有损数据安全。

正是基于数据跨境过程中的种种风险，数据跨境治理已成为世界各国所关注的重点内容。由于在数据跨境整个过程中涉及主体复杂，这些危害数据主体人身财产安全，甚至波及国家经济政治安全的风险，也具有较强的不可控性，因此各国对数据跨境治理也日趋重视，以维护出境数据的数据安全。从整体来说，数据跨境治理的内涵较为丰富，不仅包括关于跨境数据法律与制度优化方面的内容，而且包括数据跨境治理过程中政策与技术等方面的内容。数据跨境治理的目标是保障跨境数据的合法性、安全性和可靠性，有效防范数据隐私泄露、网络攻击、网络犯罪等问题，从而积极维护数据安全、网络安全、经济安全乃至国家安全。

三、数据跨境流动监管是数据跨境治理的核心环节

数据跨境治理涉及数据跨境流动、数据跨境传输、数据跨境利用等不同环节。正如前述，在数据跨境治理的诸要素中，数据跨境流动是数据跨境的起点。这表明，从风险预防和源头治理的角度来看，数据跨境流动治理必将成为数据跨境治理的核心环节。而且，从数据跨境流动的内容来看，企业数据跨境流动也并不仅仅涉及具有纯粹企业化、商业化属性的企业交易数据，会同时涉及个人数据的相关内容。究其缘由，个人数据其实是企业展开活动的基础资源，在企业对外扩张的过程中不可避免地要进行跨境转移。[1]

随着全球经济一体化的趋势越来越明显，网络平台产生了新的生产力，掌控海量关键生产要素，是数字经济的主导力量。[2]各跨国公司为了尽量压缩成本获取高额利润，纷纷在世界各地投资设厂，这在无形之中大幅增加了数据跨境流动的便利程度，也给数据生产国带来了潜藏的风险。倘若放任数据交易带来的隐患，只依靠企业自律的方式管理数据交易，最终将妨碍正常的数据流通秩序，甚至反噬数字经济。数据跨境交易离不开国家公权力的监督约束。各个国家关于数据跨境流动的认识也在不断深化，其摆脱了以往主要依靠行政指令来管理数据跨境流动的传统做法，而是逐步意识到，数据跨境治理必须依靠规则之治，即通过立法的方式为后续治理提供依据。诚然，基于各国在政治制度、经济发展水平、规制理念、历史文化等方面的差异，国际社会还未对数据跨境流动监管形成一致的数据治理模式，各国数据跨境流动的规制实践存在不同程度的差异。[3]但是，当前大多数国家已先后出台数据安全立法，有些甚至还制定了专门的数据跨境流通法律。通过强化数据跨境流动监管，以推进数据跨境治理的总体思路，在各个国家和地区已形成共识。

---

[1] 郭德香、李晓豫：《我国个人金融数据跨境流动的法治保障》，载《河南财经政法大学学报》2022年第6期。

[2] 蔡艺生、杨帆：《总体国家安全观视域下的网络平台治理探讨》，载《广西警察学院学报》2021年第5期。

[3] 鄢雨虹：《数据跨境流动规制中的正当公共政策目标例外及中国因应》，载《兰州学刊》2022年第3期。

第二节　企业数据跨境流动监管模式考察

在当前数字经济高速发展的时代背景下，确保数据安全、明确数据主权成了当今世界各国政府刻不容缓的战略部署。[1]由于各个国家的网络信息技术存在强弱之分，从而导致了数据信息获取能力亦存在明显差异，加上各国的历史文化沿革各具特色，最终促成了不同的数据跨境流动治理模式。整体而言，从国际社会经验借鉴的视角出发，域外较为典型的企业数据流动监管模式主要有以下三种：注重数据商业利益的美国模式、注重个人数据权利保护的欧盟模式，以及网络安全与经济发展并重的中国模式。及至其他国家与地区，不同国家的数据跨境流动监管措施也大多遵循了上述三种模式。究其缘由，无论是在数字经济规模上，还是在网络信息技术的实力上，这三种模式都位居前列，并产生了强大的影响力。

一、数据商业利益优先的美国模式

相对而言，美国的数据治理具备较为完整的"金字塔"式结构，其内容不仅包括国家战略层面的顶层设计、机构层面的中层衔接落实，也涉及基层环节的配套措施。[2]由于美国自立国以来即秉持重商主义的传统，注重对商业利益的保护，因此其在数据治理过程中同样强调挖掘数据背后隐藏的经济价值。由此，美国对数据的跨境流动实际上秉持着自由主义原则，其基本未限制正常的商业贸易引发的数据跨境流动。整体来说，美国模式具有以下特点。

第一，数据跨境流动自由是美国商业贸易的基本立场。无论是国内的数据交易，还是境外的数据交易，美国大多遵循自由交易的立场，不会过多干涉与限制数据跨境交易。不过，美国的数据跨境治理模式虽然以行业自律与数

---

〔1〕　张晶：《我国数据主权研究的系统性文献综述》，载《情报杂志》2022年第4期。

〔2〕　李益斌、刘洋：《美国数据治理的现状、挑战和新应对》，载《中国信息安全》2022年第4期。

据自由为基础，但其同样会以国家安全为由对外资进行限制。[1]此种举措在很大程度上推动了美国数字经济的繁荣，造就了一大批头部网络数据企业，如脸书、推特、亚马逊等。这些网络企业借助美国较为宽松的数据交易政策，迅速发展壮大，并逐步成为世界范围内影响力巨大的头部网络企业。而且，美国对于数据交易自由的政策，也极大程度地降低了数据交易的成本，从而使得美国企业能获得竞争优势，并不断推动网络信息领域的技术创新。另外，美国模式较为注重企业乃至行业内部的监管自律，其各行各业普遍成立了专业的行业协会，由行业协会制定本领域的行业规则。在这种模式下，企业在数据交易中就具有了一定的自主权，并通过行业规则和内部规范来保障数据交易的安全。当然，美国并未将保护数据交易安全的重任完全交由行业协会和企业，其在某些重点领域，如金融、健康医疗、关键设施等领域的数据信息仍然采取了严格保护的政策与态度，并由国会出台相关法案，强化对重点领域的数据安全保护。

第二，推动数据跨境自由流动是美国海外贸易的基本主张。实际上，数据保护在美国并没有超出隐私法的保护范畴，其在很大程度上植根于美国对该自由价值的保护。[2]从全球范围来看，美国一直在大力宣扬数据跨境自由流动的优势，积极吸引其他国家支持美国的主张，试图构建跨境数据自由流通的国际规则。根据这种理念，美国在与其他国家签订数据贸易协定时，往往会将数据跨境自由流动视为重要条款，尤其是在美国主导的区域经济合作组织——北美自由贸易区——之中，更是直接秉持上述理念。可见，美国试图避免通过统一法律对数据活动给予过多干预，以使企业自由发挥数据技术优势，获得相关商业利益。[3]从表面来看，美国的数据跨境自由流动具有一定的公平合理性，数据可以自由地进出某国，但其实际上是美国维护网络霸权、掌握数据资源的重要方式。作为世界上最大的网络技术强国，美国拥有最多的先进网络信息技术。因此，在推进数据跨境自由流动的背后，美国实

---

〔1〕 赵海乐：《Tik Tok 争议中的美欧数据治理路径差异研究》，载《情报杂志》2021 年第 5 期。

〔2〕 王燕：《跨境数据流动治理的国别模式及其反思》，载《国际经贸探索》2022 年第 1 期。

〔3〕 宋瑞琛、冯纯纯：《中美数据跨境流动的国际法规制及中国的因应》，载《国际贸易》2022 年第 7 期。

际上是能凭借上述技术优势毫无限制地获取相关国家的数据资源，所谓的数据跨境自由流动，完全可能演变为数据单纯从其他国家流入美国。因此，在网络信息技术不对等的情况下，数据跨境自由流动的最大受益者必然会是美国。继而，通过攫取的数据资源，美国可以获得大量的商业利益，并继续保持技术优势，从而维护自己在数据贸易中的绝对主导地位。

第三，实施"长臂管辖"是美国模式的重要特征。在美国模式的指引下，当某国与美国签署有关数据跨境自由流动的贸易协定后，美国便可通过合法的方式获取该国的数据信息。虽然世界上仍有为数众多的国家并不认可上述理念，强调维护国家的数据主权，并对数据跨境流动采取限制措施，但借助这种贸易协定，美国可以通过"长臂管辖"，强制获取上述国家的数据信息。根据"长臂管辖"的规则内容，使用美国技术或者美国资金的企业，有义务向美国提供所掌握的数据信息。不过，作为数字经济总量位居全球第一的国家，使用美国技术和资金的企业势必会随着世界范围内产业链分布越来越紧密的趋势而越来越多。倘若这些企业均需要向美国提供数据信息，那么便可能产生妨碍上述企业开展正常贸易和造成数据信息泄露的双重风险。因此，美国模式中的"长臂管辖"受到了绝大多数国家的抵制，这些国家普遍认为，"长臂管辖"破坏了正常的国际经济贸易，甚至侵犯了他国主权。尤其是在美国试图"长臂管辖"的范围在当前仍呈不断扩大趋势的背景下，近年来遭受美国"长臂管辖"困扰的国家（不仅是那些与美国关系紧张或者呈敌对趋势的国家，还包括美国的欧洲盟友）更是加剧了这种担忧的情绪。

二、个人数据保护优先的欧盟模式

虽然从宏观层面来讲，欧盟与美国享有共同的价值观，并在"二战"结束之后结成了紧密的盟友关系，但美欧在价值理念、规制路径和制度设计等方面存在难以弥合的分歧，双方在跨境数据流动中的规则博弈不断加剧。[1]欧盟在数据跨境流动方面采取了与美国不同的保护模式。相比于美国注重商

[1] 阙天舒、王子玥：《美欧跨境数据流动治理范式及中国的进路》，载《国际关系研究》2021年第6期。

业利益的数据流动监管模式，欧盟则更为注重对企业数据中涉及个人数据内容的保护，并对数据的跨境流动采取了必要限制。尤其是，当数据可能流向那些保护措施不足的国家时，欧盟会采取更加严格的限制措施。而且，由于欧盟通过输出数据治理理念，抢占了全球规则制定话语权，并加强对数据主体权利的保护，[1]欧盟的数据跨境流动治理模式在世界范围内产生了较大的影响。如日本、韩国等国均在数据贸易保护的制度措施中强化了个人信息保护。总体而言，欧盟模式的主要特征如下。

第一，欧盟始终注意加强隐私权保护。欧洲一直有保护隐私权的传统，并普遍认为隐私权是保障个人生活安宁免受干扰的前提，无隐私则无权利。瑞典、丹麦、德国等国家，早在19世纪便先后出台了有关隐私权保护的法律，只不过有些是专门保护隐私权的，有些则是在其他法律中规定隐私保护条款。如《德国民法典》就非常重视对公民隐私权的保护，并通过设定隐私侵权的多种救济方式，以最大限度地保护公民隐私。由于欧洲法学家大多认为信息数据脱胎于隐私权，并认为其是隐私权在网络信息时代的产物，信息数据直到20世纪60年代之后才彻底从隐私权中剥离，成为一项独立的权利。不过，虽然对数据权同隐私权进行了剥离，但欧洲国家在具体的数据法律保护中并未全然不顾隐私权的有关内容，反而是借鉴了隐私权的保护方式。《欧洲人权公约》《欧盟基本权利宪章》逐步将个人信息数据权利上升到基本人权的高度，使其成为一项宪法性权利。这其实是世界范围内对个人数据权利保护程度最高的宪法性文件，毕竟大多数国家只是通过制定法律的方式来保护个人信息数据，极少有国家通过宪法性文件来规范个人数据保护。由于基本权利属于最高位阶的权利，并理应采取最严格的保护方式，因此欧盟便秉持上述人权保障的理念，对关系个人信息的数据交易持较为审慎的态度，最终导致数据跨境流动的限制性措施较多。例如，2018年颁布的《欧盟通用数据保护条例》便继承了以往注重隐私权保护的传统，并对个人数据跨境流动设定了较为严格的保护机制。究其缘由，欧盟颁布上述诸多条例的背后考量，在某种意义上其实恰恰是担忧美国的网络巨头过度收集个人信息，并最终引

---

[1] 孔庆江、于华溢：《数据立法域外适用现象及中国因应策略》，载《法学杂志》2020年第8期。

发网络安全事件。[1]

第二，欧盟强调数据保护优先于商业利益。欧盟既然将个人数据权利视为基本人权的组成部分，那么对于数据交易产生的商业利益而言，其保护位阶自然应该位于基本权利之下，所以欧盟范围内的数据保护优先于商业利益。由此，欧盟范围内企业获取数据信息的成本相对较高，绝大多数企业一般难以获取公民的个人信息。实际上，该政策也在某种意义上影响了欧盟数据企业的发展，这也是为何在其他条件基本相同的情况下，欧盟的网络信息技术弱于美国。寻求"数字化转型"便成了欧盟提升国际竞争力、实现可持续发展和战略自主的重要手段。[2]当然，即便是在这种情形下，欧盟也始终认为，在数据保护和商业利益不得不取舍的情况下，依然应当倾向于保护数据权利，而牺牲一部分商业利益。而且，欧盟的数据保护政策不仅针对欧盟内部的企业，还针对美国等其他国家的跨国公司。为了避免跨国公司的产品获取大量欧盟信息数据，并使得这部分数据流向他国，从保护欧盟公民数据权利的角度出发，《欧盟通用数据保护条例》（General Data Protection Regulation，GDPR）要求商业主体在向境外输送数据时不得包含公民的个人信息。显然，GDPR的实施提高了欧盟个人信息保护和数据监管的标准，对世界上其他国家和地区产生了重要影响。[3]同时，欧盟还及时评估域外国家的个人数据保护政策，根据该国数据保护的强度，适当调整数据跨境流动的限制条件，其核心依然是防止欧盟公民的个人数据处于风险之中。总而言之，欧盟的数据政策，对内始终服务于以公平贸易与基本权利为代表的欧盟共同价值观。[4]

第三，欧盟逐步统一内部数据跨境交易规则。新冠肺炎疫情使欧盟国家社会和经济体加快转型，社会各领域高速数字化。[5]虽然欧盟从个人数据保

〔1〕《欧盟174亿天价罚单重锤，谷歌陷反垄断旋涡》，载广州日报：https://baijiahao.baidu.com/s? id=1716955628059468670&wfr=spider&for=pc，访问日期：2024年4月12日。

〔2〕蔡翠红、张若扬：《"技术主权"和"数字主权"话语下的欧盟数字化转型战略》，载《国际政治研究》2022年第1期。

〔3〕焦娜：《欧盟国家数据保护机构的运行机制研究》，载《情报杂志》2022年第5期。

〔4〕金晶：《欧盟的规则，全球的标准？——数据跨境流动监管的"逐顶竞争"》，载《中外法学》2023年第1期。

〔5〕孙频捷：《欧盟网络安全态势评估：挑战、政策与行动》，载《中国信息安全》2021年第12期。

护的角度总体上限制数据跨境交易流动，但欧盟也意识到了此种限制，其实会阻碍网络信息技术的发展，并导致欧盟的信息技术弱于美国、中国等竞争对手，进而影响数字经济的转型升级。为了扭转这一不利趋势、减少企业获取数据的经济成本、增强企业在国际数据贸易中的竞争力，欧盟在总体限制数据跨境流动时，开始鼓励数据在欧盟成员国范围内的自由流通。欧盟不仅制定统一的数据保护政策，实施统一的执法模式，防止各个成员国之间出现各自为政的现象，而且强调促进欧盟内部的数据共享，以致力于增强公民对数据共享的信任度。[1]换言之，欧盟认识到了单个成员国的竞争力量有限，因此其在数字经济领域越来越注重抱团取暖，并力图通过集体的力量来应对日益激烈的市场竞争。在这种策略的影响下，随着世界数字化进程的加深，欧盟的跨境跨区域治理能力实际上得以增强。[2]在 2018 年之后，欧盟更是采取了一系列措施，扶持域内数字企业的发展，通过减免税收，提供财政补贴等方式，在一定程度上推动了欧盟数字企业的进步。不过，欧盟虽然对域内的数据流通秉持开放态度，但并未放松对数据流向域外的限制态度。尤其是针对美国的"长臂管辖"，欧盟也采取了针锋相对的措施，即限制美国企业获取欧盟成员国的数据。而且，在处理对华经济关系方面，欧盟的"安全顾虑"也在明显增加，[3]个别国家甚至还以涉嫌国家安全为由，限制我国的网络信息企业进入欧盟市场。

三、网络安全与经济发展并重的中国模式

当前网络空间全球秩序生成，正在经历从安全主导转向安全与发展并重。[4]中国模式是第三种具有典型代表意义的数据跨境治理模式，中国模式主张网络安全与经济发展并重，强调数据交易必须以维护国家网络主权为前提，在涉及国家安全的关键领域实施了较为严格的数据跨境流动限制措施，而在其

---

〔1〕 黄钰：《欧盟非个人数据跨境流动监管模式研究》，载《情报杂志》2022 年第 12 期。

〔2〕 漆晨航：《数字主权语境下欧盟信息迷雾治理研究》，载《情报理论与实践》2021 年第 9 期。

〔3〕 刘兰芬、刘明礼：《欧盟对华经济合作中的"安全顾虑"》，载《现代国际关系》2020 年第 10 期。

〔4〕 王滢波、鲁传颖：《网络空间全球秩序生成与中国贡献》，载《上海对外经贸大学学报》2022 年第 2 期。

他领域则尽量减少不必要的限制。中国模式充分体现了维护国家安全和发展数字经济并重的立场，代表了美欧之外的第三条道路。虽然从形式上看，针对跨境数据流动，中国和欧盟均采取了较为严格的限制措施，但是二者背后的价值理念有显著差异，前者以维护国家安全为优先，后者则以保护个人数据权利为重心。

第一，坚持维护国家网络主权与数据主权。网络主权及其衍生的数据主权问题引发了众多国家和国际组织的关注，推动了网络监管模式的革新，为政府介入网络治理领域提供了合理化基础。在网络自由主义背景下，网络强国凭借技术优势，能够轻易获取其他国家的数据信息，并摆脱所在国家的监管，扩大数字技术的鸿沟。网络自由主义产生的种种弊端越发凸显，逐步成为跨国犯罪的温床，并成为网络霸权主义的工具。网络空间不应成为法外之地，不能成为数据泄露、互联网金融安全隐患、勒索软件攻击、有政治动机的黑客攻击等新兴问题爆发的温床。[1]中国始终倡导构建公正合理的国际秩序，反对任何形式的网络霸权，强调网络空间的国家主权，任何信息数据的获取都应该受到该国主权的管辖，杜绝超脱于国家主权的绝对网络自由主义。该主张某种意义上有助于网络技术发展不足的国家维护自身主权，防止信息数据被合法盗用，中国的主张受到了越来越多发展中国家的欢迎。超越主权的网络自由主义被大多数国家所抛弃，数据跨境流动必须受到监管，逐步成为大多数国家的共识。强调政府监管与美国模式下的依靠企业自律有显著差别，政府监管跨境数据交易能够从国家整体层面衡量数据交易的风险，规避个别企业为了追逐高额利润而可能产生的数据泄露风险。

第二，涉及国家安全的数据跨境流动限制较严格。当前已有立法为牵涉国家安全的数据跨境流动设定了十分严格的规制措施。如《数据安全法》第25条明确指出："国家对与维护国家安全和利益、履行国际义务相关的属于管制物项的数据依法实施出口管制。"通过建立数据分类分级保护制度，开展数据安全风险评估，建立数据安全应急处置机制和安全审查制度等，协同保护数据安全。上述各项制度尤其重视数据安全，数据跨境流动的安全风险天

---

〔1〕　居梦：《网络空间国际软法的发展前景与方向》，载《情报杂志》2022年第7期。

然较高，无疑成了数据安全的重点关注对象。我国的数据跨境流动监管主要依靠行政机关，不仅包含专门的网络信息监管机关，还涉及国家安全机关。另外，我国数据安全牵涉的范围较为广泛，第 21 条第 2 款强调"关系国家安全、国民经济命脉、重要民生、重大公共利益等数据属于国家核心数据，实行更加严格的管理制度"。由此可见，数据安全的范围并不局限于国家安全领域，其他关系国民经济命脉，重要民生、重大公共利益的事项均属于核心数据。上述概念较为抽象，具有一定的延展空间，重大公共利益的范围并不清晰，这意味着跨境数据流动限制的范围可能随着对公共利益理解的不同而发生变化，监管机关为了规避风险，往往会采取扩大化的解释，使得数据跨境流动的难度骤然提升。

第三，减少国家安全之外的数据跨境流动限制。随着数字时代的演进，数据逐渐蜕变为了一种国家战略性资源。[1]数字经济的转型升级已经成为世界趋势，各国纷纷制定政策纲领推动数字经济发展。欧盟正在调整其数据跨境政策，以增强欧盟数字企业的市场竞争力，减少域内数据流通的限制，降低获取数据的成本。我国作为全球网络信息技术的领导者之一，积极推动数字经济的发展。然而，对数据跨境流动的严格限制可能会抑制该技术领域的进一步升级与进步，还会引发其他国家采取对等措施，阻碍数字贸易的繁荣。以大数据、区块链、云计算、人工智能等为代表的互联网产业技术，引领世界科技突破。[2]我国自加入世贸组织以来，对外贸易占我国经济的总量不断攀升，外贸成了拉动中国经济快速增长的重要因素。在数据贸易成为国际贸易中越来越重要的组成部分的情况下，若持续实行严格的数据跨境流动限制，可能会导致不必要的国际贸易争端。通常，国家间的经济互动遵循对等原则，如果中国限制数据流入，其他国家也可能施加数据流入中国的限制。因此，为了确保在数字安全和促进数字经济发展之间取得平衡，中国在非国家安全领域主张减少对数据跨境流动的不必要限制。这样的政策调整将有助于促进

---

〔1〕 张渝：《数据本地化措施兴起下国际投资保护规则的适用困境及其纾解》，载《武大国际法评论》2021 年第 4 期。

〔2〕 刘林、崔帅：《构建网络空间命运共同体的"中国方案"》，载《齐齐哈尔大学学报（哲学社会科学版）》2021 年第 9 期。

健康的商业化数字经济交流。例如，为了维护其海外业务，TikTok 已同意在业务所在国家保留收集的数据，减轻其他国家对数据泄露的担忧。

第三节 我国企业数据跨境流动监管的制度省察

毫无疑问，随着数据跨境流动的日益增加，对监管能力的要求也相应提高。如果监管体系无法跟上这种快速的数据流动增长，部分跨境数据可能会逃避监管，这将对个人数据保护和国家网络安全构成威胁。实际上，国际竞争的加剧、缺乏协同治理的经验以及数据安全问题的显现，这些因素共同导致国家的网络安全管理面临越来越多的挑战。[1]因此，自21世纪初以来，我国越发重视跨境数据的监管，并不断优化相关管理体系，有效地弥补了监管上的漏洞。然而，由于数据跨境监管的复杂性远超国内数据流动的监管，因此依然面临着现实的监管挑战。

一、数据跨境流动监管的立法分散性与宏观性

监管数据的跨境流动是一个涉及多个层面的复杂任务，它不仅包括数据的跨境转移，还涉及个人信息的保护和网络平台内容的管理。[2]这一过程要求采用系统化和整体化的思维，需要在宏观层面进行全面考量。当前，我国已经实施了《网络安全法》《数据安全法》和《个人信息保护法》，以及诸如《数据出境安全评估办法》等规范性文件，这些法律和规范性文件为数据跨境流动的监管框架奠定了基础，并为执法活动提供了指导。尽管如此，现行的立法框架仍然存在体系上的缺陷，这些不足之处限制了数据流动监管体系的有效性。

第一，不同的规范性文件在立法内容上较为分散，难以发挥合力作用。目前，我国尚未出台专门针对数据跨境流动的综合性法律。尽管现有的《网络安全法》《个人信息保护法》和《数据安全法》都包括了关于数据跨境的

---

〔1〕 宋瑞娟：《大数据时代我国网络安全治理：特征、挑战及应对》，载《中州学刊》2021年第11期。

〔2〕 范玉吉、张潇：《数据安全治理的模式变迁、选择与进路》，载《电子政务》2022年第4期。

相关规定，但它们各自的侧重点却有明显区别。《网络安全法》侧重于数据在国内的本地化存储，《个人信息保护法》则专注于加强对个人信息出境的严格审核，《数据安全法》虽然范围更广，但其中关于数据跨境的部分又显得过于抽象，给实际操作带来了挑战。此外，尽管《数据出境安全评估办法》作为规章被推出，但其法律效力不如法律本身，并且它主要集中在数据出境的安全评估领域，并没有涉及数据分类、跨境监管的国际合作等其他重要方面。更为关键的是，如此分散的立法可能导致在应用过程中难以抉择，不但难以构建一个严密的保护体系，反而可能激发执法上的争议。

第二，当前规范性文件中的条文内容较为宏观，可操作性不强。尽管《网络安全法》和其他相关法律对数据跨境流动提出了一些规定，但这些规定在数量上可能并不众多，并且在要求上也缺乏具体性。这种规范的表述往往抽象且宏观，导致执法机构在执行时可能遇到困难。以《数据安全法》为例，其中提及的"重大民生"和"重大公共利益"等概念界定不明确，解释空间较大，而数据分类分级制度在实际操作中也缺乏明确的标准，这可能使得监管机构在实施监管时采取统一的方法。此外，《个人信息保护法》第38条第1款要求建立数据出境安全评估体系，对此《数据出境安全评估办法》虽然作出了规定，但仅包含14条具体规则。这些规定未能为执法部门提供清晰的监管指导，可能导致监管漏洞，或者使得一些机构过于严格，不利于数据跨境流通，这与我国推动网络安全与数字经济发展的双重目标相悖。

二、数据跨境流动监管中部门间的协同性较弱

在数据跨境流动监管过程中，除了立法层面的整体思维和系统思维之外，执法部门在具体的监管执行层面也应该树立协同思维。维护数据主权与安全需要一个高效的数据管理专职机构来进行统一管理，但目前我国的数据管理专职机构的集中统一建设进展不足。[1]整体而言，当前各部门对于数据跨境流动监管的协同性较弱，监管部门各自为政，分散执法的特点比较明显。这

---

〔1〕 邓崧、黄岚、马步涛：《基于数据主权的数据跨境管理比较研究》，载《情报杂志》2021年第6期。

种情况导致了执法标准不统一等问题，同一跨境数据在不同部门的认定结果可能出现差异。

第一，监管制度宏观层面统筹协调力度不足。数据跨境流动的监管是一个复杂的多维度问题，涉及众多类型的数据，其中包括不同程度的敏感信息。考虑到这些数据的重要性和敏感性，各监管部门已实施了不同的策略和政策。然而，目前还未形成一个统一的整体性监管框架。鉴于数据跨境流动监管的困难和承担的重大责任，缺乏专业的设备和技术人员会极大地妨碍监管工作的进行，甚至可能威胁到国家安全。多数监管部门在资源有限的情况下面临着繁重的监管任务，并承受着高强度的工作压力。鉴于数据跨境监管工作的复杂性和规模，单个部门或地区难以独立承担，故而需要中央政府进行统筹和规划，合理地配置资源。上级监管机构必须正视当前监管的挑战，并从宏观层面加强协调和资源优化，扩充一线监管人员队伍，以确保监管工作的高效性和质量。

第二，缺乏高效的跨境数据监管机构。当前，虽然涉及数据跨境流动的各行业主管部门拥有规则制定权和数据监管权，但缺失国家层面对跨境数据的统筹协调与监管。[1]依据我国的相关法律，网络安全管理目前采用的是由各自业务部门分别负责的分散执法模式。自2021年11月起生效的《个人信息保护法》也遵循了这种执法思路，特别是在其第60条第1款中进一步确立了分散监管的制度安排。以国家网信部门为例，它主要负责从宏观层面统筹个人信息保护的工作及监督管理任务，而不直接执行执法职能，这些则由相应的部门在其权责范围内各自执行。数据监管同样遇到了这种分散执行的挑战，虽然国家数据局已经成立，但在实际运作中，仍然缺乏有效的统筹。各部门必须协作完成数据监管任务，这种分散性可能削弱监管的效率。因此，建立一个高效运作的统一跨境数据监管体系，并实施专责专岗的管理制度，不仅彰显了对数据监管工作的重视，而且能够提高监管机构的专业性，从而显著提高监管成效。

---

〔1〕 陈思、马其家：《数据跨境流动监管协调的中国路径》，载《中国流通经济》2022年第9期。

三、数据跨境流动监管中分类分级制度的缺失

由于不同的数据在跨境流动后所威胁的法益不同，采取分类监管机制越发成为重要的治理手段。[1]由于当前的数据跨境流动监管力量相对薄弱，监管资源有限，如果将所有数据按照同一标准开展监管，显然无法集中有限的监管力量强化对核心领域的跨境数据监管。客观而言，立法机关其实早已知晓分类分级监管的重要性，并在相关立法中提出了建立数据资源的分类分级制度的要求。如《数据安全法》第21条强调"国家要建立数据分类分级保护制度"，《个人信息保护法》也将个人信息区分为普通个人信息和敏感个人信息等。然而，尽管立法机关已经意识到了分类分级监管的必要性，但至今国家层面的数据跨境流动分类分级制度仍尚未有效建立。

第一，立法层面的分类分级并未统一实施。根据《数据安全法》的规定，国家应该建立数据分类分级保护制度，并统筹协调有关部门制定重要数据目录，以加强对重要数据的保护。在国家层面尚未建立起统一的数据分类分级制度，各地区和部门只能根据自身的工作职责确定本地区、本部门以及相关行业、领域的重要数据目录。在中央制度缺位的情况下，各地方制定的标准具有局限性，只适用于本地区和本部门，缺乏普遍适用性。此外，《数据安全法》和《个人信息保护法》确立的数据分类分级制度主要针对境内数据的流动，并未专门规定数据跨境流动的分类分级制度。由于跨境数据流动与国内流动存在明显差异，因此有必要建立专门的数据跨境流动分类分级制度。

第二，分散制定分类标准容易引发执行争议。当前分散制定数据分类分级标准的做法容易引起混乱。不同地区和部门对数据信息的认知存在差异，因此导致数据分类分级的标准各不相同。例如，金融监管部门会重点保护公民的金融账户，采取严格的保护标准，以防止用户金融账号、身份信息、联系方式、家庭住址等信息泄露。而普通网络平台在承接快递、外卖、网约车等业务时所获取的公民身份信息、联系方式、家庭住址、往返路线等数据，

---

[1] 唐巧盈、杨嵘均：《跨境数据流动治理的双重悖论、运演逻辑及其趋势》，载《东南学术》2022年第2期。

由于不直接涉及人身财产安全等，往往会被采取一般程度的保护标准。因此，不同部门对数据安全的认知不同，导致其在数据分类分级和保护力度上存在差异。这种缺乏统一的分类分级标准的情况不仅存在于国内数据流动中，而且在跨境数据流动的监管过程中表现得更加明显。基于国内外的法律、制度和文化差异，不同国家和地区对数据的分类和保护要求也各不相同。在缺乏统一的分类分级制度的情况下，不同国家和地区的监管机构在数据跨境流动的执行环节中可能因为对数据安全认知的不同而导致保护力度存在差异。

四、数据跨境流动监管中安全审查标准不清晰

构建数据跨境流动安全审查标准是确保数据跨境流动可行性的重要环节。当前的立法者已经意识到了安全审查制度的重要性，并在《数据安全法》和《个人信息保护法》中明确规定了建立数据安全审查制度的需要。具体的制度构建任务落实在了《数据出境安全评估办法》上。然而，该办法在规定安全审查标准方面仍存在模糊之处。《数据安全法》第 24 条要求国家建立数据安全审查制度，而《个人信息保护法》第 38 条第 1 款则规定在向境外提供个人信息时需要进行国家网信部门组织的安全评估。这些法律为安全审查制度的建立提供了宏观指导，但并未具体规定安全审查标准的细节。因此，《数据出境安全评估办法》成了具体制度构建的主要依据。然而，该办法在多个规定中仍存在模糊地带，未设定明确的安全审查标准。

第一，该办法规定的审查标准不够明确。尽管 2022 年出台的《数据出境安全评估办法》对评估对象的标准予以了一定的说明，但其仍然是仅明确了个人信息的量级，而对重要数据的界定仍采用来源主体进行判断。[1]该办法明确了两种数据出境安全审查机制，即数据处理者的风险自我评估和国家网信部门的重点评估，分别在第 5 条和第 8 条中提及。然而，这两种评估机制的内容大量重复，并且在评估标准方面并不清晰。其中，重点评估与自我评估的最大差异在于对数据安全、个人信息权益以及遵守我国法律、行政法规

---

〔1〕　李烨：《RCEP 协定下我国数据跨境流动规则的检视与完善》，载《科技与法律（中英文）》2023 年第 1 期。

和部门规章的评估要求，而其他评估内容基本一致。该办法未能充分体现国家网信部门重点评估的独特价值。此外，该办法对评估内容的认定也存在模糊性，例如关于接收方技术措施和能力是否能够保障出境数据安全，以及数据安全和个人信息权益是否得到了充分、有效的保障。这些评估内容没有统一的审查标准可依据，导致不同机构和审查人员可能得出完全不同的审查结果，增加了审查结果争议的风险。

第二，该办法规定的某些审查标准被认为过于严格。特别是第 8 条第 2 款要求境外接收方的数据保护水平必须达到我国法律和强制性国家标准的要求。我国在网络技术方面处于领先地位，并且具有较高的网络数据保护水平，但如果强制要求境外接收方的数据保护水平达到我国的强制性标准，可能会面临一些困难。发达国家和地区（如美国、欧盟和日本）也许能够达到我国的数据保护标准，但是许多发展中国家由于网络技术的限制和立法不足，很难达到我国的标准。如果要求境内数据输往这些国家，可能会受到限制，从而影响我国与这些国家的贸易往来。追求绝对安全和零风险是不现实的，反而可能带来其他风险。[1]如果其他国家采取对等的限制措施，阻止该国的数据流入我国，那么我国的数据市场也将受到影响，可能形成数据孤岛，这对数字经济的发展是不利的。

五、数据跨境流动国内外衔接机制不畅

企业数据跨境流动监管中存在的国内外衔接机制不畅问题，实际上是技术、法律、政策等多层面的复合性问题。随着全球化经济的深入发展，数据跨境流动已成为推动国际贸易和信息交换的关键因素。然而，不同国家对于数据流动的监管态度和法律规定差异显著，[2]这就对企业的跨国运营提出了更高的法律遵循要求和政策适应性挑战。

第一，全球统一规则的缺失。全球目前尚未形成统一的数据跨境流动监

---

〔1〕 丁晓东：《数据跨境流动的法理反思与制度重构——兼评〈数据出境安全评估办法〉》，载《行政法学研究》2023 年第 1 期。

〔2〕 王楚晴：《申请加入 DEPA 背景下中国数据治理的相容性审视及优化路径》，载《太平洋学报》2023 年第 3 期。

管规则体系。尽管有如《布鲁塞尔公约》或《海牙规则》这样的国际文本尝试对跨境法律问题进行规范，但在数据保护领域，类似的全球协议尚未形成。GDPR 虽然试图通过其外部效力成为一种"全球标准"，但其与美国、中国等主要经济体在数据监管理念上的差异[1]依然导致了企业在不同法域之间的合规难度。[2]这种法律多样性要求企业投入大量资源用于了解和遵守不同的法律要求，影响了数据驱动的商业模式，也加剧了国际贸易的不确定性。如何在尊重国家主权、国家安全和经济发展的同时构建国际协调一致的数据流通规则是当前国际社会亟待解决的问题。

第二，国内法律与国际规则的差异。数据自由流动与本地化存储以及隐私保护之间的矛盾，是国际社会在数字时代共同面临的治理难题。[3]我国的《数据安全法》和《个人信息保护法》等立法行动是对网络空间主权和数据安全的重视。我国在这些法律中确立的数据分类和出境审查机制，体现了国家对数据流动的严格控制。同时，我国在签署国际协议（如 RCEP 等）时，承诺了一定程度上的数据流动自由化，这种双重角色在实践中造成了一定的摩擦。"互联网主权"理念导致了国内外法律之间在执行上的张力，企业在进行跨境数据传输时，需要在保证数据自由流动的同时确保不违反国家安全和公共利益，需要在国际义务与国内法律之间寻找平衡点。

第三，国内外监管协调机制的不足。国际协调机制的不足是制约数据跨境流动的一个关键问题。缺乏全球性的数据治理框架会导致"数据孤岛"现象的产生，[4]这不利于数据的跨境流动和数字经济的发展。当前，即便是存在一些区域性协议，如亚太经合组织（APEC）的跨境隐私规则（CBPR），但这些机制的参与度和影响力依然有限，其缺乏包容性和广泛认可的多边框架，以及在实际操作层面可行的数据传输机制，因此进一步加剧了企业在多辖区数据处理时的不确定性和合规成本。

---

〔1〕 杨楠：《大国"数据战"与全球数据治理的前景》，载《社会科学》2021 年第 7 期。
〔2〕 刘文杰：《美欧数据跨境流动的规则博弈及走向》，载《国际问题研究》2022 年第 6 期。
〔3〕 敖海静：《数据保护的国际软法之道》，载《法商研究》2022 年第 2 期。
〔4〕 陈元馨、康宁：《美国数据跨境流动规制的国内研究观点分析》，载《情报杂志》2023 年第 4 期。

第四，数字贸易纠纷的增多。随着数字经济的发展，数据跨境流动引起的贸易纠纷数量不断上升。贸易协议越来越多地包含电子商务和数据流动的内容，但由于缺乏统一的国际标准，这些规定往往停留在原则性层面，较难解决实际争议。敏感信息的处理、数据本地化要求和隐私权的保护等问题都是当前最为热点的法律争议。数据本地化措施不仅限制了数据的自由流动，还可能成为贸易保护主义的一种形式。在没有明确的国际法规和司法管辖权协调机制的情况下，这些问题很可能会导致跨境数据流动的监管环境越发复杂。

第四节　我国企业数据跨境流动监管机制的法治推进

数字贸易，作为国际贸易在数字经济时代的新兴发展形态，正逐渐取代传统的贸易方式并发挥越来越关键的作用。[1]鉴于数据跨境流动所涉及的诸多问题，这些问题必须被认真对待并迅速采取有效措施来解决。如果不采取措施，随着数字经济的快速发展，数据跨境流动的广度和频次将不断扩大，进而可能加剧已有问题引起的负面后果。考虑到我国的基本国情，并将我国的数据安全治理模式与美国、欧盟的模式进行综合比较，坚持双重目标——保障数据安全和推动数字经济发展——是一项符合我国实际情况的合理选择。实际上，我国数字经济的迅猛增长和网络技术的快速进步已经充分展现了这一模式的优势。目前，我国在处理数据跨境流动时趋向于强调数据安全，通过《网络安全法》《数据安全法》等法律制定了严格的保护措施和多项限制。因此，展望未来，需要真正执行既重视数据安全又促进经济发展的策略，减少不必要的限制。既不应寻求完全绝对的网络数据安全，也不应过度限制商业数据的跨境流动。只有确立正确的方向，才能为制定未来的相关制度提供清晰的指导。

一、构建系统、完善的跨境数据流通法律体系

正如前面所讨论的，我国通过《网络安全法》等法律确立了跨境数据流

---

〔1〕　张明：《面向 CPTPP 的数据跨境流动：规则比较与中国因应》，载《情报杂志》2022 年第11 期。

通的基本制度，为跨境数据监管提供了法律框架。但随着数字经济的蓬勃发展，跨境数据在总数据中的比例不断上升，相应的监管挑战也日益增大。现有的法律条款显然不足以应对日渐复杂的跨境数据监管需求。因此，构建适合我国特色的数据跨境治理法律架构，并完善数据治理的规范体系成了接下来的重要工作。[1]未来应当建立系统治理的理念，通过制定全面的跨境数据流通法律体系，加固数据安全的法律保障网络。

第一，适时出台一部综合性的《跨境数据流通管理法》。这部法律将成为该领域的基本法，详细设定数据跨境流通监管的立场、目标与原则，并专注于制定数据信息的分类分级制度、数据出境安全审核制度、跨境数据流通的技术标准，以及国际合作机制等关键内容。它将针对当前跨境数据流通中的系统性障碍提供解决方案，以构建一个全新的监管框架。这一法律将与《网络安全法》等现有法律共同构成一个完整的立法体系，同时在网络和数据安全法律体系中发挥特殊和专门法的作用。这种方法的主要优势是可以在继承现有制度优势的基础上弥补其不足之处。

第二，制定具体的管理办法和细则来细化现有的宏观法律规定。就像《网络安全法》等法律概括性地规定了数据分类和安全审查制度，但这些规定尚未完全实施到位。未来可以模仿《数据出境安全评估办法》的立法模式，由相应的国家管理部门在合适的时机出台《数据信息分类分级管理办法》《数据跨境流通技术标准》《数据跨境流通国际合作办法》等规定。这种立法模式的优点在于，它不会颠覆现有的立法体系，而是对现行法律进行补充和完善。由于这些规定属于部门规章或规范性文件，它们的制定和修改程序相对简单，便于及时更新和完善。

二、构建高效的跨境数据流动监管协调机制

毋庸讳言，当前的"多头监管"体系虽然似乎能够全面监管数据跨境流动，但却可能导致部门之间的责任推诿和冲突，从而降低监管的实效性。鉴于此，基于国内的监管实践，现阶段的关键是明确各监管主体的职责，并建

---

[1]　宋晶晶、吴建华：《我国数据跨境治理的因应策略研究》，载《图书与情报》2022年第3期。

立部门间的有效协调机制。[1]这样的改革旨在弥补目前跨境数据流动监管的缺失，提升其效率和效果。

第一，为了强化对数据跨境流动的监管，必须构建一个责任明确、多方参与的安全评估体系，并实现跨部门的协同监管。尽管我国设有负责数据管理的专门机构，例如数据管理局，但这并不消减其他相关部门在数据跨境流动监管中的作用。实际上，各部门在各自的职能领域内处理和控制的数据是相互关联且部分重叠的。例如，市场监管、证券监管、金融管理以及海关等部门，各自管理的数据类型虽然各异，但在内容上不可避免地存在交集。若缺乏有效的跨部门协调，就可能在数据保护上出现缺口。因此，建立一个多元化联动的安全评估机制，对提高跨部门数据治理的效率和质量至关重要。各部门应在国家数据管理局的总体协调下，按照《网络安全法》《数据安全法》和《数据出境安全评估办法》等相关法律法规，负责各自部门、领域和阶段的数据监管工作。这包括根据企业生成数据的具体特征、规模、敏感性和数据接收方的情况，制定相应企业的数据跨境安全评估机制，确保数据在跨境流动时的安全性。此外，该机制应涵盖数据流动的全过程，从数据生成、存储、处理到传输每一个环节都要有相应的安全保障措施。这不仅可以减少数据在跨境流动过程中的风险，也能为企业和个人信息提供更全面的法律保护。通过这种协同监管的方式，可以确保我国在全球数字经济中的活跃参与，同时保障国家安全和公民权益。

第二，强化统一数据管理机构对数据审核权和确认权的行使，优化其所具有的统筹协调职能。在加强跨境数据流动监管的过程中，提升统一数据管理机构的核心职能——数据审核权和确认权的行使——是至关重要的。尽管跨部门合作机制对于整体监管体系是必不可少的，但它并不能完全防范所有风险。这主要是因为不同部门根据其职能的不同，在数据安全性评估方面的能力并不均等，且可能采用不同的评价标准。因此，国家数据管理局及其在地方的相应机构，作为专业机构，应基于国务院、党中央的统一指令和策略，充分行使其权力。此外，这些机构的职能不能仅局限于规划和政策的制定等

---

[1] 陈思、马其家：《数据跨境流动监管协调的我国路径》，载《中国流通经济》2022年第9期。

宏观层面，而应细化到承担起数据审核和确认的具体责任。在实际操作中，应依据《数据出境安全评估办法》等规范性文件的指引，执行数据跨境流动的审核和确认工作，以减少由于规则解读差异而导致的监管不一致，确保监管的统一性和效率。通过这种方式，可以确保在全国范围内实行统一的数据安全标准，强化跨境数据流动的安全管理。

三、逐步建立统一的数据信息分类分级制度

当前，不同法律文件对数据分类的标准各不相同，导致了一种分散且不统一的情况。各个文件根据自身的解释对数据的重要性进行分类。例如，《数据安全法》第21条认定，涉及国家安全、经济命脉、关键的民生问题和重大公共利益的数据为重要数据。而《个人信息保护法》第28条则把生物特征、宗教信仰、特殊身份、健康医疗、金融账户以及位置轨迹等视为敏感个人信息。此外，其他规范性文件也各自指出了它们认为重要的数据类型。在这种背景下，执法机构在应用同级别的法律文件时可能会遇到选择上的困难。鉴于目前数据信息市场的混乱状态，迫切需要建立一个统一的数据分类体系。就此，建议采用高位阶的法律——《数据跨境流通管理法》——来确立一个统一的数据分类和等级制度。至于具体的内容设置，可以遵循如下标准：

第一，设定三级数据保护标准。数据分类分级是对不同数据类型实施不同保护级别策略的过程，这种科学分类有助于有效分配保护资源，最大限度地发挥其效用。简单地将数据分为普通和重要两类可能无法准确反映数据的多样性和复杂性。建议将数据细分为普通数据、重要数据和核心数据三个层级，并对应三个不同级别的保护措施。在制定数据分类分级体系时，关键是要清晰区分重要数据和核心数据的边界。[1]在数据跨境流动的操作中，对于普通数据，应进行基本的形式审查，以验证数据的商业跨境用途；对于重要数据，应进行深入的实质审查，要求企业明确数据的来源、使用目的、存储和传输方式等，细致评估这些数据是否可能威胁国家安全或个人信息权益；

---

〔1〕 陈兵：《数字企业数据跨境流动合规治理法治化进路》，载《法治研究》2023年第2期。

至于核心数据，鉴于其泄露可能对国家安全构成的高风险，应严格禁止其跨境传输。

第二，所有数据应根据其性质和敏感性被划分为普通数据、重要数据和核心数据这三个类别。为了实现这一目标，必须对现行法律中关于数据分类的规定进行细致梳理，并全面分析《数据安全法》和《个人信息保护法》等法律的分类依据。同时，应考虑到关键部门（如金融管理部门、卫生健康部门等）所设定的数据分类标准。在对风险较低的数据进行分类时，普通个人信息和一般商业数据应被视为普通数据。只要有数据主体的同意，就应允许这些数据跨境流动。然而，大规模的经济数据和大量的个人信息或敏感个人信息，尽管不是由国家行政部门统计，但仍牵涉公民的信息权益和国家经济数据的敏感领域，因此应被归类为重要数据。这类数据的跨境流动需要经过严格的实质性审查，以确定是否可以输出到境外。至于涉及国家秘密，特别是政治和军事领域的数据，则应严格界定为核心数据。这类数据在国内也应保持高度机密，更不应流向国外。通过这种分类，可以确保数据流动的安全性和合规性，同时有效保护个人隐私和国家利益。

四、构建完备的跨境数据流动审查评估体系

虽然现行的《数据出境安全评估办法》为企业跨境数据活动设定了义务，并采取了较为严格的审查措施，但某些条款的标准不够明确，这可能在无意中对企业的跨境数据流动造成了不必要的限制。当前的体系在某种程度上倾向于保守，审查效率并非最优。同时，该办法主要关注于事前的风险预防和监管，而对数据流动的过程中和之后的阶段监管不足。[1] 显然，为了提升跨境数据流动的监管效率，未来的制度发展需要强化审查评估体系，并针对《数据出境安全评估办法》现行版本的不足之处进行适当修订。

第一，转变数据审查评估的理念。绝对的网络数据安全理念并不可取，也不符合我国参与国际交往发展数字经济的初衷，当前大多数立法依然秉持

---

[1] 梅傲、李淮俊：《论〈数据出境安全评估办法〉与 DEPA 中数据跨境流动规则的衔接》，载《上海对外经贸大学学报》2023 年第 2 期。

维护国家安全的理念，对发展数字经济的照拂不够。在数字经济的背景下，应当转变国家安全防守路径，积极创建促进跨境数据流动的技术和制度框架，提高数据流通的便捷性和高效性。[1]即使是欧盟，当前也已经开始调整以往的数据流通理念，通过简化数据在欧盟成员国内部流通的监管流程，鼓励成员国充分利用数据信息发展数字技术。印度也逐渐转变了数据安全理念，由2018年坚持为数据跨境流通设定严格限制措施的数据本地化储存政策，转向2022年之后原则上允许数据跨境流动的局面。参考欧盟和印度的政策转变，它们都在某种程度上简化了数据流通的监管，旨在充分利用数据推动数字技术的发展。我国也应该借鉴这些经验，以更开放和主动的姿态参与跨境数据流动。根据之前提出的数据分类分级标准，大部分跨境数据流动都不会威胁国家安全，而是属于正常的商业活动范畴。因此，监管重点应该放在关键领域的数据安全审查上。不过，在审查数据时仍然应当明确评估数据出境目的，以数据出境目的具有合法性、正当性和必要性为前提。[2]

第二，强化数据流动的行业审查。为加强数据监管，网信企业等相关主体应积极增强自身防护意识并承担起相应的防护责任。[3]目前，我国的数据监管体系仍然依赖于传统的由行政机关主导的模式，主要职能是监管数据，并处理企业和个人报告的数据违法问题。这一模式不可避免地使行政机关的监管任务变得繁重，同时也可能影响到违法行为处理的及时性。在现有机制下，尽管企业和个人能发现数据违规行为，却无权直接处理，而必须依赖行政机关的介入。行政机关通常需要掌握充分的证据才能采取行动。考虑到数据跨境流动的专业性，行政机关是否具备必要的技术和人力资源尚不清楚。国际经验表明，有效的网络信息治理依赖于政府、行业和社会的多方参与和协作。[4]因此，我国在推进政府数据治理时，应探索一条综合治理的实现路

---

〔1〕 肖晓雷、赵雪莲：《我国跨境数据流动治理的研究综述》，载《信息网络安全》2022年第10期。

〔2〕 陈兵、马贤茹：《系统观念下数据跨境流动的治理困境与法治应对》，载《安徽大学学报（哲学社会科学版）》2023年第2期。

〔3〕 习近平：《敏锐抓住信息化发展历史机遇，自主创新推进网络强国建设》，载《人民日报》2018年4月22日。

〔4〕 郭美蓉：《网络空间安全治理的法治化研究》，载《人民法治》2019年第3期。

径。[1]具体来说，我国可以模仿美国的企业自律模式，在网络信息行业引入行业协会来制定安全评估标准，确保只有达到行业标准的数据才能跨境流通。若数据不符合标准，行业协会应首先进行惩戒。当然，这些行业标准必须至少达到国家法律法规规定的基础标准。通过这种模式，不仅能够减轻行政机关的负担，提升行业的专业性，还能通过行业协会的初步审查来提高行政机关后续审查的效率。

五、构建数据跨境流动国内外衔接机制

要解决我国企业在数据跨境流动方面的国内外衔接问题，必须通过一系列多维度的对策，构建一个顺畅、透明、可预测的国际数据流动环境。首先，从国际合作与协调的角度出发，我国应当深度参与全球数据治理体系构建。这不仅涉及学习与借鉴欧盟 GDPR 等先进的数据保护法规，更需在全球多边组织如 WTO、OECD、G20 等内部推动形成统一的数据流动标准，考虑到不同国家的法律、文化和政策差异，旨在实现规则的全球协调与一致性，推进网络空间命运共同体建设。[2]还应积极参与或主导创建类似于 APEC 跨境隐私规则这样的国际数据流动框架，通过自由贸易协议和区域经济合作组织的合作，促进不同法域间规则的互认与兼容。

在国内层面上，我国需要完善现有的数据保护法律框架，使之能够更好地适应国际贸易和跨境数据流动的新形势。这包括但不限于修订相关法律法规，明确数据跨境传输的条件与限制，并确立数据保护的基本原则和企业的义务。同时，建立专门的国家级指导机构，负责协调国际协议的执行与合规指导，提供技术和政策支持，与国际监管机构保持沟通，共享监管经验，以提高我国企业的合规水平和国际竞争力。技术层面也需采取措施，发展数据加密、匿名化处理技术以增强数据在传输过程中的安全性，同时制定符合国际标准的技术和操作规范，确保数据在不同法域间传输的安全与一致性。[3]

---

〔1〕 梁宇、郑易平：《我国政府数据协同治理的困境及应对研究》，载《情报杂志》2021 年第 9 期。
〔2〕 孙宝云：《2021 年中国网络安全治理观察》，载《中国应急管理科学》2022 年第 1 期。
〔3〕 林婧、陈奕青：《国际网络安全标准化之争的中国因应》，载《北京邮电大学学报（社会科学版）》2021 年第 5 期。

并且，构建有效的跨境数据流动纠纷解决机制，如设立国际仲裁和多边争端解决平台，增强司法合作和法律援助，以平衡不同国家间的利益和诉求。

随着我国加入《区域全面经济伙伴关系协定》（RCEP）并提出加入《全面与进步跨太平洋伙伴关系协定》（CPTPP）的申请，我国需要在遵循国际规则的同时，考虑如何减少数据流动限制，确保国内规则与国际规则的对接与协调。[1]这要求我国在制定国内数据政策时，不仅要注重国内市场和社会的实际需求，也要预见国际合作的趋势和要求。此外，我国应当积极推动本国的数据治理理念在国际层面的认可与应用，与不同发展阶段的国家合作，推广网络空间命运共同体理念，平衡各方利益，共同制定出公平、合理的数据跨境流动规则。[2]这些努力与我国倡导的"人类命运共同体"理念相契合，[3]旨在推动建立一个公正、透明且高效的全球数字经济治理体系。

结　语

"十四五"规划用专门的章节强调大力发展数字经济，助推产业结构的升级转型，数字经济的快速发展是不可逆转的时代潮流，必将带来数据跨境流动的与日俱增。扶持网络信息企业是发展数字经济的题中应有之义，企业掌握了越来越多的信息数据。当前，我国针对数据跨境流动倾向于采取较为严格的监管措施，这并不利于监管体系的统一和数据的跨境流动。此外，我国在数据跨境流动的监管应对上还有待完善，尚缺乏一个规范化的法治框架，这可能导致监管机构在执行时具有较大的自由裁量权。在国际层面上，美国和欧盟在监管制度的设计上各有所长，分别强调了对商业利益和数据权益的保护。我国应当选择性地汲取这些国际经验。总体而言，我国应持续遵循数据安全和经济发展并行的原则，并以此为基础来建立和完善我国的数据跨境流动监管体系。

---

〔1〕　徐程锦：《中国跨境数据流动规制体系的 CPTPP 合规性研究》，载《国际经贸探索》2023年第 2 期。

〔2〕　阙天舒、莫非：《总体国家安全观下的网络生态治理——整体演化、联动谱系与推进路径》，载《当代世界与社会主义》2021 年第 1 期。

〔3〕　吴慧、许屹山：《习近平网络空间命运共同体理念的内在逻辑、科学内涵与时代价值》，载《安庆师范大学学报（社会科学版）》2021 年第 6 期。

第四章

企业数据合规利用

公共利益的存在是客观的。它不仅仅是个体私人利益的总和，更是社会共同利益的具体表现，是社会生存与发展的基础和动力。尽管公共利益在现实中常常体现为公共设施、公共教育、公共卫生等具体方面，但它具有一定的模糊性。在一个健康、稳定的社会环境中，公共利益与个人利益的平衡是可能的，且公共利益应该得到重视和尊重。在社会运行过程中，公共利益在诸多场合易被忽视，其原因在于，公共利益本身具有一定的抽象性和难以捉摸性。人们难以理解和把握公共利益的含义和内容，从而对其重视不足。当社会群体中的大多数人对公共利益持"搭便车"的态度，或者对自我利益的保护欲望过高时，他们可能会忽视公共利益的存在。为了保障公共利益的有效实现，需要加强公共参与和监督机制的建立，并提高公众对公共利益的认识和重视程度。

在企业数据利用的活动中，保护公共利益同样需要受到重视。公共利益制度对企业数据合规利用的重要性主要体现在：通过制定和执行严格的法律法规，公共利益制度可以有效地保护企业数据的安全和隐私，避免数据被非法获取和利用，维护企业的利益和用户的权益；公共利益制度要求企业合规管理数据，可以有效地确保数据的完整性，避免数据被篡改或丢失。基于此，通过加强企业数据合规管理，可以有效地提高用户对企业的信任度，吸引更多的用户和投资者，促进企业的稳健发展。从长远来看，公共利益制度对企业数据合规利用的要求，还可以推动整个数据行业的健康发展。当然，公共利益制度可能会对企业数据的合规利用带来一定的挑战。因此，有必要根据公共利益制度的规范概况，特别关注其对企业数据利用的相关要求，解析公共利益制度可能对企业数据合规利用带来的合规冲突，以寻找解决方案最大化地化解公共利益制度对企业数据合规利用的影响。

第一节　公共利益制度对企业数据利用的现行规范

公共利益制度在人类历史上一直有所体现。从空间维度看，先不论地处亚洲的中国，美国法典中就有 1200 多个关于公共利益的标准，各州的成文法也包含了许多公共利益标准，各个机构每天都在执行这些标准。[1]从历史角度来看，古罗马的《十二铜表法》中也包含了公共利益原则"Utilitas Publica"，该原则有助于定义私人（民事）利益，以及关于如何惩罚侵犯公共利益的规定。当时，公共利益归属于市政当局和公民协会。[2]而在中国，"随着我国经济的发展、改革的深入，利益主体多元化、利益形态多样化、利益关系复杂化趋势明显，'公共利益'越来越多地出现在法律条文中"。[3]中国的现行规范不仅对企业数据的利用提出了符合公共利益或社会公共利益的要求，实际上，公共利益制度在《宪法》《民法典》《个人信息保护法》《公司法》《证券法》《保险法》《破产法》《票据法》《反垄断法》《反不正当竞争法》《刑法》《民事诉讼法》和《仲裁法》等相关法律要求中都有涉及。

一、公共利益制度作为中国现行规范的客观存在

在《宪法》中，立法主体明确了国家可以对土地和公民的私有财产实行征收征用，并规定了相关行为的基础条件，主要包括依照法律规定、给予补偿以及为了公共利益。在《民法典》中，立法主体虽未直接使用"公共利

---

[1]　See Jodi L. Short, "In Search of the Public Interest", *Yale Journal on Regulation*, Vol. 40, 2023, p. 107.

[2]　See ROMAN MÜLLER, ORGÁNY OCHRANY VEŘEJNÉHO ZÁJMU（NEJVYŠŠÍ KONTROLNÍ ÚŘAD A ÚŘAD PRO ZASTUPOVÁNÍ STÁTU VE VĚCECH MAJETKOVÝCH）［Bodies Protecting the Public Interest（Supreme Audit Office and Office for Government Representation in Property Affairs）］, Diploma thesis, Masaryk University in Brno 2009/2010, available at: www.law.muni.cz.

[3]　高志宏：《个人信息保护的公共利益考量——以应对突发公共卫生事件为视角》，载《东方法学》2022 年第 3 期。

益"的术语，但似乎将社会公共利益作为一种公共利益的具体类型，要求民事主体使用民事权利时不得损害社会公共利益，对于侵害英雄烈士的姓名、肖像等行为，侵害到社会公共利益的，应承担相应责任。此外，市场监督管理和其他有关行政主管部门应对从事危害社会公共利益行为的当事人进行监督处理。与《民法典》内容补充配套的《个人信息保护法》，则以公共利益作为表达载体，禁止任何组织或个人从事危害公共利益的个人信息处理活动，并限制和阻止境外的组织、个人从事危害公共利益的个人信息处理活动。当然，个人信息处理者也可以基于公共利益的需要，进行一定范围内的合理活动，如新闻报道、舆论监督等。[1]

公共利益制度不仅仅对日常民事生活进行干预，也在商业活动的相关监管中扮演重要角色。除了存在于组织法的内容布局中，公共利益制度也同时立足于行为法的相关规范。从组织法的角度来看，《公司法》要求在中国境内从事业务的外国公司分支机构不得损害中国的社会公共利益，若从事危害社会公共利益行为，应吊销其营业执照。在证券行为中，《证券法》从一开始就明确了其立法目的之一是维护社会经济秩序和社会公共利益，要求证券交易所按照社会公共利益优先原则履行职能。在保险行为中，保险公司不得损害社会公共利益，若违反规定严重危及或已经严重危及保险公司的偿付能力，保险监督管理机构可以对其实施接管。《保险法》的立法目的之一也是维护社会经济秩序和社会公共利益。此外，在涉及票据行为的活动中，票据活动应遵循不得损害社会公共利益的基本原则。[2]

当然，在典型的公法领域，也可以看到对公共利益的明确保护。例如，《刑法》设立了侵害英雄烈士名誉、荣誉罪和非法采集人类遗传资源、走私人类遗传资源材料罪。因此，侵害英雄烈士的名誉、荣誉，损害社会公共利益的行为，情节严重的，可能会被判处有期徒刑、拘役、管制或剥夺政治权利。非法采集我国人类遗传资源或非法运送、邮寄、携带我国人类遗传资源材料

---

[1] 具体内容可参见《宪法》第10条及第13条之规定；《民法典》第132条、第185条及第534条之规定；《个人信息保护法》第10条、第13条及第42条之规定。

[2] 具体内容可参见《公司法》第196条及第213条之规定；《证券法》第1条及第99条之规定；《保险法》第1条、第4条及第144条之规定；《票据法》第3条之规定。

出境，危害公众健康或社会公共利益的行为，情节严重的，也可能被判处有期徒刑、拘役或管制，并处罚金。另外，《反垄断法》明确表明，其立法目的是维护消费者利益和社会公共利益，经营者实施垄断行为，损害社会公共利益的，特定级别的人民检察院可以向法院提起公益诉讼。如果经营者所达成的协议或经营者集中能够证明是为了或符合实现节约能源、保护环境、救灾救助等社会公共利益，可以被作为不被禁止或被豁免的理由。[1]

除了在实体法中涉及对公共利益制度的规范外，实际上在程序法中也存在着对公共利益的保护。例如，在《仲裁法》中，违背"社会公共利益"被作为人民法院撤销仲裁裁决的法定原因。而《民事诉讼法》要求，对于破坏生态环境和资源保护、食品药品安全领域侵害众多消费者合法权益等损害"社会公共利益"的行为，相关主体可以提起公益诉讼，并且涉及"社会公共利益"的案件不得独任审理。最高人民检察院对于损害"社会公共利益"的调解书应当提起抗诉，地方各级人民检察院发现损害"社会公共利益"的调解书可以提出检察建议或提请抗诉。对于违背"社会公共利益"的仲裁裁决，人民法院可以裁定不予执行。在涉外程序中，如果外国法院请求协助的事项有损于"社会公共利益"，人民法院将不予执行。外国法院的裁判文书效力，如果不违反中华人民共和国的"社会公共利益"，可以被承认和执行，但如果违反了中华人民共和国的"社会公共利益"，则不予承认和执行。[2]

在法律层面，除上述规定外，对公共利益制度的规范依旧不胜枚举，如《英雄烈士保护法》第 25 条、《未成年人保护法》第 106 条、《军人地位和权益保障法》第 63 条、《安全生产法》第 74 条、《反电信网络诈骗法》第 47 条、《妇女权益保障法》第 77 条、《长江保护法》第 93 条、《黄河保护法》第 119 条、《固体废物污染环境防治法》第 121 条、《农产品质量安全法》第 79 条等等。此外，在非法律层面上，也涉及与公共利益制度相关的规范内容。如 2013 年 1 月施行的《最高人民法院关于适用〈中华人民共和国涉外民事关

---

〔1〕　具体内容可参见《刑法》第 299 条及第 334 条之规定；《反垄断法》第 1 条、第 34 条及第 60 条之规定。

〔2〕　具体内容可参见《仲裁法》第 58 条之规定；《民事诉讼法》第 42 条、第 58 条、第 215 条、第 244 条、第 283 条及第 285 条之规定。

系法律适用法〉若干问题的解释（一）》第 10 条规定"涉及外汇管制等金融安全的"属于"社会公共利益"；2019 年《全国法院民商事审判工作会议纪要》第 30 条将金融安全纳入了"公序良俗"的范畴；2013 年中国人民银行联合其他部委陆续发布了《中国人民银行、工业和信息化部、中国银行业监督管理委员会等关于防范比特币风险的通知》、2017 年《中国人民银行、中央网信办、工业和信息化部等关于防范代币发行融资风险的公告》和 2021 年《中国人民银行、中央网信办、最高人民法院等关于进一步防范和处置虚拟货币交易炒作风险的通知》。上述文件实质上禁止了比特币的兑付、交易及流通，炒作比特币等行为涉嫌从事非法金融活动，扰乱金融秩序，影响金融稳定。由此推导，首例比特币仲裁撤销案中所谓的"社会公共利益"当为"金融安全"之维护。

二、公共利益制度对企业数据利用合规的具体要求

在数字经济时代，数据已经成了关键的生产要素，[1]对公共利益制度提出了合规利用数据的要求。随着数据的快速生成和庞大数量的可用移动、社交和数字数据，企业可以访问大量消费者数据并进行汇总分析，以追踪消费者偏好，提供更个性化的消费体验，并追求更高的价值。然而，这也带来了数据风险，尤其令人担忧的是，在被收集数据的人不知情的情况下，使用人工智能算法和分析方法将收集到的数据转化为有价值的信息。一些互联网公司（诸如亚马逊、脸书和 Alphabet 等）拥有庞大的用户数据，可以根据共享的信息创建个人资料。这些数据背后反映了数十亿互联网用户的行为、兴趣和意见。然而，数据利用不合规的丑闻也屡见不鲜。例如，斯诺登事件揭示了美国国家安全局创建和指挥的绝密全球间谍项目 PRISM。在保护公共利益的需求下，新时代的中国也对企业数据利用提出了合规的要求，包括党内法规、法律、行政法规、部门规章和司法解释等规范文件。自 2007 年以来，谷歌、脸书、微软和苹果等公司，一直在未经用户知情或同意的情况下，与美

---

〔1〕 参见张素华、王年：《公共数据国家所有权的法理基础及实现路径》，载《甘肃社会科学》2023 年第 4 期。

国国家安全局共享用户的所有数据，如 IP 地址、登录名、密码、发送的信息内容、照片、帖子或视频等。[1]基于公共利益守护的需求，新时代的中国同样对企业数据利用提出了合规的要求，其规范主要涉及党内法规（如《中共中央、国务院关于构建数据基础制度更好发挥数据要素作用的意见》）、法律（如《数据安全法》）、行政法规（如《科学数据管理办法》）、部门规章［如《数据出境安全评估办法》《汽车数据安全管理若干规定（试行）》］、司法解释（如《最高人民法院办公厅、公安部办公厅、司法部办公厅、国家金融监督管理总局办公厅关于印发〈道路交通事故损害赔偿纠纷"网上数据一体化处理"工作规范（试行）〉的通知》）等。

《中共中央、国务院关于构建数据基础制度更好发挥数据要素作用的意见》在其第二部分"建立保障权益、合规使用的数据产权制度"及第四部分"建立体现效率、促进公平的数据要素收益分配制度"的指导内容中明确提出，推进实施公共数据确权授权机制，严格管控未依法依规公开的原始公共数据直接进入市场，保障公共数据供给使用的"公共利益"。同时，推动建立企业数据确权授权机制，对各类市场主体在生产经营活动中采集加工的不涉及个人信息和"公共利益"的数据，市场主体享有依法依规持有、使用、获取收益的权益。在保护"公共利益"、数据安全、数据来源者合法权益的前提下，承认和保护依照法律规定或合同约定获取的数据加工使用权，尊重数据采集、加工等数据处理者的劳动和其他要素贡献。政府要发挥在数据要素收益分配中的引导调节作用，逐步建立保障公平的数据要素收益分配体制机制，更加关注"公共利益"和相对弱势群体。在多处提及应当守护数据利用的"公共利益"的同时，该意见还指出，应当以促进数据"合规"高效流通使用为指导思想，探索有利于合规流通的产权制度和市场体系，强化优质供给，促进合规流通，实现数据流通全过程动态管理，在合规流通使用中激活数据价值。要建立合规高效、场内外结合的数据要素流通和交易制度，完善数据全流程合规与监管规则体系，强化市场主体数据全流程合规治理，统筹构建

---

〔1〕　Anna Turner & Marcin W. Zieliński, "Public Interest in Surveillance, Privacy and Data Protection. Google Big Data in Comparative Sociology", *Przegląd Socjologiczny*, 70（2）, 2021, p. 132.

规范、高效的数据交易场所，突出国家级数据交易场所的合规监管和基础服务功能；构建数据安全合规有序跨境流通机制，建立数据要素生产流通使用全过程的合规公正、安全审查、算法审查、监测预警等制度，同时鼓励企业创新内部数据合规管理体系等。

在党内法规的统一指导之下，《数据安全法》第2条规定，在中国境内处理数据活动，不得损害"公共利益"。此外，行政法规和部门规章也提出了相应的要求，前者如《科学数据管理办法》，其要求任何单位和个人，均不得利用科学数据从事危害"社会公共利益"的活动，社会资金资助形成的涉及"社会公共利益"的科学数据，必须按照有关规定予以汇交，涉及"社会公共利益"的科学数据，不得对外开放共享，确需对外开放的，要进行审查并严格控制知悉范围。后者如《数据出境安全评估办法》及《汽车数据安全管理若干规定（试行）》，《办法》要求维护"社会公共利益"，以规范数据的跨境安全和自由流动，《汽车数据安全管理若干规定（试行）》也指出，应当在维护"社会公共利益"的基础上，促进汽车数据的合理开发利用。此外，还有部分其他规范，也对数据利用应当符合公共利益提出了要求，如《最高人民法院办公厅、公安部办公厅、司法部办公厅、中国银行保险监督管理委员会办公厅关于印发〈道路交通事故损害赔偿纠纷"网上数据一体化处理"工作规范（试行）〉的通知》要求开展道交纠纷网上数据一体化处理不得损害社会公共利益。[1]

第二节　公共利益制度介入企业数据利用的正当基础

一、企业数据利用中的公共利益考量

公共利益的客观性一直存在争议。尽管没有绝对的肯定答案，学界的

---

[1] 具体内容可参见《科学数据管理办法》第5条、第15条及第25条之规定；《数据出境安全评估办法》第1条之规定；《汽车数据安全管理若干规定（试行）》第1条之规定；《最高人民法院办公厅、公安部办公厅、司法部办公厅、中国银行保险监督管理委员会办公厅关于印发〈道路交通事故损害赔偿纠纷"网上数据一体化处理"工作规范（试行）〉的通知》第3条之规定。

研究者们也一直努力明确公共利益的界限，并描述其特征和特点。有研究者指出，公共性理论通过使用法律手段（如管制）来挑战公司或政府的政策和做法，以实现公共利益。[1]也有研究者提出，在某些情况下，可能会选择放弃追求公共利益，但这并不意味着可以忽视公共利益的存在，它是一种独立的利益形态，并非所有社会成员利益的简单总和。[2]实际上，在数据利用方面，无论在哪个国家（特别是中国），公共利益的守护都是必要的，"这种共同的利益不仅仅是作为一种'普遍的东西'存在于观念之中"，[3]而且被强调为重要原则。与对私人利益的保护相比，社会对公共利益的保护相对不足。因此，通过公共利益制度介入数据利用是合理的，以保护公共利益。

数据利用是数字创造力的基础，挖掘大数据带来的潜在好处是巨大的。通过收集和分析数据，可以提升医疗服务、教育、能源和安全等领域，它们与数据监测结果密切相关。然而，个人隐私保护与提供这些社会福利之间存在相当大且难以确定的重合之处。[4]用户在计算机网络中留下数字足迹，实现了越来越完美的社会计量。"仅在一秒钟内，Twitter 上就创建了 9000 多条信息，Instagram 上添加了 1000 多张照片，谷歌上搜索了 9 万多个单词。"[5]然而，对自己的数据有一种虚幻的控制感。不断发展的技术迫使共享数据，许多企业承诺以各种利益作为回报，或以安全为由解释自己，它们急于利用这一生产要素。而这些数据可能泄露敏感信息，如用户遭受的痛苦程度、赚取的收入、基于位置的政治观点、访问的网站地址或购买历史等。在这样的互动中，每个网站都可能利用用户的弱点、问题或信仰。对个人数据的利用可能不会引起太大的社会反应，但当数据掌控者能够利用大量数据进行分析

---

〔1〕　李剑：《数字平台管制：公共性理论的反思与经济管制的适用》，载《法学研究》2023 年第5 期。

〔2〕　余少祥：《论公共利益与个人权利的冲突与协调》，载《清华法学》2008 年第 2 期。

〔3〕　《马克思恩格斯选集》（第 1 卷），人民出版社 1995 年版，第 84 页。

〔4〕　Victor Mayer-Schönberger & Kenneth Cukier, *Big Data: A Revolution that will Transform How We Live, Work, and Think*, New York: Houghton Mifflin Harcourt, 2013.

〔5〕　Anna Turner & Marcin W. Zieliński, "Public Interest in Surveillance, Privacy and Data Protection. Google Big Data in Comparative Sociology", *Przegląd Socjologiczny*, 70 (2), 2021, pp. 129~130.

和操作时，无法确定哪个特定受害者的数据受到伤害，公共利益制度便有了存在的必要和空间。此时，公共利益并非虚拟命题，它表现为对隐私的守护和尊严的保全是大多数人持有的共同立场。[1]公共利益制度可以被视为保护集体隐私免受侵犯的防火墙。互联网作为可以将信息数据化的世界上最大的复印机，使隐私比以往任何时候都更难定义和保护。[2]尽管传统的隐私保护是以知情同意原则为前提的，但在数字时代，这一原则已经过时，因为互联网用户习惯在不阅读的情况下同意冗长的"同意"协议。因此，传统的隐私保护机制与数字网络现实之间的不匹配越来越明显。对于以数据形式收集、存储和开发的集体隐私，公共利益制度是保护隐私的关键之一。

　　而在中国，数据的爆发式增长与数字经济的发展使人们越来越意识到数据的高价值。[3]根据中国国家统计局和中国互联网络信息中心发布的相关信息，截至 2023 年 6 月，中国网民规模达到 10.79 亿人。数据在中国经济和社会各个领域的生成、采集、分析和应用带来的经济和社会效率是庞大的。例如，中国拥有全球最大的在线零售市场，依赖于数据驱动的商业模式发挥着关键作用。此外，人工智能、大数据分析和区块链等数据驱动的技术已被广泛应用于中国的企业。而在数据应用中，数据泄露事件并不少见。例如，2021 年，阿里巴巴旗下的淘宝平台发生了涉及数亿用户个人购买信息的数据泄露事件；在同年的数据泄露事件中，顺丰快递数百万用户的个人数据和快递信息被公开；大众点评在 2018 年经历了数千万用户信息泄露事件，包括用户名和密码等敏感信息。因此，在中国，公共利益制度介入企业数据利用的过程变得尤为必要。公共利益制度作为"提供和平、正义和富足的商品"，在形成过程中过滤掉了个人利益中的任意性、偶然性和特殊性因素，同时综合、放大了其中的合理性、必然性和普遍性成分，使某种普遍合理的利益得以生成

---

〔1〕 刘宗劲：《中国征地制度中的公共利益：异化、反思及超越》，载《当代经济研究》2009 年第 10 期。

〔2〕 See Urs Gasser et al. , *Internet Monitor* 2014: *Reflections on the Digital World*: *Platforms*, *Policy*, *Privacy*, *and Public Discourse*, Research Publication No. 2014-17, 2014, p. 64.

〔3〕 参见陈媛媛、赵晴：《数据利他：全球治理观下基于公共利益的数据共享机制》，载《图书馆论坛》2023 年第 5 期。

和延续。[1]在中国的数据生产进程中，"公共利益"作为"整个社会的共同关切"的当代意义是使各方决策更加关注"公众及其价值观"，社会共同体能够通过法律和国家，在监管良好的社会中追求为人民福利服务的长远计划。

二、企业数据利用中的社会存在基础

公共利益被认为是一个不确定的概念，但更准确地说，它是一个抽象的制度，只有在特定的法律规则和社会存在基础的支持下才具有确定性。人们可能使用中立的经济推理方法来定义公共利益，但公共利益的价值观超越了这些推理：它是政治和规范决策的结果。这些价值观的确切含义可能会随着时间的推移而变化，并且可能因不同的政治制度和政治运动而有所不同。由于不同国家的社会存在基础不同，对公共利益的要求在有无、具体样态和要求程度上存在明显差异。任何社会生产行为，包括对数据生产要素的利用，都无法摆脱所处时代和地理空间的约束。在规范数据利用的秩序中，一些具有特定社会存在基础的国家决定必须维护数据利用中的无阶级差异的公共利益，也有些国家可能仅仅在满足统治阶级有限需求的基础上对待公共利益。

在资本主义国家中，社会存在的基础是资产阶级，包括土地所有者、资本家和企业家等。他们掌握着社会生产资料的所有权，包括作为资本的数据，并从中获取利润。对数据利用中的公共利益的保护是为了维护资产阶级的统治，非统治阶级的利益很难通过公共利益的渠道获得保护。一方面，为了维护资产阶级的利益，大型资本公司希望受到较少的监管并获得更多的开发机会，这符合资产阶级的利益和资本主义的发展需要。在数据利用的过程中，如果将集体隐私等提升到公共利益的保护层面，可能会严重阻碍资产阶级对商业利益的开发。另一方面，资本主义社会倡导利益自主和优胜劣汰，对数据利用中的公共利益关注可能相对较弱。有研究者认为，在资本主义统治的社会中，并不存在真正的公共利益，只有个人、团体和阶级的私人利益，公共利益只是它们争夺最大公共影响力和公共权力的一种手段，每个利益相关

---

〔1〕　杨通进：《爱尔维修与霍尔巴赫论个人利益与社会利益》，载《中国青年政治学院学报》1998年第4期。

方都从自身的利益中界定公共利益。[1]当然，这并不意味着资本主义国家不承认和保护数据利用中的公共利益。例如，2016 年欧洲议会和欧盟理事会通过了《欧盟通用数据保护条例》（GDPR），保护个人数据的处理和自由流动，为欧盟国家的互联网用户提供了对数据的权利保护和知情权。在追求极端民主和自由的国家面前，这些资本主义国家也在努力解决侵犯隐私的问题，并通过打击诽谤、骚扰、种族主义、暴力威胁和其他恶意网络活动来减轻对公民的伤害。但从根本上说，对公共利益的保护并不像社会主义国家那样普遍和有力。

而中国是工人阶级领导的、以工农联盟为基础的人民民主专政的社会主义国家。其以中国共产党的领导为核心，以工人阶级为领导阶级，以工农联盟为基础，以全体人民为依靠力量，并且坚持全心全意为人民服务的宗旨。由于中国的社会存在基础是以工人阶级和农民阶级为主，以全体劳动人民为辅，"以人民的意志和权益为依归，公共权力的公共性、正义性价值才能得以切实体现"。[2]中国是农业大国，农民是基本国情的重要组成部分，集体土地对于广大农民来说是安身立命和分享改革发展成果的根本。[3]在中国，确立和保障广大农民的生产权和发展权在很大程度上被视为一种公共利益。在数据利用的行动中，为了更好地保护社会公众的共同利益，虽然基于公共利益的制度可能存在巨大风险，但法律并没有提供明确的概念。[4]而且，公共利益的使用本身可能会引发冲突，如修建一条高速公路，经济效率支持者和环境保护反对者都可能以公共利益为正当理由进行争论。这导致立法者常常受到批评和指责，但我国仍在努力克服由承担公共利益带来的困难。中国之所以愿意承担公共利益的责任，不仅是因为公共利益不会选择性地使个别成员受益，而且更重要的是，数据和数据利用已经渗透到了中国人民的方方面面。对于大多数人来说，他们的存在几乎没有什么不是通过数字手段直接传播或通过数字设备记录的，包括睡眠周期、工作事项、财务记录、社交网络、购

---

〔1〕 See Daniel Bell & Irving Kristol, "What Is the Public Interest?", 54NAT'L AFFS. 3, 5 (1965).

〔2〕 张铃枣：《公共制度正义与社会道德进步》，载《哲学动态》2011 年第 9 期。

〔3〕 参见张宇：《现代土地征收制度中的"公共利益需要"》，载《西北农林科技大学学报（社会科学版）》2019 年第 6 期。

〔4〕 See Gijsbert J. Vonk, Albertjan Tollenaar, "The Public Interest and the Welfare State: a Legal Approach", *Working Paper Annual Legal Research Network Conference*, 2008, p. 17.

物文化，对音乐、文学和电影的品位，家庭生活以及对伴侣的偏好，等等。因此，践行和贯彻公共利益将有助于维护整个社会存在基础的实际利益、思想价值和政策法规。

三、企业数据利用中的社会建构目标

社会公共体认为，尽管公共利益是模糊的，但它实质上是不同的。现行法律大多以"公共利益"作为规范某些具体行动的理由，但很少有人真正定义这个术语。公共利益具有创造主体的共同性、受益主体的普惠性和自然人独立享受性的特征。公共利益是所有社会主体共同创造并仅由自然人成员享受的一种共同善。[1]事实上，公共利益应该是一种和谐、包容的利益观，[2]而公共利益的概念可能源于个人利益，只有更广泛的（潜在的）个人群体从中受益，利益才能成为公共利益。正是在从个人利益向公共利益的概念转变中，公共利益呈现出了实质性的不同。基于这种质的变化，才有可能通过具有普遍约束力的法律行为来确定公共利益，而不是个人利益。

现实必须面对的是，公共利益制度缺乏明确的秩序，缺乏稳定性，这也是公共利益制度广受批评的原因。要认定某项行为对公共利益有损害，必须明确表明它可能影响到广大公众，而不仅仅是个人。然而，什么样的影响才被视为对公众有影响，这是一个需要根据行为针对的受众客观决定的问题，而不仅仅是主观推测。[3]正是公共利益制度的灵活性使得不同的国家可以将其作为不同的社会治理手段，如将公共利益与乡村振兴建设目标结合起来，通过大量财政资金投入乡村公共服务和基础设施建设，极大地改善了乡村社会的面貌，增进了广大农民的共同利益。[4]可以说，任何社会制度（包括公共利益）本身的实现都没有单一的正确模式。不同的选择将反映出社会、历

---

〔1〕 参见王小钢：《从行政权力本位到公共利益理念——中国环境法律制度的理念更新》，载《中国地质大学学报（社会科学版）》2010 年第 5 期。

〔2〕 高志宏：《公共利益：基于概念厘定的立法导向与制度优化》，载《江西社会科学》2021 年第 10 期。

〔3〕 See Saadiya, "Freedom of Expression and Maintenance of Public Order: Contemporary Issues and State Response", *Journal of the Campus Law Centre*, Vol. Ⅲ, 2015, p. 4.

〔4〕 贾双跃：《中国乡村社会的公共利益困境及其超越》，载《山东社会科学》2021 年第 4 期。

史、制度、经济发展水平和文化价值观等方面的差异。对于社会生产要素的组织，包括对数据要素的利用，也是围绕着特定国家制度实现的目标、内在价值和先决条件等方面展开的。在不同的社会公共体中，公共利益制度具有不同的使命。作为有特色的社会主义国家，中国对公共利益制度有其独特的需求和守护，该制度在中国的社会建构目标中扮演着重要角色。这种"福利"不仅仅指在贫困、失业和老年等特定风险情况下提供收入保障，而且还指政府致力于确保公民满足其基本需求的全方位行动（如教育、住房和健康等方面）。正因如此，公共利益制度在中国具有多样化的特征，它可以涉及整个社会（如环境问题）、地方（如地方基础设施建设项目）或群体利益（如弱势合同方的消费者保护）。

"自古以来，无论是管理还是治理，大致存在着两种伦理取向，一种是以公共秩序为道德标准的伦理取向，另一种是以公共利益为道德标准的伦理取向。前者强调秩序，后者强调正义。"[1]中国社会建构的目标之一是实现社会和谐，促进人的全面发展，逐步实现全体人民的共同富裕。与单纯追求经济目标相比，更注重实现正义性非经济目标，如维护数据利用中消费者群体的利益。[2]在这样的社会建构目标下，公共利益价值始终是包括数据利用在内的行为的重要道义基础，也是最高的德性。相反，忽视人类利益、漠视真善美都是对公共利益价值的背离。在数据利用中，相较于一些国家追求以数据利用为导向的"赢利导向"，中国追求以人为本的数据利用。在这个基础上，如果过于追求以利益为中心的数据利用，就可能削弱公共利益制度，就像在过去的十年里，在大多数西方国家中，自由市场元素被引入公共部门，如医疗保健、家庭护理、公共交通和社会保障。[3]在数据利用中，如果实现数据利用的自由市场化，数据就有可能变成不为社会建构目标服务的工具。如果希望将数据变成最终为全体人民服务的生产要素，公共利益就会成为

〔1〕 胡键：《公共管理伦理变迁：从传统社会到大数据时代》，载《中国行政管理》2019年第6期。

〔2〕 参见苏宇：《平台数据垄断的监管限度》，载《国家检察官学院学报》2022年第6期。

〔3〕 See Mirjam Plantinga, Ko de Ridder & Alex Corra, "Contracting out Public Services: The Need and Necessity of Government Intervention for Safeguarding Public Interests", *Working Paper Annual Legal Research Network Conference October*, 2008, p. 1.

利用监管的关键。[1] 相关主体有权利用"公共利益"来监管各个领域。[2] 正因如此，中国的公共利益制度不仅在传统生产要素的运用过程中发挥作用，也必然会对新型生产要素领域（包括数据的产权与利用等）给予相当的关注。

四、企业数据利用中的社会运行环境

国家之间的多样性在人类社会中一直存在。这种多样性源于各个国家在地理、政治、经济、文化等方面的差异。如在经济层面上，不同的地理条件和资源分布导致国家之间在经济结构和发展路径上存在明显的差异。如瑞典拥有丰富的森林资源，而沙特阿拉伯则拥有充足的石油资源，这使得它们对木材业和石油业的依赖程度不同。在文化方面，每个国家都有独特的语言、宗教、传统习俗和社会规范。这些文化和价值观的差异塑造了一个国家的社会结构、道德观念和行为准则。东方文化强调家庭和社会的集体利益，而西方文化则更注重个人权利和自由。数据作为生产要素本身并没有太大意义，只有当其进入特定的社会运行环境时才有价值。换句话说，任何生产要素的利用都离不开特定的社会运行环境，包括经济环境、政治环境、社会环境、文化环境、人口环境和道德环境等。因此，在不同类型的国家中，如发达国家和发展中国家、资本主义国家和社会主义国家，数据及其利用所处的运行环境是存在客观差异的。就数据利用的经济环境而言，根据国际电联的信息，发达国家有78%的家庭可以上网，而发展中国家只有32%，最不发达国家只有5%。[3] 可以说，当前的数字鸿沟是发达国家和发展中国家之间持续存在的差距。由于数据利用所处经济环境的差异，每个国家都有自己的优先事项和问题。[4] 基于不同国家对数据利用的发展程度不同，数据利用的公共利益表现也不一致。数据利用的社会运行环境差异很大，有的国家贫穷，有的国家

---

　〔1〕　See Munn v. Illinois, 94 U.S. 113, 126 (1876).

　〔2〕　See Arthur S. Miller, The Public Interest Undefined, 10 J. PUB. L. 184, 188 (1961).

　〔3〕　See International Telecommunication Union, "The World in 2014: ICT Facts and Figures", 2014, http://www.itu.int/en/ITU-D/Statistics/Documents/facts/ICTFactsFigures2014-e.pdf.

　〔4〕　See Urs Gasser et al., "Internet Monitor 2014: Reflections on the Digital World: Platforms, Policy, Privacy, and Public Discourse", *Research Publication* No. 2014-17, 2014, p. 146.

富裕，有的国家文明，有的国家野蛮，有的国家有信仰，有的国家无信仰。无法统一界定一种共同的公共利益，因此公共利益是一个抽象的、可互动的术语，必须始终在各自的运行环境下进行解释。[1]正因为如此，公共利益制度能够被适用于各种不同的场域。

在秉承自由主义市场经济环境的资本主义国家中，经济以私人企业为基础，价格由自由市场决定，政府较少直接参与控制。在这种环境下，资源分配、产品生产和销售往往符合资本家的利益，由资产阶级来控制经济运行的进程。在数字经济中，个人数据的保护成了一个重要问题。在欧盟，个人数据被视为隐私权的重要组成部分，隐私被认为是一项基本人权。欧盟采取"个人权利优先"的价值取向，从个体隐私权的角度来保护个人数据。而在美国，基于较雄厚的自由市场基础，推崇民主和自由，强调西方的价值观和审美体系，其立法基础是为了保护社会公众的自由。因此，美国遵循"商业利益优先"的价值取向。[2]然而，数据往往具有多重属性，包括个人数据和企业数据、公开数据和隐私数据、敏感数据和一般数据。各国竞相制定数据治理规则，对数据的产生、收集、存储和流动等活动进行规范，旨在更好地保护国民权益和数据主权，并取得数字经济发展的竞争优势。[3]在资本主义的经济环境中，当个人数据保护与资产阶级的数据利益发生冲突时，很难通过公共利益的角度来获得国家的保护。此外，资本主义奉行优胜劣汰的价值文化，企业对其数据的控制和利用通常只要符合经济发展和创造税收的利益，不损害统治阶级的利益，就不会引起从公共利益的视角来进行规制。在社会主义的经济环境中，由于数字鸿沟的新形态，商业和资本主导的平台组织逐渐凌驾于公众利益之上，算法应用中的偏见和歧视，以及公民数据权利的贫困等问题导致数字时代"权力-权利"关系失衡。[4]解决这些问题往往涉及公共

---

〔1〕 Alexander J. Bělohlávek, "Public Policy and Public Interest in International Law and EU Law", *Czech Yearbook of International Law*, Juris Publishing, Inc., 2012, p.117.

〔2〕 参见东方：《欧盟、美国跨境数据流动法律规制比较分析及应对挑战的"中国智慧"》，载《图书馆杂志》2019 年第 12 期。

〔3〕 肖冬梅、苏莹：《国际体育赛事数据跨境传输的规则适用问题研究——以北京冬奥会数据跨境传输为视角》，载《武汉大学学报（哲学社会科学版）》2022 年第 6 期。

〔4〕 参见关爽：《数字不平等的治理逻辑与路径选择》，载《学习与实践》2022 年第 8 期。

利益的参与和治理。不同国家的经济环境和价值取向决定了数据利用的社会运行环境的差异。这导致了公共利益的界定在不同国家之间存在差异，而公共利益的实现需要根据各自的运行环境进行解释和适应。

中国独特的社会运行环境需要与之协同的公共利益制度。具体来说，中国坚持社会主义市场经济的运行体制，其经济环境与传统的自由主义市场经济不同，要求数据要素能够在集体主义基础上实现自由、高效利用。数字经济的发展应该以满足人民群众需求和解决问题为导向，以公共利益为结果导向，而不是私人企业的"数字炫技""数字折腾""数字浪费""数字自嗨"和"数字垄断"。[1]在这种经济环境下，数据产权可能超越控制者所有，成为国家所有的公共数据。与"用户所有""平台所有"凭借劳动支出来获取权利依据的产权分配模式不同，"数据资源归国家所有"则主要依赖公共资源的"合理使用"以及公平受益来获得正当性支撑。[2]就中国的文化环境和道德环境而言，中国作为以弘扬社会主义核心价值观为使命的社会主义国家，其底色是以人本主义为基石的。在大数据治理背景下，公共卫生领域个人信息的内容范围更广，隐私性和敏感性也更强。[3]公共卫生领域的相关个人信息主要包括健康医疗数据、基因信息、生理特征、个人隐私、生活习惯、行踪轨迹和身份信息等。在特大公共卫生突发事件爆发时，基于维护公共利益的需要，中国的大数据监管实践呈现出从监管部门要求提供数据[4]到互联网企业大范围实时自动提供数据的演进趋势。[5]在当前的中国社会，基于公共利益为相关主体就相关事项作出重要决定的立法并不存在争议。尽管对法定公共利益标准有效性的争议仍然存在，法院也很可能继续支持这些判决，即使是在中国的"依法裁判"法律制度下。在数据利用活动中，与公共利益相关

---

〔1〕 参见郑磊：《数字治理的"填空"与"留白"》，载《学术前沿》2021年第23期。

〔2〕 张玉洁：《国家所有：数据资源权属的中国方案与制度展开》，载《政治与法律》2020年第8期。

〔3〕 许中缘、何舒岑：《公共卫生领域大数据治理中个人信息的利用与保护》，载《中南大学学报（社会科学版）》2022年第3期。

〔4〕 卢代富、张煜琦：《从权益保护到利益衡量：数据抓取行为正当性认定的路径优化》，载《河南财经政法大学学报》2022年第6期。

〔5〕 冯洋、朱磊磊：《大数据监管权的法律限制》，载《西安交通大学学报（社会科学版）》2023年第5期。

的法律问题在各个行业和部门的特殊规定中都会出现,包括司法机构、税务、海关、金融机构、医疗等方面。[1]与美国以自由价值和商业利益至上为导向的重要数据安全法律规制相比,欧盟则以安全价值和个人权力至上为导向。我国应当理性地结合基本国情,将安全价值和公共利益作为重要数据法律规制的价值导向。[2]

第三节　公共利益制度对企业数据利用引致的合规挑战

就数据利用而言,技术革命创造了巨大的机遇和可能性,但与此同时,由于它以前所未有的规模干扰了现有的生活,也带来了影响每个人的威胁,无论年龄、社会阶层或居住地。中国公共利益制度作为防范数字技术风险的秩序保障之一,定然会对企业合规地利用数据产生客观影响。鉴于此,有必要对公共利益制度在合规利用数据方面可能产生的影响展开更全面的研究,以助力寻找公共利益制度可能影响企业数据合规利用的应对性措施。

一、公共利益制度模糊企业数据利用的合规秩序

随着进入物联网时代,生活在一个可穿戴技术、智能家居和智能城市的世界里,每个设备都可以同时是个人的和通用的。社会必须确定应该采用什么规则来管理这个世界。哪些信息应该被视为个人数据?关于个人数据的收集、使用和共享,应该有哪些要求?哪些活动应该被禁止?个人的同意意味着什么?何时需要得到正式或明确的同意?这些问题的答案塑造了生活世界。在缺乏明确立法及法院裁决的情况下,监管机构经常发布不具约束力的指导意见或模糊的规定来填补这一空白。这种不具约束力的指导意见或模糊的规定对于告知公司监管机构将如何执行法律是必要的,也是有用的,但它往往过于宽泛,有时甚至超出了法律的范围。除非公司愿意在法庭上对此类指导意见或模糊规定及其随后的监管执行进行质疑,否则不具约束力的指导意见

---

〔1〕　张舵:《刍议跨境数据流动的公共利益保护》,载《河北法学》2018 年第 5 期。

〔2〕　徐玉梅、王欣宇:《我国重要数据安全法律规制的现实路径——基于国家安全视角》,载《学术交流》2022 年第 5 期。

或模糊规定通常被视为事实上的法律或具体的法律。公共利益制度就是这样一种模糊的秩序规则。

有研究者认为："公共利益的内涵与边界存在巨大分歧。"[1]如庞德将法律利益划分为个人利益、公共利益和社会利益，[2]而"我国法律语境中时常将公共利益和社会利益同一混用"。[3]立法对于公共利益的不确定性又一贯默认。[4]这种"隐性公共利益虽然能够通过国家权力扩张而不断提升人民福祉，但其不当阐释与适用也容易导致社会主体的权利遭受严重侵害"。[5]公共利益标准的模糊性和灵活性使得监管机构可以在任何时候进行解释。对于想要主张权利的人来说，公共利益的形式几乎可以被任何可以想象的利益所号召。公共利益的形式和措辞可以被用来推动不特定受益者群体的利益，作为推进他们反对的公共政策的理由和目标。几乎在每一个多元的社会和经济问题上，公共利益都存在对立的一方，如修建高速公路时的经济发展支持方与环境保护宣传者。相关的主体都可以声称"公共利益"标签赋予了他们正当的理由。对于以公共利益为实施依据的执行机构来说，虽然它们通常引用并作出结论性声明，称其规则符合公共利益，但它们既没有定义什么是公共利益，也没有解释特定规则符合该标准的原因。这种实质性解释的缺失导致了执行机构的"公共利益"标准代表了国家最大的希望和最令人忧心的恐慌。一方面，公共利益标准为政策制定提供了一个注入社区道德和伦理的渠道。另一方面，它并未消除人们的普遍担忧，即在广泛的公共利益授权下进行监管违反了法治或分权原则。公共利益的监管也为专制国家权力的任意行使打开了大门。尽管人们对符合公众利益的执行有着崇高的期望，但对于各机构如何真正做到符合公众利益，却又知之甚少。

由于公共利益在数据利用中的模糊状态，这对于公司和监管机构都构成

---

〔1〕 李晓宇：《权利与利益区分视点下数据权益的类型化保护》，载《知识产权》2019年第3期。

〔2〕 参见［美］罗斯科·庞德：《通过法律的社会控制》，沈宗灵译，楼邦彦校，商务印书馆2010年版，第41页。

〔3〕 周坤琳：《公共数据公共性的法理反思与反射利益修正》，载《北方法学》2023年第3期。

〔4〕 参见吴睿：《论集体土地征收制度改革中的公共利益》，载《农村经济》2013年第5期。

〔5〕 冉泽冰、李普：《公共利益由显至隐变迁中的权力行使限度》，载《河南财经政法大学学报》2022年第6期。

了挑战。公司和监管机构都需要明确、具体和有约束力的法律来指导他们的行动。公司需要知道哪些数据处理活动是合法的，监管机构需要知道何时实施是适当的。否则，当涉及数据利用中的隐私保护时，尽管法院承认隐私权是一项权利，并认为隐私权与宪法中规定的其他基本权利一样，并非绝对权利，它也可能在存在令人信服的公共利益的情况下被侵犯。如果法院没有解释什么是令人信服的公共利益，也没有制定测试标准来判断案件是否存在令人信服的公共利益，那么基于公共利益对隐私权利的侵犯就会缺乏说服力。总之，当前中国的公共利益制度的内涵与外延尚不足够清晰，而数据利用合规要求则需要明确、具体。如果公共利益制度作为法律规范出现，企业对于数据的合规利用将不清楚如何符合规范的要求，因为规范本身可能并不明确。

二、公共利益制度影响企业数据产权的合规判断

一般来说，公众对法律有着特定的期望。法律不仅是一种强制性的结构体系，而且应该能够明确规范行为，让人们清楚地知道他们在集体利益中可以做什么和不能做什么。现代国家的法律规范需要具备足够的具体性、清晰性、明确性和可预见性。如果法律规范的内容缺乏可预见性，参与者难以理解其中的措辞，那么他们就很难遵守规则。规范语言的质量非常重要，如果新规则无法满足社会语言环境的要求，相关参与者也将很难服从。如果规则制定者的要求与参与者的行为之间的关系无法辨识，行为者可能会拒绝或不遵守规则，因为这些新规则似乎没有建立在有意义的概念之上。因此，只有有意义且受到尊重的法律才不会遭到规范对象的抵制。

如前所述，定义"公共领域""公共价值观"和"公共利益"等术语是一项艰巨的任务。人们对这些概念的讨论深度感到震撼，理解其含义需要付出巨大的智力和努力。因此，公共利益标准的不确定性以及对机构官员自由裁量权的范围可能会让民众感到意外。至于数字平台生成和聚合的用户数据是否被视为私人财产，个人平台用户是否保留对该财产的权利和控制权，目前尚不可知。这种模糊性和争议的性质似乎为更多集体产权主张（即将用户数据视为公共资源）打开了大门。在欧洲，GDPR可能是对用户数据汇总和

使用进行最全面监管的框架。然而，它并未明确建立个人数据的产权。GDPR甚至"没有确认个人数据可以被明确视为财产"。[1]当然，因为数据未被明确视为财产，更难确定数据的所有者。在学术界中，为了使个人能够对数字平台如何聚合、共享和商业化其数据保持适当的控制，可能有研究认为必须为这些平台的用户提供合法的个人数据产权。因为，"在大数据时代，企业数据更多以副产品面目出现，其价值有赖于后续的挖掘"。[2]也有研究者可能主张"私人不应拥有数据"，因为"基于数据个人私有而构建的个人控制论既存在逻辑偏差，也无法有效防控滥用数据权力（利）的风险。应基于社会控制论的立场，注重数据的整体安全与动态保护，明确基于公共利益需要的个人数据利用原则及'以国家数据论'的个人数据的范围"。[3]根据这一观点，"数据应该留给公共领域，……意思是'没有人的财产'或公共财产，'公共产品'"。[4]前述实证和学术争议表明，公共利益制度可能会对企业收集的数据的产权产生影响，这并不仅仅属于企业本身的判断。

在企业数据产权问题上，私营公司控制着绝大多数互联网硬件和软件中的数据，对定义在线数据具有深远影响。能够访问用户数据的主要是那些有能力商业化这些数据的人，[5]而不是个人用户、研究人员或公共利益组织。私营企业基于对数据的控制，尤其是高度个人和商业敏感的数据，这些专有数据很可能不会在公共领域集体共享，尽管这些数据可能越来越多地推动重要的政策制定和实施。公众是数据重复使用工作中的重要利益相关者，无论他们是公开获取的开放数据的用户，还是数据协作的预期受益者，或者是作为数据主体处于某种风险之中。企业数据具有多种形式，承载着包括人格利益、财产权益、国家利益等多种利益诉求，其利益关系非常复杂。[6]各方主

〔1〕 H. Pearce, "Personality, Property and Other Provocations: Exploring the Conceptual Muddle of Data Protection Rights Under EU Law", *European Data Protection Law Review*, 4, 2018, p. 201.

〔2〕 周樨平：《大数据时代企业数据权益保护论》，载《法学》2022年第5期。

〔3〕 参见李凤梅：《个人数据权利刑法保护的立场选择及实现路径》，载《法商研究》2021年第6期。

〔4〕 See L. Determann, "No One Owns Data", *Hastings Law Journal*, 70 (1), 2019, pp. 4, 42.

〔5〕 Gary King, "The Changing Evidence Base of Social Science Research", in Gary King, Kay Scholzman & Norman Nie (eds.), *The Future of Political Science: 100 Perspectives*, New York: Routledge Press, 2009.

〔6〕 参见冯晓青：《知识产权视野下商业数据保护研究》，载《社会科学文摘》2023年第2期。

体可以基于某种权利或利益向数据控制者提出主张。[1]这导致个人数据的产权化变得复杂,[2]绝对产权与企业数据的基本特征相矛盾,难以调和企业数据承载的多重利益。政府、个人和企业构成了多元主体结构,而将数据权利分置为主权、所有权、人格权和用益权才是理想的数据权属配置状态。[3]也有研究者提出了一些方案,可以根据类型和比例原则确定企业数据产权的内容和边界。对于公开型企业数据,企业有权获取收益,其他主体有权访问、获取和使用,但与企业具有竞争关系的经营者不得进行替代性使用;对于具有保密性的非公开型企业数据,可以作为商业秘密进行保护。[4]公共利益的参与使得企业数据的产权归属处于未明确的状态,企业不能将自身收集的数据视为完全所有并进行任意利用,否则可能会面临产权不合规的后果。

三、公共利益制度阻碍企业数据利用的合规经营

数据作为一种生产要素,企业利用数据的原因在于可以通过数据进行生产经营,如根据用户数据对用户偏好进行特定关照,或根据用户数据进行个性化追踪和画像等。企业对数据的经营可能会由于部分经营行为不符合所谓的公共利益而被要求承担民事、行政或刑事责任。由于公共利益作为政治学、法学与经济学等学科中的常用概念,其具体含义并未统一认同,[5]导致企业数据利用的合规性可能随着社会对公共利益制度的认知变化而处于不确定状态。通常来说,长期以来只使用公开信息(包括从网络上挖掘的信息)的数据研究一直是一个豁免类别。从这个意义上说,"公共"一词是良性的同义词,即如果信息是从公共来源收集的,那么分析和传播信息便不会被认为对相关人员有害。[6]但民间社会利用数字通信工具影响全球公共话语和参与集

---

[1] 庞琳:《数据资源的国家所有:权属反思与重构》,载《北京行政学院学报》2022年第5期。

[2] 汪厚冬:《个人数据财产权化的进路研究》,载《行政法学研究》2021年第6期。

[3] 宋方青、邱子键:《数据要素市场治理法治化:主体、权属与路径》,载《上海经济研究》2022年第4期。

[4] 袁文全、程海玲:《企业数据财产权益规则研究》,载《社会科学》2021年第10期。

[5] 参见[英]迈克·费恩塔克:《规制中的公共利益》,戴昕译,龚捷校,中国人民大学出版社2014年版,第1页。

[6] See Alessandro Acquisti & Jens Grossklags, "Privacy an Rationality in Individual Decision Making", *IEEE Security & Privacy*, January/February 2005, pp. 24~30.

体行动的例子越来越多；在世界的许多角落，都有很多改变权力动态的迹象。正是"人类正在不断向各种网络平台被动提交各种数据的'数据人'，网络平台数据日益激增，事实上使网络虚拟空间获得与公权力相对应的私权力"。[1]基于此，部分企业利用数据的方向可以与公共利益截然相反，如利用互联网数据压制那些致力于维护自身权利的人的主张。

"就公共利益的实质性概念而言，有研究表明，在所研究的大多数情况下，经济论点是解释为什么特定结果符合公共利益的最有力和最被接受的理由。"[2]总的来说，即使各主体明确定义了在各自的语境中由什么构成了"公共利益"，但这些定义随着时间的推移仍然不稳定。很多时候，公共利益的变动并非使用主体的预先调整，而是在企业数据利用经营行为发生之后才引起被别人认为不符合公共利益的反应。这种对公共利益的事后性界定是无法为企业数据的利用提供可靠的经营规避的。

利用数据的企业经营者或许并不是不想合规，企业经营者也明知通过将隐私保护行为整合到一个更多方面的数据责任框架中，数据持有机构可以得到更好的服务，该框架旨在识别整个数据生命周期中的机会和风险并采取行动——从数据收集到处理、分析、共享和（再）使用。基于公共利益制度，公共和私营部门的许多数据供应商缺乏符合目的的治理框架，并面临着重大的法律和监管不确定性。[3]一些私营部门面临着现实的不确定困境，即哪些类型的数据共享和合作是适当的，在法律上是健全的。企业经营者只是原则性知道"数据企业对数据财产权的行使不得损害公共利益"。[4]或者"数据安全问题是关系到国家主权、安全和发展利益的核心问题。数据被窃取、泄露、篡改、破坏和非法利用会给个人人格权益、国家安全和公共利益造成重

---

〔1〕　许多奇：《论网络平台数据治理的私权逻辑与公权干预》，载《学术前沿》2021年第21期。

〔2〕　Jodi L. Short, "In Search of the Public Interest", *Yale Journal on Regulation*, Vol. 40, 2023, pp. 107~108.

〔3〕　See Stefaan Verhulst et al., "The Emergence of a Third Wave of Open Data: How To Accelerate the Re-Use of Data for Public Interest Purposes While Ensuring Data Rights and Community Flourishing", Available at SSRN: http://dx.doi.org/10.2139/ssrn.3937638, 2020.

〔4〕　余筱兰：《公共数据开放中的利益冲突及其协调——基于罗尔斯正义论的权利配置》，载《安徽师范大学学报（社会科学版）》2021年第3期。

大危害"。〔1〕但对于具体的数据经营行为指示则依旧一片茫然。例如，电信运营商可能正在等待共享他们的数据，但他们不确定哪些数据集可以共享，哪些数据集不可以共享。如果他们最终共享了不可以共享的数据集，会发生什么？由于公共利益监管的不确定性，尽管数据的丰富性和数量有望使研究人员有能力以前所未有的广度和深度进行收集和分析，并且这一新的数据可能对世界带来启发性的见解，但这些新兴的实践属于法律和伦理标准尚不明确的研究类别，〔2〕因此企业经营者不愿也不敢完全接受数据开放。故而，在一定程度上，公共利益制度的存在会为企业数据利用者埋下经营合规的障碍。

四、公共利益制度干预企业数据流通的合规交易

现代国家不仅仅提供公共服务，还扮演市场监管者的角色，以纠正市场力量可能带来的负面后果。公共利益作为一个重要的法律原则和国际惯例存在，其本质和定义往往模糊不清，导致其在法律中的解释和定义相对较少。公共利益可以作为一种补充和修正法律规范的方式，在特殊情况下或者法律尚未对新问题作出规定时，具有很强的适应性。全球范围内的实际情况是，国家经常以公共利益为借口积极干涉私人社会保障。如一些主权国家基于国家安全的公共利益需求，强制要求抖音海外版 tiktok 软件为本土企业并购，同时基于国家安全的公共利益借口对华为、中兴等涉及数据的企业施加经营压力。

"公共利益"监管的一个功能是提供说服力，以证明政府对商业活动的监管是正当的。公共利益是一个模糊且未具体定义的概念，可以根据个人的定义而有所不同。国家安全和群体隐私都可以被视为公共利益。尽管有些人认为确定公共利益的具体定义困难是因为涉及标准和规则的激烈争论，但也有人认为公共利益的模糊性不仅仅是不确定性的问题。公共利益的不确定性后果是可怕的，因为缺乏明确的定义，执行机构可以灵活操控这一概念。总的来说，围绕公共利益作为一项基本权利（或者说是一般社会经济基本权利）

---

〔1〕 周昀、姜程潇：《关键数据处理机构的数据治理结构》，载《法学杂志》2021 年第 9 期。

〔2〕 See David Lazer et al., "Computation Social Science, Science", Vol. 323, issue 5915, 2009, pp. 721~723.

存在许多相互矛盾的观点。正是公共利益制度可能包括国家安全和金融安全等因素，使得主权者无须了解数据产生的背景和可能带来的潜在危害便能作出果断的决策。而企业数据的跨境流通，尤其是主权数据的跨境流通，常常需要进行是否合规的交易审查。相对于欧盟和美国而言，我国在跨境数据流动方面存在不足。总体来看，我国有关跨境数据流动规则的法律法规相对零散，缺乏系统性。[1]在缺乏具体规范的情况下，公共利益常常充当万能主义的角色，影响是否合规。

当前，数据跨境流动被认为是全球数字经济创新的潜在引擎，为公民、企业和政府提供了许多便利工具、应用程序和平台。数据主权的弱化可能导致数据殖民和数据控制现象。许多主权国家都非常重视数据主权的建立。需要注意的是，控制并不一定意味着政府关闭互联网接入。控制可以通过多种方式实施，如过滤、监控和与行业、政府建立关系，以最大限度地提高国家在私人通信系统中的优势地位。技术使公民能够创建和加入基于共同利益和意识形态而非地理位置的社区，这可能形成超越国家和民族的虚拟"主权"区域。许多领先的互联网公司不得不尊重政府对管辖权的主张，即将特定数据存储在其境内。尽管这不利于数据经济的创新和发展，但是在当前情况下，政府可以向任何公司提出要求。如果公司不遵守这些要求，就可能威胁到其企业经营。基于维护数据主权的核心需求，数据交易中的公共利益范围将直接影响国家的规范空间和政策安排。[2]

第四节　企业数据的合规利用

一、基于公共利益视角，确定企业数据产权

基于公共利益的视角对企业数据的产权进行确定是重要的，因为经济增

---

〔1〕　参见东方：《欧盟、美国跨境数据流动法律规制比较分析及应对挑战的"中国智慧"》，载《图书馆杂志》2019年第12期。
〔2〕　参见马光、毛启扬：《数字经济协定视角下中国数据跨境规则衔接研究》，载《国际经济法学刊》2022年第4期。

长的关键在于制度因素，特别是确立财产所有权的制度。因此，必须设立有效的产权制度，使个人的收益率与社会收益率接近，以刺激和促进人们从事符合社会需要的活动。[1]对于数据产权的争议仍然存在，有研究者认为，公共信用数据具有独立于普通数据的特殊性，适宜将信用数据开放的事权收归专门的国家机构，建立事权集中的信用数据开放机制。[2]也有研究者主张，数据源主体和数据内容本身都应被视为公共利益的数据，并作为公共数据进行管理。[3]基于公共利益的视角确定企业的数据产权是有难度的。首先，公共利益的定义是不确定的。有研究者认为，公共利益是指国家需要承担责任的利益。[4]公共利益的承担和实现是否仅限于国家的责任尚未有定论。社交媒体平台收集的用户数据被滥用和不安全地披露，重新引发了关于如何更好地描述用户数据中的产权的讨论。对数据隐私和安全的担忧通常位于消费者保护的规范框架内，引发了关于决策者是否以及如何分配用户数据产权的长期争论。一个新兴的数据正义运动正在将用户数据问题置于更广泛的社会责任和人权框架内，呼吁更好地保护用户数据。[5]虽然隐私是开放数据项目的关键，但数据生态系统还存在其他风险需要与隐私一起考虑和保护。考虑到用户群的规模以及用户通过与平台互动提供的数据的广度和深度，社交媒体平台可以获得比其他媒介传播环境更多的数据。有关利用社交媒体平台传播虚假信息和仇恨言论的披露引发了关于政府监管必要性的辩论，以确保这些平台符合公共利益。对于那些既关心确保人们能够更紧密地联系在一起、获得自由无限制的知识，又关心确保隐私和尊严得到保护的人来说，必须研究、理解并采取行动。必须确保人们对于数据的自由使用不会使他们陷入无处可避的虚拟全景中。如何根据公共数据、政务数据、敏感数据、个人数据等

---

〔1〕［美］道格拉斯·C. 诺思：《经济史中的结构与变迁》，陈郁等译，上海三联书店、上海人民出版社 1994 年版，第 78 页。

〔2〕参见李元华、于立深：《公共信用数据开放的逻辑转向与体系形塑》，载《河北法学》2023 年第 10 期。

〔3〕参见沈斌：《论公共数据的认定标准与类型体系》，载《行政法学研究》2023 年第 4 期。

〔4〕Gijsbert J. Vonk & Albertjan Tollenaar, "The Public Interest and the Welfare State: a Legal Approach", *Working Paper Annual Legal Research Network Conference*, 2008, p.5.

〔5〕L. Taylor, "What Is Data Justice? The Case for Connecting Digital Rights a nd Freedoms Globally", *Big Data & Society*, 4 (2), 2017, 1~17.

不同类型的数据来确定多层次的数据产权是具有争议的。而对公共数据概念的立法界定将直接划定政府管理数据的范围,影响数据所蕴含的利益流转。[1]

确定企业数据产权是一个重要的问题,从公共利益的角度来看:一方面,需要明确数据的财产地位,以避免触发监管框架的门槛。企业必须拥有数据的产权才能合法地利用数据进行经营和交易,需要根据公共利益来确定企业数据的产权。另一方面,未解决数据产权问题将导致无法充分利用数据的潜力。尽管生活在一个数据丰富的时代,但面临着数据访问的诸多不便,这是一个矛盾的现象。这意味着尽管生成和存储了大量数据,但实际上仍然受限于访问和利用这些数据来推动积极的社会变革的能力。[2]此外,数据活动涉及多个主体,包括数据内容和载体的多元化。这些主体具有不同的利益诉求,甚至存在利益冲突。如果无法通过法律协调和平衡各方的利益,将会导致某些主体退出数据市场,影响数据的价值挖掘,甚至使数据价值挖掘陷入无序状态,最终失去经济和社会价值。[3]一个关键的挑战是,大部分今天产生的数据存在于私营部门,被公司和其他实体控制和运营。无论数据囤积者是否最终能够垄断所有权,基于公共利益的视角关注的不仅仅是数据本身,还关注数据产生和消费的更广泛的技术、社会、政治和经济背景。未来,利用数据要素必须注重数据的社会目的性,不仅仅追求开放数据,而是以一种专注于有影响力地重复使用的方式来实现数据要素的生产作用。

基于公共利益的视角,有研究者提出了数据产权公共化的观点,将数据产权概念化为以公共利益为导向的共享和监管框架。在讨论和政策举措中,围绕用户数据产权的问题,个人产权的传统概念似乎并不适用,而某种形式的产权是适当的。当数百万用户的数据聚合在一起时,数据的基本特征会发生变化,因此将其概念化为公共资源可能更合适。数据的经济价值实际上是

---

〔1〕 郑春燕、唐俊麒:《论公共数据的规范含义》,载《法治研究》2021 年第 6 期。

〔2〕 Stefaan Verhulst et al. , "The Emergence of a Third Wave of Open Data: How To Accelerate the Re-Use of Data for Public Interest Purposes While Ensuring Data Rights and Community Flourishing", Available at SSRN: http://dx. doi. org/10. 2139/ssrn. 3937638, 2020, p. 6.

〔3〕 李爱君:《论数据法学体系》,载《行政法学研究》2023 年第 5 期。

在总体层面上结合起来的，个人用户数据的性质与总用户数据的本质有根本不同。个人层面的产权应以某种方式反映在集体层面上。[1]聚合用户数据可以被概念化为一种公共资源，这就触发了对社交媒体网站和其他数字平台的公共利益监管框架的应用，这些网站和平台通过大规模聚合、共享和商业化用户数据来获取收入。[2]通过对用户数据进行概念化，并明确和具体地阐明其作为公共资源的性质，可以证明适用肯定性公共利益义务是合理的。在公共化的基础上，有研究者指出，企业数据共享是一种新兴趋势，即企业共享匿名和聚合数据，供第三方用户挖掘的模式和趋势，为政策制定提供更好的信息，并产生更大的公共利益。企业数据共享的具体模式可以包括企业与大学和其他研究组织共享数据，向合格的申请者提供数据，这些申请者可以试图开发新的应用程序或发现数据的创新用途，与数量有限的已知合作伙伴共享数据，允许开发人员和其他人访问用于测试、产品开发和数据分析的数据，以及企业和政府机构等其他重要数据持有者共同创建具有共享数据资源的协作数据库等。[3]

二、归纳公共利益外延类型，增强企业数据合规利用的可预测性

如前所述，公共利益这一概念的核心元素的模糊性为其广泛的潜在应用埋下了种子。例如，在土地征收中，广泛的公共利益定义是不合理的，这将导致土地征收规模的持续扩大。有研究者建议明确界定其典型类型，如扶贫搬迁、保障性安居工程建设、成片开发建设等，只有在确有必要的配套建设公共安全设施、市政公用设施等范围内才属于公共利益。[4]同理，在数据利用中，为了给企业提供最大化的数据利用合规空间，处理公共利益的唯一真正令人满意的方法，是通过举出大量实际用途的例子来看能得到什么。现实

---

〔1〕 Philip M. Napoli, "User Data as Public Resource: Implications for Social Media Regulation", *Working Paper of Duke University Sanford School of Public Policy*, 2019, p. 19.

〔2〕 Philip M. Napoli, "User Data as Public Resource: Implications for Social Media Regulation", *Working Paper of Duke University Sanford School of Public Policy*, 2019, p. 1.

〔3〕 See Urs Gasser et al., "Internet Monitor 2014: Reflections on the Digital World: Platforms, Policy, Privacy, and Public Discourse", *Research Publication*, No. 2014-17, 2014, pp. 73~75.

〔4〕 肖楚钢：《土地征收法律制度的公共利益反思》，载《农村经济》2020年第7期。

中，客观世界已经存在着许多已经客观化的公共利益类型，通过对公共利益制度的类型化总结，可以为企业在数据利用时提供尽可能大的可预见性。

尽管许多研究者对公共利益这一概念持有深刻的批评态度，但在尝试界定公共利益的类型方面，学术界已经积累了许多知识。如有研究者指出，可以将保护、包容、安全、平等、团结、法治和善政等原则视为社会保障公共利益的粗略指南。[1]还有研究者认为，核心的有争议的公共利益原则包括多样性、地方主义、竞争和普遍服务。[2]还有研究者确定了涵盖绝大多数公共利益活动的主题领域，如公民自由、环境保护、消费者保护、就业、教育、媒体改革、医疗保健、福利、住房、投票以及职业健康和安全。[3]

为了使公共利益的具体类型更具说服力，各方和机构可能会对公共利益有许多不同的定义。一种更客观的方法是选择经济学的基准。事实上，经济合理性在制度的生命周期中发挥着主导作用，其中有许多需要衡量利益的情况。公共利益的确切内容可能因监管环境而有所不同。这些内容可以从实质价值观的角度解释，如保护社区、环境、工人、国家安全，或者保护那些在现有市场条件下可能会倒闭的公司；也可以从效率的角度提出主张，如成本、价格、质量、竞争和增长等基本经济结构，以及关于净成本和收益或成本效益分析的论点；还可以基于程序性的论证，如关于公开进入诉讼程序、利益相关方的支持以及当事方是否愿意照顾彼此利益的论点。对公共利益的类型化是政治、经济和文化等多个领域复杂选择的结果。无论如何，对公共利益的类型化尝试总能在企业的数据利用行动中提供合规避免，至少能提供合规警示。

三、明确公共利益的内涵和标准，为企业数据合规利用提供兜底判断

在学理研究中，公共利益的不明确性一直是研究者所关注的问题。不清

---

〔1〕 Gijsbert J. Vonk & Albertjan Tollenaar, "The Public Interest and the Welfare State: a Legal Approach", *Working Paper Annual Legal Research Network Conference*, 2008, pp. 13, 15~16.

〔2〕 P. M. Napoli, *Foundations of Communications Policy: Principles and Process in the Regulation of Electronic Media*, Cresskill, NJ: Hampton Press, 2001.

〔3〕 See Ann Southwort, *What is Public Interest Law? Empirical Perspectives on An old Question*, Legal Studies Research Paper Series, No. 2013-106, University of California, Irvine, 2013, p. 6.

晰的公共利益基本内涵使得处理个人利益与公共利益冲突变得困难，同时也导致公共行政学无法有效应对社会发展和公共管理的现实。[1]研究者们为解决这个问题进行了多方面的探索。在以公共利益为出发点进行监管的广泛授权中，有些研究者采取了克制的态度，主要从经济角度进行公共利益分析，而不考虑各种非经济的集体价值。尽管这些发现不能解决关于公共利益含义、合宪性和效用标准的争议，但它们为明确公共利益的内涵和标准提供了急需的经验基础。持肯定立场的研究者认为，公共利益标准只是对公共福利的普遍提及，而没有任何标准来指导裁决，这是一种错误的假设。法案的目的、规定的要求以及相关条款的背景都表明了相反的情况。换言之，使用"公共利益"一词并非一个没有确定标准的概念，它直接关联着服务的充分性、经济和效率的基本条件以及配套设施的适当提供和最佳利用。虽然人们普遍认为，"公共利益是一个典型的不确定概念"，[2]但有研究者认为，对公共利益的内涵界定一般指的是公众共同享有的利益，而不是个别人或个别群体的利益。[3]公共利益存在不同的层面，包括国际层面如国际安全、和平与发展、合作等；国家层面如国家安全、稳定、秩序等；地方层面如地方经济发展、社会治安。[4]可以说，在不同的法律规定中，"公共利益"的内涵和外延是有所不同的。[5]明确公共利益的内涵和标准对于企业数据的合规利用起着关键作用，无论是企业进行外部数据交易还是内部自我经营，只要企业能够判断其行为是否符合公共利益的内涵和标准，就能够对企业的数据利用行为是否合规进行预判。这为解决企业数据合规利用的公共利益制度提供了底线方案。

　　对公共利益的定义可以被分为五大类。其一，实质性理论认为公共利益

---

〔1〕 郭小聪、刘述良：《面向公共利益差异性的公共产品供给制度设计》，载《中山大学学报（社会科学版）》2008年第3期。

〔2〕 倪斐：《公共利益法律化：理论、路径与制度完善》，载《法律科学（西北政法大学学报）》2009年第6期。

〔3〕 参见齐爱民：《大数据时代个人信息保护法国际比较研究》，法律出版社2015年版，第282页。

〔4〕 高志宏：《公共利益：界定、实现及其规制》，东南大学出版社2015年版，第75页。

〔5〕 汪全胜、卫学芝：《基于公共利益利用视角的个人数据的法律规制》，载《电子知识产权》2019年第12期。

应该包括可识别的实质性内容。其二，集合性理论将公共利益视为私人利益的集合。其三，程序性理论通过遵守合法程序来定义公众利益。其四，功能主义理论认为公共利益具有重要的社会认知功能。其五，混合界定理论结合了前述四种理论的元素，也可以放弃前述结构，即使它们无法精确定义。具体来说，实质性理论认为公共利益建立在"共同的社区和社会价值观"的基础上，不仅是社会成员个人的共识，也是超越个人利益的道德善的实质概念。公共利益不同于纯粹的私人利益，它包括"市场之外"存在的一组可识别的共同成员价值。集合性理论主张社区利益是组成社区的成员利益的总和。[1]集合性理论认为这是一种可供类比的界定公共利益的有用方法，所以公共利益是个人利益总和的最大化。程序性理论将公共利益视为合法政治进程的产物。程序主义方法以改进辩论、讨论和说服的方法和条件为重点，取代了对实质性价值的探寻。他们认为，这构成了公共利益。功能性理论提供了一个功能主义的定义，即公共利益是构成行政决策考量要素和公共行政人员身份的指路明灯。公共利益标准迫使决策者阐明他们对善的愿景，并根据这一愿景证明他们的决定是合理的。混合界定理论的定义方法是指无论公共利益的定义如何，无论其概念缺陷如何，它对于一个运作良好的行政管理系统来说都是"不可或缺的"，它指导了政府官员的自由裁量权，并定义了他们在政治进程中角色的适当性质。

结　语

中国作为一个重视集体价值且有自主特色的社会主义国家，秉承中国特色社会主义核心价值观，以实现国家富强、民族振兴和人民幸福为己任，矢志不渝地坚持走中国特色社会主义道路。而公共利益则是社会全体成员的共同利益，是社会稳定和发展的基础，关注公共利益，就是关注社会公平正义，关注社会稳定和可持续发展。公共利益作为社会全体成员的共同利益，是社会稳定和发展的基础，关注公共利益就是关注社会公平正义、社会稳定和可

---

〔1〕　See Jeremy Bentham, *An Introduction to Theprinciples of Morals and Legislation*11, J. H. Burns & H. L. A. Hart eds., 1996, 1789.

持续发展。在中国，公共利益制度不可或缺，其存在基于社会存在基础、社会建构目标以及社会运行环境等要素。在数字化时代，数据具有重大应用潜力，可以提高生产效率、实现智能生产、提升要素配置效率、培育新业态，是推动数字经济发展的创新动力源。大数据作为重塑国家竞争优势的重大发展机遇，利用数据有利于将我国数据资源优势转化为国家竞争优势，提升国家竞争力。因此，企业在合规利用数据时需要考虑公共利益的因素。对于企业来说，应对中国公共利益制度对企业数据的合规利用的挑战，首先需要深入理解和把握中国公共利益的含义和内容，积极参与对公共利益的维护和促进。同时，企业还应建立健全数据合规管理体系，加强内部培训和合规意识培养，提高合规管理水平。此外，还需要重视对中国公共利益的类型化研究。应对中国公共利益制度给企业数据合规利用带来的挑战是一个长期的过程。企业需要与政府、行业组织等多方力量共同参与和协作，才能实现中国公共利益的守护和企业数据可持续利用的并行目标。

第五章

个人数据权利配置

在数字化浪潮中，出现许多既有规则逻辑和思维难以涵盖和准确表达的数字社会规律和难题。[1]个人数据已成为新的战略资源，对社会发展、经济构建乃至个体自由与权益的维护产生了深远影响。大数据甚至被视为与自然资源、人力资源一样的重要资源，是一个国家数字主权的体现。[2]随着技术的进步，数据的采集、存储、分析和交换变得前所未有容易，从而强化了数据在全球经济中的价值。个人数据，作为数据洪流中的重要组成部分，其处理和使用已经触及隐私保护、信息安全、个人尊严及自主权等诸多敏感领域。一方面，"人类选择作为私人与公共生活的不可分割与根本性的一部分"，[3]个人数据权利转化为保障个体在数字环境中自主地控制其信息的基石，这不仅关系到个人隐私的保护，更是实现信息时代公民权利的必要条件。另一方面，"数据基础制度建设事关国家发展和安全大局"，[4]要求对个人数据权利进行重新审视和定位。个人数据权利的确认和保护已经成为构建公平、自由、开放数字环境的基本前提。它不仅是个人权利的延伸，也是社会法治进步的体现，更是国家间数字经济协调发展的关键。

---

〔1〕 马长山：《为什么是数字法治》，载周尚君主编：《法律和政治科学》（2022年第1辑·总第5辑·数字社会中的国家能力），社会科学文献出版社2022年版，第8页。

〔2〕 李国杰、程学旗：《大数据研究：未来科技及经济社会发展的重大战略领域——大数据的研究现状与科学思考》，载《中国科学院院刊》2012年第6期。

〔3〕 Michal S. Gal, "Algorithmic Challenges to Autonomous Choice", *Michigan Technology Law Review*, Vol. 25, No. 1, 2017, p. 60.

〔4〕 《中共中央、国务院关于构建数据基础制度更好发挥数据要素作用的意见》。

第一节　个人数据权利的基本属性

我国立法并未对个人数据作出一个准确的法律定义，个人数据在不同的场合有不同的名称，无论是域外还是我国，在绝大多数情况下，个人数据的内涵与个人信息具有一致性，只是二者发挥作用的场域稍有不同。[1]目前研究中所指称的"数据"，是指海量信息的聚合体，简言之大数据。[2]根据《民法典》《网络安全法》和《个人信息保护法》，个人数据可以被理解为与自然人有关的各种信息，无论这些信息是否可以单独或结合他人的其他信息识别出该自然人的身份，[3]其都具有专属性、敏感性、可追溯性、跨界性[4]和动态性等特点。在互联网发展初期，民法对于数据的关注仅体现在人格权和个人信息的保护中，数据和网络仅被作为侵犯人格权的工具。随着数据分析技术的发展，格外凸显了数据的商业价值，使得数据成了最具发展潜力的新型资产。

一、个人数据核心要素解析

在数字主权时代，对敏感数据的保护尤为重要，但同时也要考虑到数据的可用性和数据驱动的创新与效益。如何合理界定个人数据的范畴，以及如何在保护个人隐私和促进数据流通之间找到平衡点，是后续探讨数据权利配置与实践的理论基础。

（一）数据的个体属性

个人数据发源于个人的网络行为。[5]学界对个人数据定义的认识是不断

---

〔1〕 丁晓东：《什么是数据权利？——从欧洲〈一般数据保护条例〉看数据隐私的保护》，载《华东政法大学学报》2018 年第 4 期；程啸：《论大数据时代的个人数据权利》，载《中国社会科学》2018 年第 3 期。

〔2〕 侯利阳：《论平台内经营者数据的权利配置》，载《政法论丛》2024 年第 1 期。

〔3〕 《民法典》第 1034 条第 2 款规定："个人信息是以电子或者其他方式记录的能够单独或者与其他信息结合识别特定自然人的各种信息，包括自然人的姓名、出生日期、身份证件号码、生物识别信息、住址、电话号码、电子邮箱、健康信息、行踪信息等。"

〔4〕 王利明：《和而不同：隐私权与个人信息的规则界分和适用》，载《法学评论》2021 年第 2 期。

〔5〕 申卫星、李夏旭：《个人数据所有权的赋权逻辑与制度展开》，载《法学评论》2023 年第 5 期。

进化的，随着社会对隐私权重视程度的提高，个人数据的法律定义也在不断扩展。[1]在信息科学和数据法学领域，数据通常被定义为通过观察、测量、研究或分析得到的客观事实、统计数值或信息表达。在数字主权下，个人数据的定义进一步细化为能够直接或间接与特定个人关联的任何信息。这些信息可以包括但不限于姓名、地址、电子邮件、电话号码、身份证件号码，以及如浏览历史、地理位置、购买习惯、社交网络行为等更为微妙的个人数据轨迹。

个体属性强调数据与特定个人的关联性，它是个人数据从普遍数据集中脱颖而出的关键特征。个体属性包含以下几个核心要素：

第一，可识别性。可识别性作为个人数据的一个显著特性，直接关系到个体的隐私和身份保护。数据是信息的形式，信息是数据的内容。[2]个人数据通过其独特的信息特征，如姓名、社会保障号码、指纹、DNA等生物识别信息，以及线上行为数据如IP地址、浏览器指纹等，均可成为识别某一特定个体的关键。这种可识别性并非一成不变，它可能会随着数据处理的复杂程度和数据点之间的关联度增加而增强。即便是一些表面上看似匿名的数据，如去标识化的健康信息或交易记录，也可能在与其他信息组合、通过数据挖掘技术的应用后被重新识别，揭示出背后的个体身份。[3]然而，数据的可识别性并非仅限于直接识别信息。随着大数据分析技术的发展，即使是非直接识别信息，也可能会通过算法模型进行关联分析，使个人在看似匿名的数据中被识别出来。比如，一个人的位置数据虽然不直接包含其身份信息，但通过分析其日常出行的规律，结合其他公开数据，依然有可能识别出该个体。

第二，关联性。个人数据的关联性意味着这些数据不仅仅是孤立存在的信息片段，它们与数据主体的联系密切能够反映或推断出个体的特征、喜好、习惯、行为模式甚至潜在的决策倾向。首先，个人数据的关联性体现在数据与数据主体之间的直接联系上，个人数据所包含的信息，其价值在于判断某

---

[1] 丁晓东：《论个人信息概念的不确定性及其法律应对》，载《比较法研究》2022年第5期。

[2] 管荣齐：《论数据保护的法律边界》，载《知识产权》2023年第11期。

[3] Paul Ohm, "Broken Promises of Privacy: Responding to The Surprising Failure of Anonymization", *UCLA Law Review*, 2010, pp. 1701~1778.

一类群体。[1]例如，个人的购物记录、搜索历史、社交媒体互动等都直接关联个体的生活习惯和社交行为。通过对这些信息的累积和分析，可以构建起一个相对准确的个体画像，揭示个体的消费偏好、兴趣爱好以及社交网络结构。其次，个人数据的关联性还体现在间接关系上。有时候，单一数据点看似与个体无关，但当这些数据点与其他信息相结合时，便可能揭示出对个体有意义的模式。例如，通过分析某个地区的气温数据与服装销售数据的关系，可以推断出个体在不同气候条件下的穿着偏好。此外，关联性还能够通过数据间的相互作用揭示个体的行为趋势。通过大数据分析技术，可以从海量的数据中识别出个体行为的规律性，甚至在一定程度上预测未来的行为。这种预测能力在诸如个性化推荐、风险评估等领域有着广泛的应用。

第三，敏感性。敏感性是对个人数据保护类型化的体现，[2]其中某些个人数据因其本质内容而具有高度私密性和潜在风险性，这类数据通常涉及个体最为私密的方面，包括但不限于健康状况、性取向、种族、政治立场、宗教信仰等。健康记录是典型的敏感数据，它揭示了个体的医疗历史和当前的健康状况。这类信息若被未经授权的第三方获取，可能导致个体面临歧视、保险费率上涨甚至就业机会减少等后果。政治观点和宗教信仰也是极度敏感的个人数据类别，它们涉及个体的思想自由和信仰自由，一旦被滥用，可能威胁到个体的安全和社会地位。敏感数据的泄露或不当处理还可能导致个体遭受精神压力、社交困扰乃至人身安全的威胁。例如，性取向信息若在某些不宽容的社会环境中被公开，可能会引起歧视和暴力行为。敏感性在很大程度上是考虑到涉及个人尊严与生命财产安全，一旦被泄露或非法使用，就会给个人造成难以挽回的损害。[3]敏感性数据的保护不仅是个人隐私权的问题，更关乎个体的人格尊严和基本人权的保障，法律确有对其进行规制的必要。[4]

第四，自主性。自主性赋予个体对其数据的控制权，这意味着每个人都

---

〔1〕 周斯佳：《个人数据权与个人信息权关系的厘清》，载《华东政法大学学报》2020 年第 2 期。

〔2〕 胡文涛：《我国个人敏感信息界定之构想》，载《中国法学》2018 年第 5 期。

〔3〕 王利明：《敏感个人信息保护的基本问题——以〈民法典〉和〈个人信息保护法〉的解释为背景》，载《当代法学》2022 年第 1 期。

〔4〕 王苑：《敏感个人信息的概念界定与要素判断——以〈个人信息保护法〉第 28 条为中心》，载《环球法律评论》2022 年第 2 期。

有权决定自己的个人信息如何被收集、使用、存储和传播。在数据权利领域的个人授权方面，个人与个人数据处理者之间就个人数据的许可使用形成了合意，个人同意是个人数据处理的合法性基础之一。[1]个人数据自主性的确立，不仅反映了对个人隐私权的尊重，还体现了个体对自己信息身份的主权。数据自主性的实践要求个体能够对自己的数据作出明智的决策。这涉及数据的知情同意，即在收集和处理个人数据之前，必须获得数据主体明确且知情的同意。此外，个体应能够访问自己的数据，并在必要时对其进行更正或删除，即所谓的"被遗忘权"和"更正权"。个人数据的自主性还包括数据的可移植性，即个体有权将自己的数据从一个服务提供商转移到另一个服务提供商。总之，个人数据的自主性是建立数字主权和保障个体权利的基石。

第五，动态性。个人数据的流动在法律禁止性规定和保障安全义务的限定下，可通过公共空间开放或交易市场谈判等方式自由流动。[2]这意味着个人数据不是静态的，而是随着时间流逝、个体经历的变化、个体与外界互动的不断深入而不停更新和演变。这种动态变化性使得数据的管理和保护更加复杂。动态性意味着个人数据的价值和敏感度可以随时间而变化。某些信息在某个时间点看似平常无奇，但随着时间的推移或者在某些特定的情境下，其敏感性会显著增加。例如，个人的位置数据，在特定的时间节点上可能揭示出个人的行为习惯、社交圈子甚至经济状况。随着数据积累和分析技术的进步，历史数据的保护也需随之加强；个人数据的动态性要求数据管理和保护机制能够适应数据流动和变化的本质，从具体"场景"出发，综合考量数据类型和性质、处理者地位等因素和个人合理期待，进而推动数据保护规则的制定与演进。[3]这意味着数据保护政策和实践不能仅仅固守于一套固定的规则，而应该是灵活的、能够适应个人数据持续变化的系统。例如，随着数据分析技术的发展，个人可能需要重新评估哪些数据被认为是敏感的，并调整其隐私保护措施；动态性还强调了数据保护的持续性和长期性。个人数据

---

〔1〕 程啸：《个人数据授权机制的民法阐释》，载《政法论坛》2023年第6期。

〔2〕 夏志强、闫星宇：《作为漂流资源的个人数据权属分置设计》，载《中国社会科学》2023年第4期。

〔3〕 许可：《论个人数据权利堆叠规范》，载《法学评论》2023年第5期。

在整个生命周期中，从收集、使用到最终的销毁，都应当受到持续的保护。这就要求建立起一套全生命周期的数据管理框架，其中包括对数据的定期审查、更新隐私策略、清除不再必要的数据等环节；动态性也意味着个人对数据自主性的行使也是一个动态过程。个体可能会随着自身认知的提升、技术的发展或者外部环境的变化而改变对数据控制的需求和方式。因此，数据管理系统应当提供足够的灵活性，以适应个体需求和权利的变化，如随时撤回同意、更新个人设定等功能。

（二）敏感数据与非敏感数据的界定辨别

一项调查表明：我国大多数公众均认为信息有敏感与一般之分，在一项对"不同的个人信息具有敏感的区别"的调查中，主张"非常有区别"和"有区别"的分别占 56.12% 和 22.45%。[1]借鉴这一关于信息的调查开展个人数据的研究，同样可以将数据分为敏感数据与非敏感数据。敏感数据通常指的是那些涉及个人隐私的核心领域，它们的非授权使用或泄露可能会对个人的安全、尊严或平等权产生严重影响。这类数据包括但不限于个人的种族、民族、政治立场、宗教信仰、工会会员资格；个人的健康状况、性生活、性取向；生物识别和基因相关的数据；对个人的评估或评价数据，如信用评分、背景调查等。与敏感数据相对的非敏感数据（也称作一般数据），是指那些不太可能对个人的隐私或权益构成重大影响的信息。这些数据可能包括个人的名字、出生日期、联络方式等，虽然它们有识别个体的功能，但通常被视为对个人隐私风险较低的数据。

界定敏感与非敏感数据的关键，在于评估数据泄露或误用对个人的隐私、财产安全，甚至身心健康可能造成的伤害程度。在界定和辨别敏感与非敏感数据时需要着重考虑以下几个因素：

第一，数据的内容与性质。除了通常根据数据内容的私密性和个人化程度来评估其敏感性外，还要考虑数据的具体类型，如生物特征、种族、政治观点等，这些都是被普遍认为具有高度敏感性的数据类型。参考欧盟《2016/

---

[1] 刘雅琦：《基于敏感度分级的个人信息开发利用保障体系研究》，武汉大学出版社 2015 年版，第 65 页。

680 号指令》及相关立法规定，敏感个人数据包括：揭示种族或族裔出身、政治观点、宗教或哲学信仰或工会成员身份的个人数据；处理能够识别特定自然人的基因数据、生物特征数据，健康数据或自然人性生活或性取向的数据；关于刑事定罪和犯罪或相关安全措施的数据。[1]其中，生物特征数据（如指纹、面部识别、DNA 信息等）具有极其个人化的特征，它们是直接与个体身份相关联的唯一标识符。这类数据的敏感性在于其具有不可更改性，一旦泄露可能导致无法挽回的隐私损失和身份安全风险。种族信息则涉及个体的群体属性，容易成为歧视或偏见的基础。种族数据的敏感性不仅在于它可能揭示个人的文化背景、宗教信仰和社会身份，还可能导致不公平的待遇或社会分割。政治观点信息属于个人的思想自由范畴，其敏感性源于这些信息的强烈私人性和潜在的社会影响力。在某些情形下，个人的政治立场可能会影响其就业、社交及公共生活，并可能成为监控和打压的对象。

第二，数据的使用场景。"场景理论"对敏感数据的界定以及一般个人信息的界分，应当摆脱"全有或全无"的固定思维模式，应当基于个人信息处理行为发生的具体场景。[2]例如，个人住址信息在配送服务中被视为必要信息，而在在线论坛的用户资料中可能不需要展示，因为后者可能增加个人受到不必要骚扰或侵害的风险。进一步来说，数据的使用场景包括但不限于数据的收集目的、处理方式、公开程度以及数据共享的范围。数据为何被收集，是否有明确且合法的目的？数据是如何被存储、加工和分析的，对特定个体公开还是向广泛公众公开？数据是否仅在必要的业务流程中共享，或者被广泛传递给未授权的第三方？这些问题都直接关系到数据的敏感性。

第三，数据处理的目的。数据处理的目的决定了数据的使用方式和权限，进而影响个人的隐私程度。目的的考虑实际上是阿列克西"权衡法则"理论的体现，在某一特定条件下，不能实现或侵害一种权益的程度越大，实现另

---

〔1〕　栾兴良、陈泓昊：《欧盟警务领域敏感个人数据的保护机制研究》，载《情报杂志》2022 年第 12 期。

〔2〕　王利明：《敏感个人信息保护的基本问题——以〈民法典〉和〈个人信息保护法〉的解释为背景》，载《当代法学》2022 年第 1 期。

一种权益的重要性必须越高。〔1〕具言之，在健康监护等高度个人化且具有救助性质的场合，医疗数据的收集和使用是为了确保个人的健康与安全，在这种情况下，虽然包含敏感信息，但出于对个体福祉的关照，社会普遍认为这种使用是合理及必要的。相对地，当同样的医疗数据被用于商业营销，如用于分析消费者行为、推送个性化广告等，其敏感性就大幅增加。这种用途不仅可能侵犯个人的隐私，还可能引发数据主体的担忧，担忧其健康信息可能被用于不当目的，比如保险公司可能会基于这些信息调整保费。数据处理的目的还与数据的透明度和个人控制度密切相关。如果数据处理的目的清晰、公开，并且个人对于数据如何被使用有足够的控制权，那么即使是敏感数据，在一定程度上也可以得到合理的保护。然而，如果数据处理的目的含糊不清，或者数据主体对此一无所知，那么即使是非敏感数据，在缺乏适当保护的情况下，也可能变得敏感。此外，数据处理的目的还涉及数据的存储、分析和共享的问题。例如，一个人的购物习惯信息，在为其提供个性化推荐服务的目的下，可能不会被认为特别敏感。但如果这些数据被用于信贷评估，可能会影响个人的信贷条件，从而变得非常敏感。这表明，数据处理目的的变化，可能会带来数据敏感性的增减。

第四，法律和规范要求。不同地区的法律和规范对敏感数据的定义是存在差异的，这一差异性反映了各地区对于隐私权和数据保护的不同文化、法律传统和社会价值观。例如，欧盟的GDPR第4条第1款规定，个人数据的定义在更大程度上已与数据主体之间存在等同关系，即所谓"个人数据"意指涉及一个身份已识别或可识别的自然人，即"数据主体"的所有信息。〔2〕除此之外，GDPR还定义了一系列特殊类别的个人数据，包括种族或民族起源、政治观点、宗教或哲学信仰、工会会员资格、基因数据、生物识别数据、健康数据及涉及个人性生活或性取向的数据，这些被视为敏感数据，并因此受到了更严格的处理规则。GDPR条文明确规定和区分了在收集与处理数据

---

〔1〕 ［德］罗伯特·阿列克西:《论宪法权利的构造》，载《法学家》2009年第5期。

〔2〕 Regulation (EU) 2016/679 of the European Parliament and the Council of 27 April 2016 on the protection of natural persons with regard to the processing of personal data and on the free movement of such data, and repealing Directive 95 /46 /EC, General Data Protection Regulation [2016] OJ L119 /1. 2016-04-27.

时针对个人数据需征得数据主体的"无争议同意"与针对敏感数据需征得数据主体的"明示同意"两种不同的"同意"类型。[1]因此，GDPR 要求对上述这类特殊类别的数据的处理必须建立在特定的法律基础之上，并且往往需要数据主体的显示同意。而在其他地区，如美国，对敏感数据的定义和保护要求则可能更为分散。美国没有一个全国性的、类似于 GDPR 的综合性隐私法案，敏感数据的保护更多地体现在行业特定的法律和规定中，如医疗保健行业的《健康保险流通与责任法案》（HIPAA）和金融服务行业的《格拉姆-里奇-布莱利法案》（GLBA）。亚洲的一些地区，例如中国，也已经开始实施类似的数据保护条例，如《个人信息保护法》，其中对敏感个人信息进行了识别，并规定了较高的保护要求。这些要求涉及数据的最小化处理、同意的要求，以及跨境传输的限制等。这种由地区决定的法律和规范要求不仅会对国际企业的运营模式产生影响，要求它们在不同法域内遵从不同的数据处理标准，而且也对个人数据权利的理论与实践提出了挑战。

二、"权利束"视角下的数据权利

（一）权利束概念的引入及数据权利的构成

权利束（Bundle of Rights）这一词汇来源于制度经济学，作为一个法律概念主要集中用在财产权领域。[2]它描绘了所有权不是单一的权利，而是一系列权利的集合，如使用权、收益权、处分权和排除他人侵害权等。在个人数据权利的语境下，权利束提供了一个分析个人如何控制其数据及其如何与他人互动的工具。基于个人数据权利蕴含人格权与一些由数据派生的财产权等新型权利与"权利束"理论的契合性，应用"权利束"这一概念研究数据权利，有利于对数据权利束进行统一、整体的研究。[3]这不仅要求确立个人对其数据的权属，还要求明确数据的社会价值和个人权利如何受到法律的保护和限制。

个人数据权利的构成可以被视为一种特定的权利束，其中包含多个相互

---

〔1〕　王雪乔：《论欧盟 GDPR 中个人数据保护与"同意"细分》，载《政法论丛》2019 年第 4 期。
〔2〕　闫立东：《以"权利束"视角探究数据权利》，载《东方法学》2019 年第 2 期。
〔3〕　闫立东：《以"权利束"视角探究数据权利》，载《东方法学》2019 年第 2 期。

关联的重要权利：

第一，访问权。访问权作为权利束的一个核心组成部分，它赋予个体能力来审视和监督其个人数据的存储和使用情况。这一权利的实质不仅仅在于允许个体查看其数据存在与否，更在于确保个体能够了解数据的具体内容、处理状态以及存储条件。访问权的行使对于增强透明度、促进信任和确保数据管理的合法性至关重要。延伸访问权的含义，不仅要重视个体对已存储数据的访问，也应关注个体对即将被收集数据的预先知情。这种预见性的知情权可以视为访问权的前置条件，它要求数据控制者在数据收集前就向个体提供充分的信息，如数据的收集目的、处理方式以及可能涉及的数据共享计划。这样，个体在数据被收集之前就能作出明智的决定，是否同意数据的收集和使用。同时，访问权具有针对性，因为数据访问权是对市场失灵的及时回应，对下游数据市场中数据的商业化没有任何阻碍，例如农场主收集所有来自各种产品的数据用于经营农场，而不影响制造商商业化汇集的各个农场主的数据，制造商可以同意从事公共利益事业的第三人访问数据。[1]此外，访问权的有效行使也依赖于数据的呈现方式。数据不仅应当易于访问，还应当以易于理解的形式提供，使得个体能够真正理解其个人数据的使用情况。这要求数据控制者避免使用过于技术化或晦涩难懂的语言，而是以清晰、直观的方式来展示数据信息。个人数据访问权的创设，可以确保个人知悉自身数据被哪个数据控制者收集，知晓自己数据被处理的情况与目的，以及可能被转让的信息，确保个人数据访问权是个人数据自决权的前提保障。[2]

第二，决定权。决定权以个人是自身利益的最佳维护者，由个人对数据进行自我管理，是成本最小、效果最佳的选择作为理论依托。[3]其赋予个体对其个人数据的命运进行决策的能力。这种权利不仅仅意味着个体在数据被收集前有权决定是否同意其使用，更是指在数据的整个生命周期中，个体能

〔1〕 王洪亮、叶翔：《数据访问权的构造——数据流通实现路径的再思考》，载《社会科学研究》2023年第1期。

〔2〕 李晓宇：《权利与利益区分视点下数据权益的类型化保护》，载《知识产权》2019年第3期。

〔3〕 王利明：《论个人信息权的法律保护——以个人信息权与隐私权的界分为中心》，载《现代法学》2013年第4期。

够持续参与数据处理的各个阶段。决定权的行使通常涉及一个前置条件：数据控制者必须在进行任何数据处理活动前，获得个体的明确同意。这种同意应当是基于充分信息的，意味着个体在作出决定前，应当充分了解数据的收集目的、处理方式、存储期限以及可能的数据共享和转移情形。进一步，决定权并不仅限于同意的初步给予，它还包括个体随时撤回同意的能力。这种动态的决策过程意味着数据控制者需提供易于操作的同意管理机制，使得个体能够简单地更改或撤销其对数据处理的同意。此外，决定权还包括个体对数据处理的特定方面提出异议的权利，尤其是在自动化决策和利益平衡中，个体应有权要求人工干预，以确保其权利不被无视。决定权的实质性行使，要求数据控制者采取透明的数据处理实践，这包括但不限于明确的隐私政策、数据处理流程的公开化以及数据安全措施的透明度。

第三，更正权。更正权不仅关乎信息的准确性，更是个体维护个人身份和声誉的工具。根据统计：截至 2018 年数据主体以征信错误为由要求更正的案件数占信息侵害判决书总数（602 例）的比例为 12.13%。[1]在数字化社会中，个人信息往往被广泛使用于身份验证、信用评估等关键过程。不准确或不完整的数据可能导致误解或歧视，因此确保信息的正确性是维护个人权益的重要手段。更正权的实质是赋予个体对个人数据的控制权，体现了数字主权的核心价值，即在信息时代中保障个体的自主性和尊严。在操作层面，更正权的行使需建立在透明和可访问的信息处理系统之上。个体应当能够轻松查询自身数据，并且在发现错误时，能够无障碍地提出更正请求。数据控制者应当对此类请求给予及时响应，确保个体数据的真实性和完整性。数据的不准确性可能源于多种原因，包括录入错误、信息过时、技术缺陷等。因此，数据纠正机制应当具备灵活性，能够应对各种情况下的纠正需求。

第四，删除权。删除权常被称为"被遗忘的权利"，最早在"冈萨雷斯诉谷歌西班牙公司案"[2]中被欧洲法院支持而设立，后来也在 GDPR 中得到了肯定。它赋予个体在特定情况下要求删除其数据的能力，这样的权利不仅是

---

〔1〕　叶名怡：《论个人信息权的基本范畴》，载《清华法学》2018 年第 5 期。

〔2〕　CJEU, Case C‐131/12, Google Spain SL v. Agencia Espanola de Protecci′on de Datos, ECLI：EU：C：2014：317（May 13, 2014）.

对个人自主的肯定，也是对个人隐私和自我决定权的尊重。删除权的行使通常基于几个前提条件：数据不再必要、个体撤回了同意或数据被非法处理。在某些司法管辖区，如欧盟实施的 GDPR 中，删除权被法律明确界定，强调了其在个人数据保护中的重要地位。删除权反映了一种重要的权衡，它尊重了个体对于其个人信息命运的控制愿望，同时也需要考虑到数据持有者合法利用这些信息的合理性。这种权利不是无条件的，其适用性需要依据个人信息的敏感程度、保留时间的合理性以及数据处理的目的和方式来综合评估。

第五，限制处理权。限制处理权针对不当的信息处理，数据主体还享有限制或反对处理权，即信息主体在特定条件下有权要求数据控制人暂时或永久停止数据处理。[1]其核心在于赋予数据主体对数据处理活动更直接的控制权。这种权利通常在以下情况下被触发：当个人质疑数据准确性时、当数据处理没有法律依据但个体不希望数据被删除时，或者当个人反对数据处理时。比如，当数据主体提出异议而数据控制者需要时间来验证这些异议的有效性时，个人可要求在此期间限制数据的使用。在理论上，限制处理权呈现出了对于个人信息自主权的进一步尊重。它以对个体的权利尊重和对其数据掌控愿望的认可为基础，将数据主体的意愿置于数据处理过程的中心。这不仅是对个体权利的一种保护，也是对个人数据自决权理论的实际应用。在实践中，实施限制处理权意味着数据控制者必须设立一个机制，以响应和管理个体提出的限制请求。这可能包括暂停特定数据的使用，或者限制其用于特定目的，直到解决了个体的关切。如此，这不仅需要法律政策的支持，也需要技术手段的配合，以确保在数据处理环节中可以有效地实施这些限制。

第六，数据携带权（也被称作数据可携带性权利）。它是欧盟 GDPR 新创权利（第 20 条），其原型是《法国消费者法典》第 L. 224-42-1 条规定的"消费者数据回收权"（droit de récupération）[2]，它为个人提供了将其个人数据从一个数据控制者转移到另一个数据控制者的能力。数据携带权的核心是赋予数据主体更大的自由度以及对个人数据命运的控制力。具体而言，该权利

---

〔1〕 叶名怡：《论个人信息权的基本范畴》，载《清华法学》2018 年第 5 期。

〔2〕 V. E. Jouffin, Présentation du Règlement général sur la protection des données, Banque & Droit, 3~4, 2017, p. 8.

允许个人在不受阻碍的情况下，将其数据从原数据控制者处以结构化、常用且机器可读的格式直接传输到另一数据控制者处。这意味着数据主体可以更方便地更换服务提供者，而无须担心其数据被锁定在某一平台或服务中。从理论的角度出发，数据携带权强调了数据的自由流动性和个体在数字经济中的主权地位。这一权利基于一种认识，即个人数据应当服务于数据主体，而非仅仅是数据平台的资产。因此，数据携带权的实施有利于个人在数字市场中的权益，提高了他们在选择服务时的灵活性和自主性。

（二）权利束在个人数据权利中的应用与限制

从"权利束"视角来看，个人数据权利的应用强调识别与界定复杂权利结构。权利束的灵活性和相对性也为数据权利分化提供了可能，[1]有助于在具体场景中确定数据的性质和类型，根据场景中各方的合理预期来确定相关主体的数据权益。[2]它允许我们将个人数据权利拆解为一系列独立的权利元素，如个人对其数据的访问权、更正权、删除权等。这种分解有助于明确每个权利的适用场景和目的，让数据主体针对不同数据处理活动或自身的需求能有针对性地行使权利。例如，数据主体可以单独行使访问权以了解其数据如何被使用，或者行使删除权来反对进一步处理其个人信息。同时，它又强调权利间的平衡与协调。在实际操作中，立法者、监管机构和法院以权利束作为分析工具，权衡个人权利与其他社会利益之间的冲突和交集。这一过程体现了对各种利益的审慎考量，如个人隐私权与公共安全、市场效率等社会经济利益之间的平衡。通过强调数据主体对个人数据的控制权，权利束提高了个人对其个人信息的实际掌控。数据主体不仅仅是数据的被动提供者，而且成为积极的参与者，能够决定其数据如何被收集、使用和传播。这种控制能力的增强，实际上扩大了个人的信息自决权，从而在数字化时代中维护了个人的自主性和尊严。随着大数据、人工智能等新兴技术的发展，个人数据的处理方式日益复杂和多样。权利束框架能够适应这些变化，为新兴的数据处理方式提供法律上的相应权利配置和保护。这种灵活性保证了法律规制在

---

〔1〕　许可：《数据权利：范式统合与规范分殊》，载《政法论坛》2021 年第 4 期。

〔2〕　丁晓东：《数据到底属于谁？——从网络爬虫看平台数据权属与数据保护》，载《华东政法大学学报》2019 年第 5 期。

新的技术和商业环境下依然有效，从而确保个人数据权利得到实质性的保护。

在数字主权的背景下，个人信息自决权的实现需要对个人数据权利进行精准的理论定位和实践操作。在这一过程中，权利束理论为我们提供了一个有益的分析工具，但其应用同样面临多种限制。首先，权利束中的各个权利并非孤立存在，它们之间可能会发生冲突，这可能会极大地削弱规范的稳定性和可预期性。[1]例如，个人隐私权的保护与言论自由的权利就可能发生冲突。在这种情况下，需要细致地权衡和调整，确保两者之间能够达成合理的平衡。这就要求法律政策制定者和执行者具备高度的判断力和调整能力，以处理这些复杂的权利关系。其次，实践中的执行难题也不容忽视。个人数据权利束的每一项权利都需要具体的技术支持和成本投入才能得到有效落实。然而，技术限制、成本问题以及法律执行力度不足都可能成为实际操作中的障碍。例如，数据携带权的实现需要数据格式的标准化和系统间的互操作性，这在技术上可能会遇到重大挑战。再次，法律与技术的脱节是一个长期存在的问题。随着技术的快速发展，现有的法律框架往往难以及时适应新出现的数据处理方式，导致个人数据权利束中的权利难以在新的数据环境中得到有效的适用和执行。因此，法律更新和技术标准的制定需要保持快速响应和适时调整。最后，跨境数据流动带来的挑战不容忽视。不同国家和地区对于个人数据权利的理解和保护水平存在差异，这导致在跨境数据流动中，个人数据权利的保护变得更加复杂。在全球化背景下，国际合作和协调变得尤为重要，以确保在不同司法管辖区中都能有效保护个人数据权利。

三、数据权利和数据权益的关系辨析

个人数据保护通常是由国家法律或者地区性法律所规范的，具有法律属性。个人数据保护可以被分为不同的保护等级和程度，具体取决于法律法规中对个人数据保护的具体规定。权益和权利的受保护程度存在一定差异。权益一般不是由法律事先明文规定的，往往是司法者在司法实践过程中遭遇新

---

[1] 许可：《从权利束迈向权利块：数据三权分置的反思与重构》，载《中国法律评论》2023年第2期。

型纠纷后，通过个案总结提炼出来的利益种类。[1]这就导致权益的内容、类型并不如通过法律规定之后公开公示的权利那样清晰、明确，[2]保护起来也相对宽松。因此，权益一般比权利更加广泛和模糊，保护起来相对宽松。于飞教授也指出，在权利与利益的区分上，"同时具备归属效能、排除效能和社会典型公开性的，为一种侵权法上的权利，反之则只能归于一种利益"。[3]而权利则通常与具体法律或者合同相关联，保护起来相对严格。北大王锡锌教授认为，个人数据保护不仅是权利，还应该从宪法人格尊严的角度来理解，将其上升到基本权利的高度。从《宪法》第38条"人格尊严不受侵犯"抽象凝练出了个人信息受保护权，并将其视为一项基本权利，需要得到高度保护。[4]个人数据保护本质上是建立在保护个人基本权利的基础之上的，防范个人尊严、自由和平等利益因信息处理而受到侵犯。[5]

在权益方面，数据中的知识产权，属于拥有者的权益范畴。个人数据保护涉及个人隐私权等方面的权益，而知识产权的运用则牵涉持有人的创造性、发明性等方面的权益。在权利方面，个人对于自己的个人数据享有控制权和决策权，个人有权决定是否分享个人数据以及如何运用这些数据，以及防止他人对自身隐私信息的非法访问。当然，也有学者提出，个人信息权益并非个人信息权或个人信息支配权，个人并没有个人信息的使用决定权，《个人信息保护法》也未建立非经同意不得使用个人数据的财产规则。[6]数据知识产权的持有者，拥有对其知识产权的掌控权和经济利益的决策权，可以合法地对外出售或授权他人使用。因此，个人数据法律性质的界定应充分兼顾个人数据保护与利用等法益的均衡发展，确保个人数据能够拥有广泛的内涵，具有更强的包容性，不仅涉及个人数据保护，还需要考虑个人数据流动给促进数字经济发展带来的经济效益、社会效益等公共利益。

---

[1] 王利明：《民法上的利益位阶及其考量》，载《法学家》2014年第1期。
[2] 李晓宇：《权利与利益区分视点下数据权益的类型化保护》，载《知识产权》2019年第3期。
[3] 于飞：《侵权法中权利与利益的区分方法》，载《法学研究》2011年第4期。
[4] 王锡锌、彭錞：《个人信息保护法律体系的宪法基础》，载《清华法学》2021年第3期。
[5] 刘权：《个人信息保护的权利化分歧及其化解》，载《中国法律评论》2022年第6期。
[6] 杨芳：《个人信息自决权理论及其检讨——兼论个人信息保护法之保护客体》，载《比较法研究》2015年第6期。

第二节　个人数据权利的价值重构

一旦明确数据权利束代表着多元权利的交织，是一个包容、非排他的权利体系，接下来就要面对如何科学配置个人数据权利的问题了。随着数据资源化和财产化的进程，个人数据的价值不断被挖掘和利用，倚重个人信息保护的方式对数据进行保护的传统做法已然无法满足个人数据财产保护的需要。在保护个人数据的同时，也应当认可数据经营者对用户个人数据进行一定程度开发利用的需求。

一、个人数据权利配置的底层逻辑

（一）立法目的与原则

立法目的与原则是指导个人数据权利科学配置的基石，它们应确保在追求数字经济发展的同时，不损害个人的基本权利和自由。这些目的与原则必须体现对个人隐私权的尊重，这是因为隐私权是个人尊严和自由的核心组成部分。立法时应有意识地平衡个人的隐私权和公共利益，确保在必要和比例的原则下进行数据的处理和保护。立法原则应当强调以人为本，确保个人对于其数据享有充分的控制权。这不仅涉及数据的收集、处理和传递，还应包括数据的访问、修改、删除和携带等方面。但目前我国立法针对个人数据财产属性保护的系统性法律规范暂付阙如，[1] 这主要表现在数据收集、加工与利用的过程中，用户与数据经营者之间的利益难以平衡。首先，用户应当有权决定是否允许数据提供商收集自己的个人数据，也应当有权充分了解数据经营者加工、利用数据的方式，并有权拒绝不合理的数据使用方式，有权要求经营者删除自己的个人数据。其次，个人数据集束是最重要的数据集束，是大数据时代的基本生产要素，只有在一定程度上加工利用用户的个人数据，才可以达到大数据分析对未来进行预测的目的，提高社会总福利。因此，数据经营者也应当获得适当的数据权利配置，维持必要的生产激励。这需要在

---

〔1〕　张新宝：《论作为新型财产权的数据财产权》，载《中国社会科学》2023 年第 4 期。

保护个体数据权益的同时，确立数据处理机构对数据的财产权益基准，[1]确立兼顾客户数据权益、数据从业者使用权益和公共利益的使用、流通、收益、保密等数据权利。[2]最后，数据经营者之间的关系，也需要通过数据权利的科学配置来调整，与传统意义上的资源不同，个人数据集束是一种非竞争、非排他性的资源，应当在为数据经营者配置数据权利的基础上，尽量提高个人数据的利用效率，最大化地创造社会财富。有学者以竞争准则理论提出了科学配置个人数据权利应当考虑的两组紧张关系：第一，数据经营者的生产激励与用户个人数据侵权风险之间的紧张关系；第二，数据经营者的生产激励与个人数据集束利用最大化之间的紧张关系。[3]理想的数据权属分配模式，要能妥善兼顾以上两组紧张关系。此外，数据保护立法还应当促进透明度和可问责性。数据处理者不仅需要为个人提供清晰、易懂的信息，还应该对其数据处理行为承担责任。这包括确立明确的责任主体、责任范围以及违反数据保护规定时的法律后果。在数据权利配置的过程中，立法还应该关注技术中立性和灵活性。随着技术的不断进步，数据保护法律和政策必须适应新的技术环境，防止法律落后于技术发展的情况发生。立法时应避免对具体技术的过度依赖，而是应当确立更具普遍适用性的原则和框架。

（二）权衡个人隐私与数据流通的利益

个人数据的内在结构存在一定张力。个人数据首先表征着人格价值，其中的人格权益由个人专属独享，更多意味着个人对其信息被侵害、被滥用的防御。同时，个人数据中的财产权益则多由数据生产者和个人共享，且基于社会利益的需要，数据生产者更应享有这一维度的控制权。[4]在数字化时代，个人数据不仅是隐私保护的对象，也是推动经济社会发展的重要资源。因此，

---

[1]　袁文全、程海玲：《企业数据财产权益规则研究》，载《社会科学》2021年第10期。

[2]　管洪博：《大数据时代企业数据权的构建》，载《社会科学战线》2019年第12期；李扬、李晓宇：《大数据时代企业数据权益的性质界定及其保护模式建构》，载《学海》2019年第4期；周学峰：《网络平台对用户生成数据的权益性质》，载《北京航空航天大学学报》2021年第4期。

[3]　黄镐：《大数据时代个人数据权属的配置规则》，载《法学杂志》2021年第1期。

[4]　彭诚信：《论个人信息的双重法律属性》，载《清华法学》2021年第6期。

立法和政策在制定时，必须仔细权衡保护个人隐私和促进数据流通的利益。一方面，保护个人隐私是维护个人尊严、自由和个人信息自决权的基础，防止个人信息被未经授权的使用、泄露或滥用而造成的伤害。这要求法律制定者确立严格的数据收集、处理和使用规则，赋予个人充分的知情权以及对个人数据进行控制和决策的能力。另一方面，数据流通在促进科技创新、提高行业效率，以及推动公共服务的改善等方面具有不可替代的作用。数据的流动性可以促进知识共享，加速医疗、教育、交通等公共领域的发展，为社会带来广泛的利益。因此，制定个人数据权利时，应当考虑到数据流通的社会价值，并在确保个人隐私安全的前提下，设计合理的数据共享和交换机制。

在个人数据权利的配置方面，无论是倚重个案规范和分散式立法途径的美国，还是采用统一立法模式的欧洲，其数据保护立法的基本内涵差异都并不大，均是采取了基于人格权保护的绝对化保护方式。这种单边保护框架，过于强调对个人数据权利束中人格权方面的保护，而忽视了作为财产权的个人数据权利，这是在大数据迅猛发展的过程中暴露出的一个极大的立法缺憾。以传统法律框架下人格权保护的视角来保护个人数据，未能顾及后来兴起的"数字经济"的新生产方式。早期的立法采用的视角往往是社会公共性的，而对数据经济健康发展所必需的数据经营者的经济地位、个人数据经济功能缺乏关注。这是数据经济兴起之前各国法律保守思维下立法的通病。这提醒我们，在个人数据权利配置时，不仅要保证用户个人数据安全，也要注重数据经营者的赋权与保护。虽然赋予用户对于数据的"所有权"看似可以有力地保护用户的个人数据，但这种"所有权"仅仅是名义上的，实际上用户不具备对个人数据加以开发利用的能力，甚至会阻却具有技术力量的企业对这一宝贵资源的利用，对社会福祉的产生起到一定的负面作用。有学者认为，近年来热议的所谓确认"数据所有权"的主张，一方面可以被解读为合理化分配数字经济的物质资源的要求，另一方面也可以被看作在社会文化角度对重视和巩固个人数据主体地位的呼吁。

因此，不宜比照传统的所有权理论来理解"数据所有权"，其实际上反映的是，社会对于数据的经济价值和个人"信息自决"认识的加深。[1]因此，在个人数据的财产价值日益突出的当下，真正应该探讨的不是用户是否应当享有其个人数据的"所有权"，而是如何科学配置数据之上的各种权益。[2]在考虑个人数据权利配置时，不可只关注初始数据权的配置，而应该包含多个财产配置环节。而且，应当围绕数据经济用户主体和从业主体双向动态结构平衡彼此的关系：用户在使用数据服务中产生原始数据，成为初始数据的使用授权人或交易提供者；数据经营者在初始数据交易中是数据的受让人，而在此后则属于资料库和数据产品的使用授权人。

二、个人数据人格化和财产化的双重价值

在个人数据权利的科学配置过程中，既要充分认识到个人数据的人格价值，确保数据主体对个人数据有足够的控制权，又要考虑到个人数据的财产价值，合理规范数据的经济使用。

（一）数据人格权与隐私保护的权利基础

个人数据的人格价值主要指的是个人数据与数据主体个人身份、尊严和隐私紧密相关，这些数据体现了数据主体的个性和人格特征，因而不应仅被视为一种可交易的商品。数据人格权意味着个人对其数据的自主控制权，包括决定数据是否被收集、使用、处理和传播的权利。这种权利的基础在于对个人隐私的尊重，隐私不仅是一个人与外界保持适当距离的权利，也是个人发展和自由表达的前提条件。隐私保护作为数据人格权的重要组成部分，其权利基础是多方面的。首先，它是基于个体尊严的考虑，尊重和保护个人的隐私是尊重其作为独立个体存在的价值和尊严的体现。同时，隐私权也是个人自由的具体体现，它包括了个人信息的自由处置、思想自由和免予干扰的自由等多个维度。在法律层面，隐私权是众多国家宪法和国际公约明确保障的基本人权，这为个人隐私保护提供了坚实的法律基础。

---

〔1〕　P. Hummel, M. Braun, & P. Dabrock, "Own Data? Ethical Reflections on Data Ownership", *Philosophy and Technology*, 2021, 34（3），545~572.

〔2〕　N. Purtova, "The Illusion of Personal Data as No One's Property", *Law, Innovation and Technology*, 2015, 7（1），83~111.

个人数据的财产价值则体现在个人数据在数字经济中具有的经济价值和交易潜力上。在数字化时代，数据被视为新型的资产和生产要素，可以通过分析和利用为数据主体或数据使用者创造经济利益。然而，即便个人数据具有财产价值，其处理和利用也应当建立在充分尊重数据人格权的基础之上。

数据初始权利配置就是为了构建数据流通利用秩序。[1]传统观点认为，数据权利存在于数据之上，数据权利的主体应当归属于数据主体，即数据服务的用户。但是，积累起来海量的用户数据，对于大数据企业的发展起到了至关重要的作用，是社会财富的重要原材料，将数据权利大幅偏向用户，可能会陷入单边保护的陷阱。前文已经论述了，数据权利是一种权利束，其中包含了人格性的个人数据和财产性的数据资产，用户作为初始数据的主体，体现出人格化和财产化的双重价值，应当赋予用户人格权和财产权的双重权利。有学者对此作出细化，即个体对数据的自主决定权益（知情、拒绝、更正、删除）、信息安全与人格权益[2]、财产权益等。数据人格权类似于隐私权，应当对敏感个人信息和一般个人信息进一步区分，在法律保护的严格程度上前者应严于后者。数据财产权则是一种类似于所有权的权利，用户可对其数据进行占有、使用、收益和处分。用户享有的数据财产权利，因数据的类型与来源不同而存在较大差异，并且受到法律和有效协议的限制。用户所具有的数据财产权与传统意义上的所有权相比并没有所有权的绝对性，个人数据主体可以授权数据处理者对数据加以利用。在相关协议有效的前提下，用户和数据经营者在个人数据上的财产权并不互相排斥。

（二）数据的财产价值与商业利用的法律考量

随着数字经济的迅猛发展，个人数据的财产价值成了企业获取竞争优势、创造经济价值的重要资源。基于数据的价值需要在流通和利用中实现的基本原理，国家政策对数据的流通利用也持鼓励态度，甚至提出了"数据产权"

---

〔1〕 高富平：《数据生产理论——数据资源权利配置的基础》，载《交大法学》2019年第4期。

〔2〕 程啸：《论大数据时代的个人数据权利》，载《中国社会科学》2018年第3期；田广兰：《大数据时代的数据主体权利及其未决问题——以〈欧盟一般数据保护条例〉为分析对象》，载《中国人民大学学报》2020年第6期。

的概念为数据的流通利用提供保障。[1]然而，将个人数据财产化并进行商业利用时，必须遵守相应的法律规定，以确保个人隐私不被侵犯，个人权利得到尊重。首先，法律必须确保数据收集和使用的合法性、合理性和透明度。这意味着任何收集个人数据的行动都应当基于数据主体的明确同意，或其他合法的基础。企业应向数据主体提供清晰的信息，如何、为何目的以及以何种方式处理他们的数据，并确保数据处理的目的具体而明确。其次，在使用个人数据进行商业化处理时，必须考虑到数据主体的利益和隐私权。这要求企业在数据的收集、存储、分析和分享过程中采取适当的技术和管理措施，以防止数据泄露、滥用或其他形式的不当使用。同时，数据主体应有权要求访问、更正、删除或限制处理其个人数据，以及在某些情况下反对数据处理。再次，应充分考虑跨境数据传输的法律问题。在全球化的商业环境中，当数据成为各国竞相追逐的重要资源时，各国立法开始借助保护国家安全、个人隐私、公共秩序等名义对数据跨境流动作出规制。[2]这就要求国际协调立法，确保数据在跨境流动时仍能得到与数据来源国同等级别的保护。这同时也涉及国际数据传输协议及遵守相关国家和地区的数据保护法规。最后，科学配置个人数据权利时，应该充分平衡个人权益与商业利益。对于数据生产、流通和使用过程中的各个参与方，需要根据数据来源和数据生成特征，保障不同权利主体的合法权益，促进数据的合规流通和有效利用，从而实现数据的贡献最大化、利益最大化和风险最小化。商业实体在追求经济利益的同时，不得损害数据主体的法定权利和利益。法律应提供必要的监管机制，以监督企业如何处理个人数据，并为数据主体提供救济途径，以应对可能发生的权益侵害。

三、个人数据的价值再创造

个人数据的价值再创造，不仅仅是维护个体的隐私权益，更涉及数据转化为经济价值的直接过程。数据产权本质上是调整主体与主体之间关于数据

---

〔1〕　参见《中共中央、国务院关于构建数据基础制度 更好发挥数据要素作用的意见》。

〔2〕　张倩雯：《数据跨境流动之国际投资协定例外条款的规制》，载《法学》2021年第5期。

使用的利益关系的制度。[1]数据的财产价值不在于其所有，而在于对其加以利用。数据经营者将财产价值不明显的用户个人数据收集、分析、处理以后，得到了极具经济价值的数据资产。这种数据资产的价值，并非用户个人数据的机械堆砌，而是企业在高度技术化的加工处理之后的"再创造"。因此，企业也拥有了"数据生产者"的新身份。[2]如果数据经营者在经营中获取的数据利益的基础仅仅是来自用户授权合同的债权，那么数据运营者可以得到的法律保护是相对性的、微弱的保护，为了保障数据经营者的合法权益，并为数据产业的发展提供适当的刺激，应当为数据运营者构建绝对的财产权。有学者担心，数据至上的绝对权会因排他效力阻碍他人平行开发，甚至引发效率上的"反公地悲剧"。[3]但事实上，数据的绝对权虽能排除他人对权利客体的干涉，却无法排除他人以合理方式取得同类客体的权利。[4]理论上，赋予数据经营者的财产权利可以被分为数据经营权和数据资产权。数据经营权确认了数据经营者对数据进行收集、分析、加工等经营的权利。《中共中央、国务院关于构建数据基础制度更好发挥数据要素作用的意见》建立了数据资源持有权、数据加工使用权、数据产品经营权等分置的产权运行机制，其"被概括为淡化所有权、强调使用权，聚焦数据使用权流通的'三权分置'的数据产权制度框架"。[5]国家基于数据经营特殊性的考虑，为数据经营者赋予数据产品经营权，以避免过度竞争，保障数据安全。

当数据经营者对于其数据的"再创造"达到一定的价值创造程度之后，该数据产品随即脱离原始用户的个人数据获得了一种独立性，而在其上的财产权为数据资产权，应由数据运营者获得。数据经营者具备的数据资产权这种类似于物权的绝对化权利，具备了对自己数据产品占有、使用、生产加工、收益和处分的专属支配权能，但这几项权能应当不超过用户对数据经营者授权的范围；除专有支配方面的权能，数据资产权还具有排他性的权能。正是

---

〔1〕 于施洋、王建冬、黄倩倩：《论数据要素市场》，人民出版社 2023 年版。

〔2〕 姚佳：《企业数据的利用准则》，载《清华法学》2019 年第 3 期。

〔3〕 唐要家：《数据产权的经济分析》，载《社会科学辑刊》2021 年第 1 期。

〔4〕 沈健州：《数据财产的权利架构与规则展开》，载《中国法学》2022 年第 4 期。

〔5〕 高富平：《数据持有者的权利配置——数据产权结构性分置的法律实现》，载《比较法研究》2023 年第 3 期。

因为这种排他性的效力，使得企业的数据财产权得以区别于一般的数据合同权利，以对抗第三人的侵入、盗窃以及非经授权使用。[1]数据资产权是对数据经营者经营利益的绝对化赋权，此赋权立足于劳动正当理论，是保障和鼓励数据产业发展的最有力手段。有观点认为，企业享有这种数据资产权之后，为了实现收益的最大化，极有可能充分发挥这一权属的垄断性进行经营，最终会使得本来非排他性的数据资源得不到最大化利用，有损于社会总体福利的创造。因此，应当设立数据经营者对用户个人数据的独占使用期限，在独占使用权有效期届满后，个人数据的使用权进入公共领域。如此，在数据产权的设计中，适当引入工业产权的规则，鼓励数据流动、数据公共使用与数据再创造，是实现数据资源最大化利用的必然选择。[2]

第三节　个人数据权利保护的立法实践与困境

在我国，随着个人数据的爆炸式增长与数据应用的深入发展，立法保障个人数据权利显得尤为迫切。我国在此领域的立法实践旨在平衡促进数据资源流通利用与保护个人信息安全之间的关系，构建起一个既能够支撑数字经济快速发展又能确保公民个人信息权益的法律体系。然而，在具体实践过程中，我国的个人数据权利立法保障面临着诸多难题。这些问题不仅涉及法律文本的制定，更是触及了法律实施的有效性和法规更新的时效性。

一、个人数据权利保护的二元格局

近年来，我国政府不断加强个人数据权利方面的立法保障和实践，以确保公民的个人数据不被滥用、泄露或者被恶意利用。

在国家层面，《数据安全法》《民法典》《网络安全法》《个人信息保护法》从不同定位、不同控制模式，共同组成我国数据安全领域的基础性法律。《数据安全法》是我国专门针对数据安全和数据保护领域制定的一部法律，以规

---

[1]　龙卫球：《再论企业数据保护的财产权化路径》，载《东方法学》2018 年第 3 期。
[2]　龙卫球：《数据新型财产权构建及其体系研究》，载《政法论坛》2017 年第 4 期。

范数据处理活动，保障数据安全，促进数据的开发和利用，保护个人和组织的合法权益，维护国家主权、安全和发展利益为目的。《民法典》明确提到人格权，以人格权、财产权二分出发，将个人数据所附着权益定性为人格权益或财产权益[1]，其中一个重要原因是避免个人数据带来的绝对保护要求，可能会影响相关工作的开展。另外，将数据作为一种受法律保护的客体交予其他法律来进行规制，这意味着在《民法典》之外需要建立一个数据保护的完整法律体系。《网络安全法》要求网络运营者采取技术措施和其他必要措施，保障网络安全，防范网络攻击和网络犯罪，防止网络信息被泄露、损毁或者丢失。它将数据安全界定为数据的完整性、保密性和可用性。因此，数据安全和网络安全必然紧密联系在一起。然而，网络安全和数据安全在内涵、目标、实施机制等方面存在一些差异。《数据安全法》就内容而言，是数据安全领域最高的法律，它的内容超过了《网络安全法》中有关数据安全的一些规定。《个人信息保护法》强调个人数据的收集、使用、传输必须遵循合法、正当、必要的原则，确保数据处理活动透明、公正，并且赋予个人更多的控制权。例如，在电子商务交易中，消费者的个人信息受到了更严格的保护，商家需要明确告知用户数据的使用目的，并且取得明确的同意。其核心是以知情同意为基础的个人控制模式，对数据主体进行赋权，强调的是个人数据的保护和合理利用。数据安全则是以风险为基础，这一社会控制模式强调的是安全保护，核心是对数据进行分类分级，并且在这个基础之上建立数据安全认证、风险评估、监测预警、应急处置等一系列安全制度。同时，《互联网信息服务算法推荐管理规定》《互联网信息服务深度合成管理规定》《网络安全审查办法》《数据出境安全评估办法》《数据出境安全评估申报指南》等多部规范性文件进一步细化了个人数据权利的规定，开启了数据立法立规的新篇章。

在地方层面，我国各省市区在数据立法方面展现出差异化发展的态势。这种差异化不仅体现在立法的内容与重点上，也体现在法律实践与创新的路径选择上。地方性数据立法的推进，一方面是中央法律政策在地方层面的延

---

[1] 丁晓东：《什么是数据权利？——从欧洲〈一般数据保护条例〉看数据隐私的保护》，载《华东政法大学学报》2018年第4期；季卫东：《数据保护权的多维视角》，载《政治与法律》2021年第10期。

伸与落实，另一方面也是地方政府在数据治理领域的探索与实践，这种地方立法机制在一定程度上弥补了中央立法在地区性特殊性处理上的不足。以《数据安全法》为例，该法指出各地区应当确定本地区以及相关行业、领域的重要数据具体目录，对列入目录的数据进行重点保护，对地方提出了贯彻细化的立法要求。[1]另外，我国鼓励地方立法发挥自主性，可以就数据立法中的一些法条进行试点，如果实行有效则可总结经验在全国推广。如《浙江省数字经济促进条例》作为我国第一部以促进数字经济发展为主题的地方性法规，就为我国在相关领域的立法工作提供了不少启发。不仅对数字经济作了明确界定，还特别强调了数字技术在促进社会治理和提升公共服务中的作用。这种立法实践不仅提升了地方立法的前瞻性与适应性，还促进了地方政府在数据治理领域的自主创新。自《数据安全法》颁布以来，山东、上海、深圳等省市相继出台了本地区的有关数据领域的地方条例，如《山东省大数据发展促进条例》《上海市数据条例》《深圳经济特区数据条例》，它们不仅从保护数据安全和促进数据资源流通两个层面对数据治理进行了规范，还在数据开放、数据交易等方面设立了一系列创新机制，以适应数字化转型的需要。这些条例在总结地方实践的同时，也为未来的国家层面数据立法提供了宝贵经验。然而，在地方层面的数据立法实践中，也确实存在不少困境和挑战。例如，地方条例与中央法律之间如何有效衔接的问题，地方条例如何适应快速变化的数据应用场景，以及地方条例如何处理好数据开放与个人隐私保护的平衡等。此外，还有如何避免地方保护主义对数据流通造成阻碍，以及如何加强对数据处理行为进行监管的具体操作问题。在具体法律文本的制定上，地方立法在条文表述上有时也显得不够清晰和精确，这对于确保法律的可操作性和可执行性造成了一定影响。

二、个人数据权利保护的立法难题

(一) 个人数据产权难以清晰界定

个人数据不同于传统的物品或财产，其本身蕴含着巨大的商业价值。我

---

〔1〕 白牧蓉、李其贺：《地方数据立法的现状与进路》，载《人大研究》2022 年第 4 期。

国数据产权立法相对于数据产业的发展而言长期滞后。根据经典的法律经济学说，纠正市场失灵正是授予所有权的一项重要理由；如果引入一项新的所有权能解决现有的市场失灵问题，则授予所有权就有更强的正当性。[1]基于此观点，数据权利存在于数据之上，数据权利的主体应当归属于数据主体，即数据服务的用户。但是，积累起来海量的用户数据，对于大数据企业的发展起到了至关重要的作用，是社会财富的重要原材料，将数据权利大幅偏向用户，可能会陷入单边保护的陷阱。但若基于劳动赋权论，即马克思所强调的："正像自己的劳动实际上是对自然产品的实际占有过程一样，自己的劳动同样也表现为法律上的有权证书。"[2]此时，数据生产者获得了拥有数据所有权的正当性。因此，对于数据这一新兴的生产要素，在立法上需要归为另一种财产类型，与目前中国法律所承认的无形财产区别开来。这一新财富权益的建立，将重新定位价值顺序，将权益的出发点从物变为人，并让数据的主体（即生产数据的本人）享有最优先的权益。还有一种观点认为，所谓的物尽其用的道路。产权应当分配给对其更高价值的一方，应当被赋予那些最善于利用它们的人。[3]若对同一权利客体增加一种利用方式，便会产生一种新的权益，其既可以归属于原本的权利人，也可归属于第三人，至于如何判断权利归属，就取决于何种归属可以最大程度地发挥物的效用，促进经济效率。将数据产权划分给收集数据的企业，才能最大限度地提高数据利用效率，应赋予数据控制者对数据的绝对所有权。如果数据的主体和数据的控制者分享了数据权，则会因产权不明晰而导致法律关系混乱等一系列问题。况且，基于企业为采集和管理数据而投入巨大成本，其合法权利也应当得到法律的认可，以激励其更好地收集、使用数据，有效地发挥数据的规模经济和范围经济。不清晰的数据产权界定，将直接导致掌握大量平台用户数据实际控制权的各类互联网企业野蛮生长。凭借企业巨大的数据流量资源，中国网络企业的信息垄断现象愈演愈烈，从而引发的所谓"大数据杀熟"、威胁式收购或恶

---

[1] Thouvenin, Weber & Früh, *Data Ownership: Taking Stock and Mapping the Issues*, 2017, p.114.

[2]《马克思恩格斯全集》（第31卷），人民出版社1998年版，第349页。

[3]［美］理查德·A.波斯纳:《法律的经济分析》，蒋兆康译，中国大百科全书出版社1997年版，第61页。

性竞争的现象也层出不穷。网络不同企业间建立了数据高墙，严重限制了数据要素大渠道的形成。部分网络企业基于商业秘密和消费者保护的考量，限制数据流出，在一定程度上造成了政策方面的数据对接与管理障碍。

（二）个人数据市场交易缺乏有效规制

数据资源已成为重要的战略资源和生产要素，数据信息具有天然的流通需求。[1]随着个人数据的商业价值不断攀升，越来越多的企业开始收集和使用个人数据，并通过交易获得收益。然而，个人数据交易和流通的法律规则不够完善，缺少明确的法律界定、权益归属以及交易过程中的合法性审核机制。当前关于数据市场的探索，也是将数据产品与数据本身加以区别，只针对数据处理者研发的数据产品的定价、交易等市场机制进行探索。[2]虽然《个人信息保护法》《数据安全法》等法律对个人信息的收集、存储、使用等环节设定了一定的规范，但是在数据交易层面，尚缺乏专门且细化的法律条款来规范市场行为，尤其是在数据交易中介机构的资质认证、交易行为的透明度、数据交易后的责任追究等方面的法律规制是不足的。由于缺乏有效的市场规制和监督机制，数据的买卖过程往往缺少必要的透明度和可追溯性，给数据的安全带来极大风险。市场主体在数据交易中往往过于追求经济利益，忽视了对个人数据权利的尊重和保护。此外，数据交易的复杂性和跨境性使得监管难度加大，相关的法律法规跟不上技术的发展和市场的需求，难以对数据买卖中可能出现的新型违法行为进行有效的法律制裁和道德约束。实践中，这些问题已经引发了一系列社会问题和法律纠纷。数据交易市场的不透明和监管的缺失，不仅使得个人信息容易被滥用和泄露，也为不法分子提供了可乘之机，增加了数据安全事故的发生概率。如Uber数据泄露事件，就是个人数据交易缺乏有效规制的一个缩影。这类事件不仅损害了个人的隐私权和其他相关权益，也对企业的品牌信誉和市场秩序造成了破坏。

---

〔1〕 高富平：《数据生产理论——数据资源权利配置的基础》，载《交大法学》2019年第4期。
〔2〕 黄倩倩等：《超大规模数据要素市场体系下数据价格生成机制研究》，载《电子政务》2022年第2期；蔡莉等：《数据定价研究综述》，载《计算机科学与探索》2021年第9期。

（三）用户自主权的削弱：知情权与选择权的空洞化

我国个人数据保护制度虽然已有一定的法律框架，但在具体实施和操作层面上仍然存在明显缺陷。诸如个人隐私保护的界定不够明确，立法与技术发展的不同步，以及监管实施的力度和效率不足等问题都削弱了法律法规的实际效力。首先，个人数据的私密性、多样性和价值性提出了更高的法律要求。在数据收集过程中，法律规定的"告知-同意"程序很容易形式化，用户在实际操作中往往处于信息不对称的弱势地位，无法完全理解自己数据被收集、使用的后果，因此"胁迫同意"的现象普遍存在。这种状况在各种在线和离线的应用场景中都很常见，用户的知情权和选择权被架空，个人数据的去向和使用目的缺乏足够的透明度。其次，随着互联网技术的飞速发展，个人数据跨境传输变得日益频繁，这就需要国际之间有共同的法律规则和协调机制，但目前相关的专门性立法不足，有效的国际规则缺失，使得个人数据在全球范围内的保护面临巨大挑战。跨境数据流动的安全性、合法性和监管的可行性问题尚未得到充分解决。再次，在大数据和算法驱动的商业模式下，网络平台对用户进行的"个性化推荐或营销"活动，背后依赖的是对用户个人数据的深度挖掘和分析。这种精准画像可能带来侵犯个人隐私权和自主权的风险。尽管这种商业实践可以提升用户体验，但在缺乏有效监管的情况下，数据经营者可能过度收集、滥用甚至未经授权使用个人数据，这超出了用户的预期和同意范围，引发了社会的广泛关注和争议。最后，数据利益的驱动使得一些企业在用户不知情的情况下，对其个人数据进行整合、归纳和分析，以达到用户精准画像的效果，[1]而这种做法是否侵犯了个人权益，在当前法律环境下尚无明确的界定。用户对于自己的数据被用于何种程度的商业利用缺乏必要的知情权和控制权，数据保护法律的漏洞使得个人难以对自己的数据进行有效的自主管理。

---

〔1〕 丁晓东：《用户画像、个性化推荐与个人信息保护》，载《环球法律评论》2019年第5期。

第四节　个人数据权利保护的立法规范进路

一、对数据产权进行类别化规制

（一）明确数据产权的界定与分类

数据产权的概念源于个人数据的价值认识和对数字资源控制的需求。在当前这个信息社会，数据作为新型生产要素，数据资源的要素化配置和自由流转对经济增长具有倍增效应。[1]为了合理保护和利用这些资源，有必要明确数据产权的界定与分类，从而为立法保障提供理论基础。数据产权的界定应立足于个人数据的双重属性：一方面，个人数据蕴含着隐私权的内涵，与个人的基本权利密切相关；另一方面，个人数据一旦被合理处理，便具有潜在的经济价值，可能在市场上产生交易。因此，在构建数据产权时，必须权衡个人隐私保护与数据的经济开发利用之间的关系。

数据财产权利体系的构建，离不开数据的类型化。[2]针对不同性质和敏感度的个人数据，数据产权的分类应体现出层次性和差异性。具体而言，可以将个人数据产权细分为以下几种类型：一是核心数据产权，涉及个人最为敏感和隐私的信息，如生物特征、医疗健康数据等。这类数据直接关系到个人的基本权益，因此必须给予最严格的保护。在这个层面上，个人应拥有最高程度的控制权，任何处理和使用都应基于个人的明确和自愿同意。二是基础数据产权，涵盖个人基本信息，如姓名、出生日期、联系方式等。这类数据虽然不如核心数据敏感，但也需要适度保护，确保不被滥用。三是衍生数据产权，涉及个人基础数据经过加工处理后形成的数据，如个人的购物偏好、网页浏览历史等。对于衍生数据，其保护程度和个人的控制权可能依据其对隐私的影响以及商业价值的大小进行相应调整。

通过这样的分类，立法者可以为不同类别的数据制定差别化的法规保护

---

〔1〕［英］维克托·迈尔-舍恩伯格、肯尼思·库克耶：《大数据时代：生活、工作与思维的大变革》，盛杨燕、周涛译，浙江人民出版社 2013 年版，第 V 页。

〔2〕王轶：《民法典编纂争议问题的类型区分》，载《社会科学文摘》2020 年第 8 期。

措施，从而确保个人数据的合理使用和个人隐私的有效保护。对于核心数据产权，法律应限定其处理的条件和范围，强调个人同意的必要性；对于基础数据产权和衍生数据产权，则可以通过制定明确的处理和使用规则，以及对使用权限的限制来实现保护。在制定相关立法时，还需考虑到数据的动态性和随技术进步可能发生的变化，确保数据产权的界定与分类具备适应性和时效性。总之，科学合理的数据产权界定与分类，不仅是制定有效数据保护法规的基础，也是保障个人在信息时代能够充分行使自决权的前提。

（二）明晰不同数据类别的权利界限

对数据产权进行类别化规制，具体措施应当依据数据的不同类别，建立相应的法律规范和实施细则。这需要从立法层面明确不同数据类别对应的权利界限和保护标准，制定具体的处理规则和使用政策。

对于核心数据产权的保护，需要设立严格的数据获取门槛，除了需要数据主体的显示同意，还应确保同意过程具备充分的知情性，即数据主体对于其数据被获取、使用的目的、范围和可能的风险有着清晰的认识；严格限制核心数据的使用范围，不仅要求数据在必要和明确的目的下使用，还应明确界定"必要性"和"明确目的"的具体标准，任何超出初衷的数据使用都应重新征得数据主体的同意，鼓励实施最小化使用原则，即只处理实现既定目的所需的最少数据；实施高标准的安全保护措施，包括采用加密技术保护数据在存储和传输过程中的安全，实施严格的访问控制策略，确保只有授权的用户才能访问相关数据；建立健全数据侵权责任追究制度，任何非法获取、使用或泄露核心数据的行为都应当依法承担相应的法律责任。

对于基础数据产权的保护，商业数据承载着大量的用户个人信息权益。企业在开发自身商业数据经济价值时，不能以侵犯用户人格权益为代价。[1]数据处理者应当保证所收集和存储的个人数据的准确性，对错误或过时的信息承担更正责任。数据主体的更正和删除权利，不仅包括对错误信息的更正，还包括在数据不再必要或数据处理超出预先同意的范围时，提供数据删除的选项，要求在数据生命周期管理中设置明确的规则，如设定数据保留期限，

---

[1] 冯晓青：《知识产权视野下商业数据保护研究》，载《社会科学文摘》2023 年第 2 期。

并在期限届满后自动删除数据，或者在数据主体撤回同意时清除相关数据。同时，规范数据的收集和使用过程，数据处理者在收集数据前应充分披露其收集、使用和共享个人数据的目的、方式和范围，通过制定详细的隐私政策和用户协议来实现，确保数据主体在提供个人信息前能够充分理解其数据可能被用于何种用途。

对于衍生数据产权，需要引入数据匿名化和去标识化技术，有效地将个人数据转化为不含个人身份特征的信息，从而在保护个人隐私的同时，使数据得以在研究、统计和商业分析中使用；建立数据使用报告制度，以增强数据主体对于个人数据使用情况的知情权，包含数据被收集的目的、使用方式、使用范围以及数据被共享给第三方的情况；考虑建立数据跟踪技术，如区块链等分布式账本技术，用以记录数据的每一次访问和使用；完善数据主体的知情同意机制，使之更加精细化和动态化。例如，数据主体可以针对不同的数据使用场景作出选择，决定是否同意数据的使用，有权定期复查并调整自己的选择。

二、构建开放和公正的数据交易市场

数据交易市场的法律架构设计，首先需要确立数据交易的基本原则和规范。这包括数据所有权的归属、交易双方的权利和义务、数据的分类与分级管理，以及数据交易的透明度和公平性。在这样的原则指导下，法律架构应当包括以下几个关键要素：第一，数据主权及归属认定。明确个人数据的所有权归属，保障数据主体对其个人数据具有基本控制权。立法应界定个人数据的产权归属，确保数据主体在数据市场中的权利能够得到认可和保护。第二，数据交易许可体系。建立一套数据交易许可的制度，规定哪些数据可以交易、如何交易。比如，敏感数据的交易可能需要更严格的审查和更高的交易条件，而非敏感数据的交易则可适用更为宽松的规则。第三，交易双方的责任与义务。制定交易双方的责任与义务规定，包括数据提供者必须保证数据的真实性、合法性，数据买家应当遵守数据使用范围、目的等，并对数据的进一步使用负责。第四，数据隐私保护和安全保障：在数据交易中，保护个人隐私是关键。应当建立数据源头收集的许可制度，构建以数据生命周期为核心的制度。[1]同时，法律架构设计中应包含强制性的隐私保护措施，如数据处理前的匿名化处理，提升数据在传输和存储过程中的安全性。第五，违约和纠纷解决机制：建立明确的违约责任规定和纠纷解决机制，来处理数据交易中可能出现的违规行为和纠纷，保护交易各方的合法权益。通过以上法律架构的设计，可以实现一个规范有序、公平透明、安全可靠的数据交易市场，既保护了个人信息的安全和个人隐私，又推动了数据资源的流通和经济价值的实现。这将有助于在尊重数字主权的前提下，实现个人数据权利的有效运作和数据市场的健康发展。

三、完善不同场景下数据权利的保护措施

在数字化时代，个人数据的收集和使用渗透于生活的各个领域，其中一些特定场景由于其数据敏感性或使用方式的特殊性，需要具体、详尽的数据权利保护措施。借鉴域外立法经验，如美国国会颁布了一系列数据保护联邦立法，在电信、金融、健康和教育等领域，包括一些特殊群体，[2]都有专门的数据保护立法，如《金融现代化法》《电子通信隐私法》和《计算机欺诈和滥用法》《儿童在线隐私保护法》等，针对特定场景中的个人数据权利保护。例如，在医疗保健领域中，患者的健康数据是极其敏感的个人信息，其既涉及患者的隐私权保护，又涉及我国的国家安全和数据主权利益。随着数字化技术与医疗行业的不断融合，其处于保护理念滞后、数据监督机制不健全、法律规范不足的困境。[3]立法层面应当明确规定健康数据的使用目的，确保这些信息仅被用于提升医疗服务的质量与效率。这需要制定具体的法律条款，明确禁止将健康数据用于任何未经授权的商业营利、数据挖掘或其他非医疗相关的活动。同时，应当有严格的惩罚措施针对非法获取、使用或泄露患者数据的个人或机构。在技术保护措施上，医疗数据应通过多层级安全

---

〔1〕 范江波：《以个人数据权益保护为核心的大数据权益保护研究》，载《信息安全研究》2021年第12期。

〔2〕 张涛：《个人信息保护的整体性治理：立法、行政与司法的协同》，载《电子政务》2023年第6期。

〔3〕 刘军平、黄泽雨：《医疗数据安全之困境及其破解路径》，载《医学与法学》2023年第5期。

措施进行保护。数据访问权限应该根据工作需要进行严格的限制，确保只有直接参与患者治疗或护理的医务人员才能访问相关健康信息。应当实施严格的身份验证和授权机制，确保授权访问是在明确的职责和需要的基础上进行的，并且每次访问都有明确的记录，以供日后审计。所有的健康数据在存储和传输过程中都应该使用强加密标准，以防止数据在传输过程中被截取或篡改。对于医疗数据的保护还应该包括建立一整套的数据生命周期管理策略，从数据的创建、存储、使用、共享、归档到销毁的每一阶段都必须有明确的规范和流程。

在金融服务领域，金融数据作为关键资源，数据安全问题尤为突出。数据泄露、数据篡改、数据丢失等安全事件频繁发生，金融业数据安全面临着巨大的风险和挑战。[1]立法机构应当制定明确的法律规定，要求金融机构对消费者的交易数据和财务状况实施最高等级的保护。这应包括强制性要求金融机构实施全面的数据安全策略，如高级别的端到端加密措施，确保数据在传输和存储过程中的安全性。用户在进行金融交易或访问敏感信息时，需要提供两种或以上的验证方式，这可能包括密码、生物识别信息或手机短信确认等。除了技术措施，金融机构还应定期进行安全审计，检查和更新他们的安全措施，确保与最新的威胁和漏洞保持同步。这些审计应由第三方独立机构进行，以保证审计的公正性和透明度。在确保数据安全的同时，相关政策还应平衡消费者的便利性和隐私权。金融机构在运用新技术提供服务的同时，应当确保这些技术不会在无意中增加用户数据被不当使用的风险。

社交媒体是个人信息自愿分享和被动收集交织的典型场景。用户在社交媒体上的活动、兴趣和社交网络图谱等数据是吸引广告商的主要资源。立法应要求社交媒体平台提供完全透明的数据收集政策，包括清晰地解释哪些数据被收集、收集目的、数据如何使用以及数据存储的时长和方式。用户应被赋予对自己数据的控制权，能够通过简单、直观的界面来访问、修改、删除或导出他们的数据。用户还可以通过偏好设置来详细管理他们的信息共享程

---

〔1〕　乔梦梦、李彦彪、王嘉源：《数字化转型背景下金融数据安全面临的风险及对策建议》，载《金融科技时代》2023 年第 12 期。

度，例如设定数据是否可被第三方使用、是否同意基于其行为进行的广告定向等。立法应确保社交媒体平台为用户提供足够的工具来执行这些控制，比如定期提醒用户检查和更新他们的隐私设置，以及提供容易理解的指导和教育资源，帮助用户识别可能对自己隐私构成威胁的信息共享模式。社交媒体平台应该被要求实施数据最小化原则，即仅收集为提供服务所必需的数据。平台需要对用户数据进行有效保护，以防止数据泄露和滥用。对此，立法应规定平台采取相应的技术和管理措施，如数据加密和访问控制等。对于用户数据的任何使用，社交媒体公司都应该明确其责任。一旦违反了用户的数据处理协议，便应承担相应的法律后果。

结　语

随着数字技术的发展，未来将会更加强调个体的自主控制能力和数据的跨境流动性。数据作为经济发展的重要战略资源，全球数据流动性对其价值的实现产生着显著影响。[1]个人数据是一项重要的资产，若仅仅考虑数据的经济属性，很容易导致数据权利畸形市场化，难以兼顾分配公平、人格尊严保障等价值。[2]因此，需明确数据权利的归属范围，规范各方行为。相形之下，若过多偏向于设置严格的保护标准，或者强化个人信息利用和淡化信息处理者的义务，将导致数据治理成本高昂，影响数据的利用效率。[3]实际上，这两者都不是正确的选择。就立法而言，《数据安全法》《民法典》《网络安全法》《个人信息保护法》等的陆续出台为个人数据权利的保护提供了法律依据，地方也陆续通过立法的形式对个人数据加以保护，如《数据条例》《数据资源共享开放条例》《大数据发展条例》《大数据安全管理条例》《大数据开发应用条例》等。虽然相应的立法逐步跟进个人数据权利的保护，但随着数字化的发展，对于个人数据权利的立法保护仍旧面临诸多新问题，如算法透

---

〔1〕　梅傲、张涵鑫：《从 SCCs 到 IDTA：欧洲个人数据跨境传输规则调整及中国应对》，载《中国行政管理》2023 年第 2 期。

〔2〕　申卫星、李夏旭：《个人数据所有权的赋权逻辑与制度展开》，载《法学评论》2023 年第 5 期。

〔3〕　彭诚信：《论个人信息的双重法律属性》，载《清华法学》2021 年第 6 期；张新宝：《论作为新型财产权的数据财产权》，载《中国社会科学》2023 年第 4 期。

明性、自动化决策对个人权利的影响，以及人工智能生成数据的归属问题等，需要更加细化的法律规定和伦理指导原则，以确保算法决策的公正性、透明度和可追溯性。习近平总书记强调："中国愿同世界各国一道，把握信息革命历史机遇，培育创新发展新动能，开创数字合作新局面，打造网络安全新格局，构建网络空间命运共同体，携手创造人类更加美好的未来。"[1]个人数据权利的国际合作和立法也将成为重点，特别是在处理跨境数据流动时，需要协调不同国家和地区的法律规定，以保护个人数据不受滥用且能够在全球范围内自由而安全地流动。

---

〔1〕《习近平向世界互联网大会·互联网发展论坛致贺信》，载《人民日报》2020 年 11 月 24 日。

第六章

个人信息保护与利用

当下已经步入信息时代，信息技术的高速发展为公众的日常生活带来了诸多便利。然而，随之而来的是人们对个人信息保护越来越高的关注。尤其是在 2021 年 8 月《个人信息保护法》颁布前后，民法和公法方面的专家们发表了大量的学术论文，着重探讨个人信息的法律属性，强调个人信息保护的重要性，或者研究保护模式的构建等。这些举措有助于强化对个人信息保护规则的理解，并初步建立了保护框架。总体而言，过分侧重信息的利用可能导致信息的滥用，而过于关注信息保护则可能阻碍信息的正常流通，这反过来又会妨碍信息保护的实施。研究个人信息风险的演变以及建立适应公共数据融合的个人信息保护机制，已经成为数字治理研究重要且紧迫的任务。[1]如何在个人信息的保护和利用之间找到平衡，将是未来个人信息监管工作的重要目标。

第一节　个人信息的认定标准

个人数据在不同的场合有不同的称呼，无论是域外还是我国，在绝大多数情况下，个人数据的内涵与个人信息具有一致性，只是二者发挥作用的场域稍有不同。因此，关于个人数据相关概念的表述和问题的研究，基本可以用个人信息来替代，故有必要详细梳理《个人信息保护法》关于该问题的定义。

---

　　〔1〕　余立、张橦、黄莘:《面向公共数据融合的个人信息风险演化与保护机制》，载《现代情报》2023 年第 2 期。

一、个人信息核心要素解析

《个人信息保护法》作为个人信息保护领域的核心法律，为个人信息保护提供了基本的指导原则。因此，该法对个人信息的定义起到了关键性的作用。从法律条文的字面含义来看，这部法律超越了公法和私法的界限，并实质上属于专门领域的立法。[1]该法第 4 条第 1 款明确规定，个人信息指的是以电子或其他形式记录的与已识别或可识别的自然人有关的各种信息，不包括匿名化处理的信息。《民法典》也有类似的规定，[2]通过对这些法律条文中关键词的解读，可以发现个人信息包含以下核心要素：

第一，个人信息的主体是自然人。其重点保护自然人的信息，并明确规定了适用范围。除了自然人的信息外，法人的信息也十分重要，包括法人名称、组织结构、营业数据、出资构成、技术发明等。这些信息涉及多个类别，涉及不同的法益，受到不同法律部门的保护，如《公司法》《商标法》《专利法》等。尽管上述法律的部分条款直接保护法人信息，但《个人信息保护法》仍然重点限定于保护自然人的信息。原因在于当前个人信息泄露可能直接危害自然人的生命健康、财产安全等各个方面的利益，在社会公众和监管者中引起高度关注。在某些电信诈骗案件中，犯罪嫌疑人通过非法手段获取重要的个人信息，精确定位并实施诈骗活动。这不仅导致受害人财产损失，还可能因为自责和压力过大等引发悲剧事件，如"山东临沂徐玉玉案"和"甘肃天水范银贵"案。

第二，个人信息是可识别自然人的相关信息。这是判断个人信息与其他相关概念的核心要素，也符合当前实际情况下对个人信息的内涵范围的理解。在《个人信息保护法》制定之前，学界对个人信息的内涵曾存在一定争议。一方面，虽然个人信息的范围较广有助于更全面地保护个人信息，但这也意

---

〔1〕　参见王利明：《和而不同：隐私权与个人信息的规则界分和适用》，载《法学评论》2021 年第 2 期。

〔2〕　《民法典》第 1034 条第 2 款："个人信息是以电子或者其他方式记录的能够单独或者与其他信息结合识别特定自然人的各种信息，包括自然人的姓名、出生日期、身份证件号码、生物识别信息、住址、电话号码、电子邮箱、健康信息、行踪信息等。"

味着需要付出更多的监管成本。另一方面，个人信息保护范围的扩大可能会限制数字经济的发展。如果个人信息的内涵过于狭窄，可能导致保护范围不足，出现保护失灵的现象。在充分考虑个人信息的本质属性和以往个人信息保护实践的基础上，最终确定了适中的保护范围，将个人信息聚焦为可识别自然人的相关信息。如此，既能确保重要的个人信息得到充分保护，又不会过度增加监管机构的工作负担，避免力不从心的问题。个人信息的概念是个人信息保护制度的基础，然而该概念面临着范围不确定、去标识化信息性质不明、匿名化信息是否受保护等难题。[1]在判断某信息是否属于个人信息时，关键在于该信息是否能够识别出具体的自然人身份，因此匿名化处理后的信息被排除在外。通过匿名化处理的信息通常难以直接识别出具体的自然人。需要强调的是，这里所说的无法直接识别是指对于普通公民而言无法直接识别，而并非所有公民都无法识别。那些了解内情的公民即使通过匿名化处理，也仍然可以识别出信息的主体。例如，在新冠疫情防控期间，为了维护公共健康安全，需要尽早排查出新冠患者的密切接触者。在这种情况下，有必要公布新冠患者在过去 14 天内的行踪轨迹，但防控部门会对患者的个人信息进行匿名化处理，不会公布敏感信息（如姓名、身份证号码、手机号码等）。普通公民可以根据防控部门公布的行踪轨迹来判断自己是否在 14 天内涉足相关区域，是否可能成为密切接触者，但很难识别被公布者的具体身份。当然，即使没有以上信息，该患者的家人和防控人员也知道内情。另外，该患者的亲朋好友以及同事同学根据上述信息和其他相关情况，或许也能够识别出被公布行踪者的身份。这种情况属于例外，匿名化处理在此处指的是通俗意义上普通公民无法通过匿名化处理的信息准确识别出自然人。

二、个人信息与个人隐私之界分

随着大数据、互联网等信息通信技术的飞速发展和广泛应用，个人生活已被深度数字化。[2]在理解个人信息的基础概念之后，对于与个人信息相关

---

[1] 丁晓东：《论个人信息概念的不确定性及其法律应对》，载《比较法研究》2022 年第 5 期。

[2] 茶秋思、丛杭青：《合作本位理念下的个人数据安全治理机制研究》，载《中国科技论坛》2022 年第 6 期。

的概念特性和其间的区别，尤其是个人信息和个人隐私之间的差异，进行进一步的探讨和分析是有必要的。通过观察西方国家关于个人隐私和个人信息保护的制度，可以看到，个人信息保护是从隐私权保护中衍生出来的。在20世纪70年代之前，许多西方国家已经建立起了相当完整的隐私权保护体系。基于此，他们逐步明确了个人信息的概念，并采用了与个人隐私保护不同的策略。个人信息是隐私权在信息时代的新展现，被纳入了隐私权的范畴。[1]所以，个人信息与个人隐私有着紧密的关联，二者在很多方面存在相似性，同时，也有各自独特的特点。正因如此，我国的《民法典》在同一章节中确立了隐私和个人信息保护的制度。《民法典》第1032条第2款将隐私定义为："隐私是自然人的私人生活安宁和不愿为他人知晓的私密空间、私密活动、私密信息。"隐私的核心目标是保护个人的生活安宁，具体包括不愿向他人公开的私人空间，如家庭住宅内部、私人活动，以及其他个人的私密信息，如个人的身体健康信息等。结合前述讨论，可以看到个人信息与个人隐私的差异主要体现在以下几个方面：

第一，二者权利属性有所不同。隐私权作为一项独立的人格权，已被学术界广泛接受，故《民法典》使用了隐私权的表述。对于个人信息是否能被视为一项独立的权利，学术界仍存在不同的观点，故《民法典》采用了"个人信息权益"的表述。权利和权益在保护程度上有一定的差别，通常来说，权利的保护程度比权益更严格。隐私权的主体对个人隐私享有绝对的支配权，这种权利具有排他性，其他任何主体都不能侵犯个人隐私。个人信息的主体对个人信息并不享有绝对的支配权，《个人信息保护法》规定了若干例外情形，如该法第二章对个人信息的处理规则进行了规定。个人信息是一项重要的法律权益，其内涵相对于权利而言，具有更广泛的包容性，并且随着公民的认知不断深化，权益有可能逐步转变为权利。在人类历史上，许多新兴事物都经历了从权益向权利的过渡，有些甚至已经被提升为基本权利，例如，许多国家已将环境权写入宪法，我国也正在编纂《环境法典》。这种观点也符

---

〔1〕 石佳友：《隐私权与个人信息关系的再思考》，载《上海政法学院学报（法治论丛）》2021年第5期。

合现行的立法定位，如 2020 年 5 月发布的《民法典》并没有像隐私权那样直接表述"个人信息权"，而是使用了"隐私权和个人信息保护"的表述，《个人信息保护法》也没有明确规定"个人信息权"，而是全文都使用了"个人信息权益"的表述。这样的表述并不是立法者的疏忽，而是经过精心考虑的，权利与权益在保护程度和层次上的差异在短期内是难以消除的，前者更倾向于保护权利主体的所有权，而后者则为个人信息的合理利用预留了空间。例如，隐私权主要强调保护，在一般情况下不会强调保护与利用之间的平衡。

第二，二者处理规则有所不同。隐私权的保护程度较个人信息更严格，这在相关法律条款中有明确规定。比如，《民法典》第 1033 条规定了处理个人隐私的规则，即除法律另有规定或权利人明确同意外，不得侵犯个人隐私。而第 1035 条第 1 款则规定了处理个人信息的基本规则，即需征得该自然人或其监护人同意，除非法律、行政法规另有规定。虽然《民法典》并未将个人信息视为一种权利，但在私法保护外，却纳入了公法保护。[1]可以看出，处理隐私和个人信息时，需要获得的同意程度有所不同。处理个人隐私必须得到权利人的明确同意，这种同意必须是明确且针对处理某一方面个人隐私的。而处理个人信息虽然也需要得到同意，但这里的同意只需要一般的概括性同意。例如，网络平台在收集个人信息时，通常采取"知情-同意"的规则，即在获得权利人同意后，可以在一段时间内反复收集某类个人信息，无须再次获得同意。在实践中，信息处理者通常通过概括授权的方式获得同意，并隐含了信息处理者可以合法利用此类信息的权限。另外，给予同意的主体也有所不同。处理隐私时，必须得到权利人本人的同意，这反映了隐私权与权利主体的紧密联系。而处理个人信息时，除了可以得到自然人本人同意外，还可以得到其监护人的同意，这反映了个人信息具有可利用的价值。对于保护民事主体的合法权益、维护国家安全，以及促进数字经济的发展，这是非常重要的。[2]

第三，二者在是否可以被商业化利用上存在显著差异。总体来看，个人

〔1〕 赵宏：《〈民法典〉时代个人信息权的国家保护义务》，载《经贸法律评论》2021 年第 1 期。
〔2〕 程啸：《论数据安全保护义务》，载《比较法研究》2023 年第 2 期。

隐私是不能被商业化利用的。即使隐私权主体主动公开个人隐私，其他主体也不能将此视为隐私权主体同意进行商业化利用。由于隐私的内容，如个人健康状况、家庭财产等都属于隐私权主体的专属，其他人很难直接对其进行商业化利用。个人信息则不同，目前它正在被大规模商业化利用，这背后正是数字经济的快速发展和个人信息的高度开发利用。随着各种数据被深度开发和利用，数据经济的价值越来越显著，个人数据也将变得更加透明。[1]实际上，网络平台收集我们的电话号码、住址等个人信息，以便提供如网约车、外卖、快递等便捷的商业服务。伴随着大数据、区块链、元宇宙等信息技术的快速发展，个人信息被大规模应用的趋势愈加明显。单个个人信息的商业属性可能并不突出，但集体个人信息背后隐藏着巨大的商业利益。例如，网络平台获取某类人群的相关信息后，会根据消费习惯、购买能力等因素进行详细分析，并向个人推荐相应的消费产品，这可能会影响个人的消费习惯。有些网络平台甚至会根据个人的消费能力，将人们划分为不同的群体，提供差异化的服务，这可能涉嫌歧视，侵犯人格尊严。将数据视为商品进行流通，已经成为推动数字经济发展的重要共识。如果数据流通不受监管，就可能面临信任危机。[2]从某种意义上说，正是因为个人信息在大规模商业化应用中出现了一些法律风险，社会公众才开始重视个人信息保护。

三、个人信息的公共属性

在现今的世界经济发展模式中，数字经济正在快速发展，对个人信息的法律属性产生了重大影响。个人信息"合理利用"的概念已经提出，原因在于个人信息并非个人掌控的信息，而是与个人有关的信息。[3]这种信息的基本属性是个体属性，能够识别自然人，体现了个人信息对个体的依赖性，无论时间和空间如何变化，这种依赖性都存在。信息技术的进步已经改变了信息收集的方式，通过电子存储等方式，可以收集大量的个人信息，而这些信

---

〔1〕　肖中华、邹雄智、聂加龙：《数字经济时代个人数据面临的风险、成因及防范策略》，载《企业经济》2022 年第 10 期。

〔2〕　苗泽一：《数据交易市场构建背景下的个人信息保护研究》，载《政法论坛》2022 年第 6 期。

〔3〕　张婉婷：《个人信息"合理利用"的规范分析》，载《法学评论》2023 年第 6 期。

息背后所附带的公共属性也日益凸显,《个人信息保护法》对此作出了明确规定。坚持最小化个人利益影响、优先公共利益、平衡个人和商业利益等原则可以实现个人、公共和商业利益之间的协调与和谐共生。[1]当个人信息具有个体属性和公共属性双重性质时,应该相应调整个人信息保护制度,逐步从强调个人信息保护转向实现保护和利用的平衡。

第一,个体属性是个人信息的基本属性,是个人信息最明显的标识。主要表现为个人信息的自决权,如信息知情权、同意权、复制权、删除权、解释权等,个人信息的利用应受到"知情-同意"原则的限制,即将个人信息利用的决定权赋予信息主体。个人信息自决权充分体现了信息主体对信息数据的掌控,凸显了个人信息的附属性,构建个人信息保护制度的首要任务是保障信息主体的知情同意权,只有得到信息主体的认可,才能合法地利用个人信息。现在的个人信息自决权只能反映个人信息的部分方面,无法覆盖个人信息的所有元素,尤其是与信息流通价值之间存在一定的张力。个人信息自决权背后隐含了人格尊严,通过鼓励个人独立参与社会生活,确保了人格尊严的实现,任何信息处理活动都不能越过这一底线。因此,个人信息保护的最终价值目标并不是信息主体享有的占有、使用、收益、处分等排他性财产权益,而是体现人格尊严的价值追求。

第二,公共属性是个人信息发展中的一个关键趋势。在数字时代,尽管个人信息保持其个体特性,但它也显示出了强烈的公共性,随着数字经济的发展,这种公共性将变得更加明显。尽管个人数据具有其人格价值,但在信息时代,由于潜在的商业价值,个人信息也展示出了其财产价值。[2]因此,必须在承认个人信息个体性的同时,挖掘其公共性以及其背后的流通价值。个人信息的公共性意味着个人信息不再只属于个人,而是与整个社会的公共利益密切关联,个人不再拥有独有的自决权。例如,在疫情防控期间,疫情防控部门适度公开个人的行踪轨迹,有助于迅速找出密切接触者,有效控制

---

〔1〕 王协舟、李奕雤:《〈个人信息保护法〉的立法价值、法理向度与法治理念》,载《情报资料工作》2023 年第 3 期。

〔2〕 马康凤:《个人数据财产利益的实现及分配》,载《安徽大学学报(哲学社会科学版)》2023 年第 2 期。

疫情，防止对其他人的健康权产生威胁。《个人信息保护法》第 13 条第 1 款第 4 项和第 5 项对个人信息的处理规则进行了规定，把保护公共利益作为知情同意规则的例外，即使信息主体不同意，也不能阻止信息主体合法利用个人信息。在个人信息从个体性转向公共性的过程中，利用大数据算法等科技手段可以从集体信息中提取更大的价值，使其具有一定的财产和公共利益。如果我们能合理利用这些信息，将有助于提高人们生活的舒适度和便利性，促进数字经济的发展，保护社会公共安全，以及提升国家科技实力。如果只承认个人信息的个体属性，将信息自决权视为完全排他的权利，那么信息孤岛的出现将不可避免，这将对经济发展产生负面影响，甚至可能威胁公共安全。因此，需要认识到个人信息现已具有强烈的公共性，必须在合理范围内定义信息自决权。总的来说，未来在规范个人信息处理活动时，必须在保护信息的前提下合理挖掘其经济和社会价值。在数字社会和数字经济中，处理者可能需要处理数千万条个人信息，如果出现数据泄露或信息滥用，可能会导致巨大的经济损失。[1]

第三，个人信息的法律属性和信息保护制度之间存在着紧密的联系。个人信息法律属性的变化在很大程度上影响了个人信息保护的理念。在《个人信息保护法》出台之前，主要强调的是保护个人信息，而该法的出台，则开始强调个人信息保护与利用之间的平衡。《个人信息保护法》第 1 条明确指出："为了保护个人信息权益……促进个人信息合理利用……"由此可见，立法者已经认可了个人信息的双重属性，《个人信息保护法》设计的个人信息保护制度，并不只是为了保护个人信息，而是在全局层面上强调个人信息保护与利用的平衡。个人信息的个体属性主要强调信息保护，而公共属性则强调对个人信息的利用。无论是出于公共利益、公共安全的需要，还是为了数字经济发展的需要，都需要在一定范围内合法地利用个人信息，不论是在未经信息主体同意的情况下，还是在经过信息主体同意后，都体现了对个人信息利用的重视。在数字经济时代，如果设立过于严格的保护制度，将可能阻碍

---

〔1〕　张陈果：《恢复性司法：检察机关提起的个人信息保护公益诉讼》，载《清华法学》2023 年第 2 期。

信息的流通，对提升信息技术产生不利影响，从而影响数字经济的增长。当经济得到充分发展后，就可以投入更多的人力、物力，利用更先进的技术手段来加强信息保护。在数字时代，个人信息保护与个人信息利用是相辅相成的，都服务于数字经济的发展。只有充分考虑到未来经济发展变化的趋势，设定出宽严适度的保护标准，才能为信息利用留下足够的空间，推动数字经济的发展，最终实现个人信息保护的目标。

第二节　域外个人信息保护的主要模式

信息的价值利益诱惑导致侵犯公民个人信息的行为变得越来越普遍。这促使信息在数据时代成为重点关注的对象。[1]个人信息保护理念起源于欧美国家，经过数十年的发展和完善，美国和欧盟已经形成了各自独特的保护模式。其中，某些模式侧重于政府主导的保护策略，而另一些则强调企业自我约束，并通过行业协会来设定保护标准。有些强调应注重数字经济的发展并鼓励信息的自由流通，而另一些观点强调个人信息与隐私权的紧密联系，认为应实施更严格的保护标准。在这个过程中，经济利益、价值观念和国家安全等因素都在制定数据规则中扮演关键角色。[2]美国和欧盟都早早地认识到了个人信息保护的重要性，但由于基于不同的理念，实施了不同的保护标准，并追求不同的保护效果。中国必须审视和研究美国和欧盟的个人信息保护模式，并结合中国的国情和保护目标，选择性地吸取和借鉴。

一、美国个人信息保护模式

随着计算机系统在美国诞生萌芽，个人信息数据骤然增加，早在"二战"结束之后，美国就关注到了个人信息与隐私权之间的差异，并逐渐将其从隐私权中剥离出来。1973 年美国正式发布"公平信息实践准则"报告，确立了

---

〔1〕　李立丰、王俊松：《个人信息法律保护体系的建构：以信息界定与分类为前提》，载《河南财经政法大学学报》2023 年第 2 期。

〔2〕　邱静：《数据规则的国内构建、国际竞争和协调》，载《安徽师范大学学报（人文社会科学版）》2023 年第 1 期。

处理个人信息的基本原则，核心在于确立透明规则和个人参与规则，注重信息处理的公开透明，并强调收集他人信息时，应当取得个人的同意。美国在确立信息保护模式时，经过慎重考量，在信息自由与私权利保护之间，最终倾向于前者，并逐渐形成了当下的信息自由模式。美国具有重商主义的传统，国会立法时往往优先考虑是否有利于经济发展，鼓励新兴行业的技术创新进步。不受限制的数据流动更符合美国利益，推行数据本地化则会妨碍美国科技产业和信息产业的发展。[1]确立个人信息自由模式，有助于信息在最大范围内得到传播流通，有利于挖掘信息流通背后的经济价值，此种模式助推一大批信息网络巨头在美国成长壮大，如推特、脸书、亚马逊等代表性企业。这些科技巨头是技术创新和产品研发的重要力量，主导着"数字革命"的未来走向，掌握着经济发展和社会变革的关键技术。[2]这些企业能够大规模获取公民信息，并快速开展转化利用，以最小的成本谋取最大的商业利益。当然，美国的信息自由模式并非只关注信息的自由流通，同时也设计了一系列制度强化信息保护。

第一，注重以隐私为基础的个人信息保护。美国的个人信息保护脱胎于隐私权，按照与隐私权的关联程度，分别实施宽严不同的保护标准。倘若个人信息关系到隐私权部分，如自然人的身体健康情况，则会实施较为严格的保护措施。反之，则鼓励信息的自由流通，只适用一般程度的保护模式。美国的这种保护方式，类似于我国将个人信息区分为普通个人信息与敏感个人信息，并采取不同程度的保护方式。另外，美国自建国伊始，始终注重控制规范行政权力，防止行政权一家独大，不仅可能危害三权分立的平衡，还会侵入私人领域。所以，美国的个人信息保护并未完全寄希望于政府，政府在其中扮演守夜人的角色，只承担了部分保护职能。美国并未设立全国统一的政府监管机构，而是分散于各个行业领域。美国影响力最大的个人信息执法机构是联邦贸易委员会，但从其名称可以窥见，该机构的主要职责是协调贸易争端，个人信息保护只是该机构若干职责中的一项。企业违反个人信息保

---

〔1〕　刘文杰：《美欧数据跨境流动的规则博弈及走向》，载《国际问题研究》2022 年第 6 期。

〔2〕　张倩雯、张文艺：《欧美跨境数据流动合作的演进历程、分歧溯源与未来展望》，载《情报杂志》2023 年第 1 期。

护政策法规时，联邦贸易委员会可以依法提起诉讼，还能与企业达成和解协议，要求企业完善个人信息保护制度，并对企业实行长期监督，直到企业完全履行和解协议的承诺。

第二，实施分散化的保护模式。美国的个人信息保护总体上呈现出分散化的模式，注重以部门、行业为单位分别开展保护，按照不同领域的特点，制定不同的保护政策或法规。对个人信息保护而言，美国主要采取行业分散立法模式，针对金融信息、医疗健康信息、儿童个人信息等行业分别进行立法。[1]分散保护的优势在于具有较强的针对性，在行业划分越来越细致的背景下，能够兼顾各个行业的特点，避免"一刀切"地采取同等程度的保护政策，实施较为灵活的保护制度，有利于推动新型领域的发展。美国信息网络巨头的崛起，在很大程度上受益于此种分散保护模式，在行业发展初期，往往采取较为宽容的监管政策，事实上降低了企业的信息成本。美国已发现了个人信息保护与信息流动间存在冲突，面对这样的矛盾，美国选择了能代表贸易自由的后者作为首要的政策目标。[2]当然，分散保护模式亦存在弊端，如缺乏立法的统筹规划，难以从整体层面协调各个行业的信息保护制度，再加上部门行业众多，导致行业立法越来越复杂分散，还可能出现被遗漏的领域，出现监管的空白地带。美国在个人信息保护机构的设置方面，也呈现出了分散设置的特点，缺乏专责的统一保护机构，而是由各个部门分别设置个人信息保护的执法机构。如美国在金融服务行业、医疗保健行业等设置了专门的信息保护机构，专门负责发布和执行有关信息保护的法规政策。

第三，强调企业自律监管为主。美国采取分散化的保护模式，导致某些领域可能缺乏相应的法律法规，出现立法层面的空白。此时，通过企业自律监管来弥补空白地带。美国的网络信息企业可以独立制定信息保护政策，明确向公众告知该企业信息收集、存储、利用等方式，再由用户决定是否使用该企业的产品。此种"告知选择"模式与当下普遍适用的"知情同意"规则

---

[1] 洪延青：《我国数据安全法的体系逻辑与实施优化》，载《法学杂志》2023 年第 2 期。

[2] 刘笋、佘佳亮：《美欧个人信息保护的国际造法竞争：现状、冲突与启示》，载《河北法学》2023 年第 1 期。

在本质上具有一致性，均采取了事先告知用户相关信息政策，再将决定权交给用户。此种模式下，企业应严格按照事先告知的方式来收集利用信息，不得突破政策红线，对企业的诚信义务要求较高。因此，当企业违反了事先约定、违规收集使用个人信息时，往往面临较为严厉的惩戒。美国各州的检察长针对欺骗性商业行为具有专项执法权，不仅可能对该企业实施较大数额罚款，还会视情节轻重，直接追究企业管理者的法律责任，并对企业采取限制从业等处罚。由此可见，美国强调通过企业自律监管为主的方式，授予企业较大的自主权限，有助于企业推动网络信息技术的进步。同时，又以较为严苛的处罚为后盾，防止企业为了追逐商业利益铤而走险。

二、欧盟个人信息保护模式

随着全球数据爆发式增长与大规模跨境流动，数据泄露、窃取、滥用等事件不断增多，引发了各国对数据安全的关注和担忧。[1]个人信息保护在 20 世纪后半叶才逐步走入各国视野，国际层面并未形成完全一致的保护政策，甚至某些国家的保护理念呈现出重大差异，各国的保护政策均在探索中前行。欧盟与美国虽然在意识形态领域具有高度一致性，但由于历史文化国情的差异，在个人信息保护方面，二者具有一定的相似性，但在具体制度设计上，欧盟选择了一条与美国有较大区别的保护模式。欧盟和美国的个人信息保护模式并没有绝对的高低之分，二者结合自身环境作出了具有特色的选择。欧盟的数据政策，对内始终服务于以公平贸易与基本权利为代表的欧盟共同价值观，对外则具有明确的法律输出动机。[2]总体而言，欧盟的个人信息保护模式具有以下三个特点：将个人信息保护视为基本权利，树立"私权至上"的保护理念，采取集中统一保护的制度模式。

第一，个人信息保护被视为基本权利。与美国相同，欧盟的个人信息保护亦起源于隐私权保护。欧盟历来有保护人权的传统，将个人信息、隐私视作

---

〔1〕　王倩、刘杨钺、牛昊：《欧美跨境数据流动规制模式对比及博弈分析》，载《情报杂志》2023 年第 3 期。

〔2〕　金晶：《欧盟的规则，全球的标准？——数据跨境流动监管的"逐顶竞争"》，载《中外法学》2023 年第 1 期。

公民的一项基本权利。[1]长久以来，欧洲国家大多十分重视隐私权的保护，早在1953年生效的《欧洲人权公约》就强调"公民的私人和家庭生活应该受到尊重和保护"，此时个人信息保护被视为隐私权保护的一部分，二者并未决然分开。从世界范围来看，欧盟国家最早开始个人数据保护立法，1970年德国黑森州颁布了世界第一部《数据保护法》。[2]2017年12月欧盟通过了《欧盟基本权利宪章》，第8条将数据保护视为一项基本权利，由此正式开启了个人信息保护与隐私权保护的分离。2018年5月正式生效的GDPR进一步明确了个人数据保护的独立性，赋予数据主体完全的自决权，数据保护从此不再依附于隐私权。GDPR以责任原则为基础，责任原则意味着企业要以符合伦理的方式去处理数据，将行为的正义性和伦理道德的合理性通过技术来嵌入。[3]在欧盟内部，隐私权和个人信息保护均被视为独立的基本权利，不过二者在权利来源上依然有一定的区别，导致二者的保护程度有些许区别。隐私权被认为是自然法上的权利，属于"天赋人权"，强调隐私权是与生俱有的，应采取绝对严格的保护程度。《欧盟基本权利宪章》赋予个人信息保护基本权利的地位，是法定的基本权利，这意味着个人信息保护并非一成不变，随着宪章的修改，个人信息保护的范围、程度等可以发生变化，信息主体也应该承担一定的义务。警察部门处理敏感个人数据需遵循基本权利限制制度，并提供适当的保障措施。[4]无论如何，欧盟通过宪章来规定个人信息保护，将其上升到基本权利的高度，体现了欧盟对于个人信息保护的重视程度。欧盟的此种区分方式，在世界范围内具有较强的示范效应，不少国家的宪法文本亦开始出现个人信息保护的条文。围绕着GDPR通过和施行的时间节点，全球各主要经济体陆续推出隐私与数据保护法规，填补世界数据保护地图中的

---

〔1〕 邓灵斌：《欧盟、美国敏感个人信息保护法律规制比较研究及我国立法特色分析》，载《图书馆》2023年第3期。

〔2〕 贺文奕、来小鹏：《欧盟个人数据保护中的新闻豁免研究及对我国的借鉴》，载《未来传播》2023年第1期。

〔3〕 崔文波等：《欧盟数据与算法安全治理：特征与启示》，载《信息资源管理学报》2023年第2期。

〔4〕 栾兴良、陈泓昊：《欧盟警务领域敏感个人数据的保护机制研究》，载《情报杂志》2022年第12期。

空白。[1]

第二，树立"私权至上"的保护理念。与美国不同，相比于信息自由流通和信息保护的取舍，欧盟更倾向于信息保护。美国只是从普通法律的层面保护个人信息，欧盟则高度重视个人信息保护，《欧盟基本权利宪章》将其视为基本权利的一部分，信息主体对个人信息享有自我决定权，属于人权的组成部分。一般而言，法律位阶越高的权利，采取的保护制度越严格，所以在欧盟范围内，在立法和执法层面普遍采取了比美国更加严格的个人信息保护制度。如欧盟要求企业收集利用个人信息，必须获得信息主体的明确同意，而非信息主体的概括同意。这意味着企业在收集个人信息时，必须获得公民的明示同意，不得将公民的沉默视为同意的基础。同时，还赋予信息主体关于同意的"撤回权"，即信息主体如果认为企业可能侵犯其信息权利，则可以撤回之前的同意权，企业必须尊重信息主体的意思表示。作为个人数据权利保护的先行者，欧盟率先采取赋权模式建立起了较为成熟的个人数据反对权制度，为世界提供了最为典型的立法例。[2]GDPR第三章赋予了数据主体更改权、被遗忘权、限制处理权以及拒绝权等，发展出了完整的数据权利保护体系，还规定数据控制者有义务和责任为数据主体提供充分的救济。客观而言，欧盟范围内企业获取公民信息的成本远远高于美国，欧盟企业个人信息保护领域的起诉案件数量亦高于美国。由于欧盟将个人数据保护作为一项基本人权，因此商用场景的保护非常重要。[3]正是这种保护理念的差异，导致美国成了网络信息公司的乐土，培育了一大批网络信息巨头，欧盟在这一领域则较为逊色，难以形成与美国相抗衡的网络巨头。当然，欧盟高度重视个人信息保护，并不表示欧盟只强调保护而忽视了信息自由流通带来的经济效益。相反，《欧盟基本权利宪章》第8条第2款明确设定了信息主体应该承担的义务，强调公平处理信息义务是保护信息的前提。

第三，采取集中统一保护的制度模式。与美国的分散保护模式不同，欧盟采取了集中统一的保护模式。人类社会进入数字时代后，数据立法成了国

---

〔1〕 王敏、曹放：《GDPR时代数据保护的欧美标准与中国策略》，载《新闻大学》2022年第7期。
〔2〕 梅傲、谢冰姿：《个人数据反对权的欧盟范式及中国方案》，载《德国研究》2022年第6期。
〔3〕 洪延青：《数据跨境流动的规则碎片化及中国应对》，载《行政法学研究》2022年第4期。

家在国际社会中争夺数据治理话语权、输出本国数据治理观、拓展本国数据优势的主要路径。[1]在立法层面，GDPR 是当下欧盟范围内关于数据保护最重要的立法，该法适用于数据保护范围内的所有部门行业，明确了信息收集、使用、处理的基本规则。客观而言，为欧盟范围内统一集中行使个人信息保护提供了明确的立法依据。GDPR 作为欧盟专门保护个人数据的统一法，适用欧盟及其成员国的所有安全领域。[2]除此之外，在若干关键领域，欧盟允许各成员国在遵循 GDPR 基本规则的前提下制定更加严格的保护标准，只对个别国家在个别领域实施豁免，以免条例与该国的宪法相抵触。20 世纪 90 年代以前，欧盟各国不同的个人数据保护规则，阻碍了数据流通和商贸往来。[3]考虑到分散执法带来的弊端，特别是欧盟拥有 27 个成员国，倘若每个成员国均拥有不同的执法机构，则必将引发信息保护领域的执法混乱。故在执法层面，GDPR 要求欧盟各个成员国建立统一、独立的数据安全执法机构，由该机构专职负责数据安全领域的执法工作。不仅如此，还计划在欧盟层面逐步建立统一的执法机构，欧盟的专责执法模式，有助于提升数据安全执法的效率，增强执法机构的权威性，防止其他机构干预信息领域执法。

第三节　个人信息保护的价值目标：保护与利用的平衡

从域外来看，美国较为注重数字经济的发展，在个人信息保护与利用之间，偏向于个人信息的自由流通，并发掘出背后的经济价值；欧盟则将个人信息保护视为一项基本权利，源于历史上对个人隐私保护的重视，采取了较为严格的个人信息保护政策。上述两种保护模式各有利弊，正因为二者追求的价值目标不同，所以采取的具体保护制度各异。在国际竞争局势愈演愈烈的情形下，如何合理利用数据、发挥数据的巨大价值是未来国家发展的核心

---

〔1〕 王燕：《数据法域外适用及其冲突与应对——以欧盟〈通用数据保护条例〉与美国〈澄清域外合法使用数据法〉为例》，载《比较法研究》2023 年第 1 期。

〔2〕 相丽玲、宁巧红：《欧盟新型区域安全观下的个人数据保护框架探析》，载《图书情报知识》2022 年第 4 期。

〔3〕 易磊：《欧盟法中个人数据保护与商业利用的平衡模式研究》，载《德国研究》2022 年第 5 期。

议题。[1]有鉴于此，我国首先明确了应该追求何种个人信息保护的理念价值，不同于美国和欧盟分别偏重利用和保护，《个人信息保护法》第 1 条实际上已经阐明了我国个人信息保护的基本理念——保护与利用的平衡。遵循个人信息处理的合法、正当、必要和诚信原则，法律是鼓励对个人信息的合法利用的。[2]我国既强调个人信息的个人属性，尊重个人的信息自决权，并制定专门的立法保护个人信息，又关注到了个人信息的公共属性，注重发挥个人信息的流通价值，以促进数字经济的发展。力争在个人信息保护与利用之间达成平衡，在确保个人信息得到充分保护的基础上，有效利用个人信息，推动经济发展，上述平衡主要体现在以下几个方面：

一、静态与动态的平衡

个人信息保护与利用的平衡，首先是静态的平衡。《个人信息保护法》第 1 条已经明确了保护与利用平衡的立法目标，并通过一系列立法条文强化了上述理念。如第四章授予个人在个人信息处理中享有充足的权利，包含知情权、决定权、查阅权、复制权等等，此种规定皆是为了强化个人信息保护，明确个人对个人信息的所有权，但实现上述权利的前提是在个人信息处理过程中，即个人信息此时正在被有效利用。因此，切不可误认为个人信息处理者只承担保护的义务，而不享有利用的权利，《个人信息保护法》之所以格外注重个人信息处理者的义务，主要是因为个人信息处理者（特别是网络平台）在个人信息处理中处于绝对优势地位。数据资源具有广泛用途和潜在应用价值，应以促进合理利用为财产构造的目的，需要较强的法定干预。[3]网络平台能够快速、全面地收集处理个人信息，强化义务规范即是为了从实质上确保个人与信息处理者地位的平等。《个人信息保护法》全文皆体现了此种平衡的立法理念，法条是静止的、客观的，法条的规定体现了静态的平衡，隐含着立法者的价值追求。另外，个人信息保护与利用的平衡，难点是动态的平衡。

---

[1]　孙祯锋：《比较法视域下科学研究处理个人数据的法律界限》，载《科技进步与对策》2022 年第 24 期。

[2]　申卫星：《论个人信息保护与利用的平衡》，载《中国法律评论》2021 年第 5 期。

[3]　武腾：《数据资源的合理利用与财产构造》，载《清华法学》2023 年第 1 期。

如何在实践中真正落实立法关于保护与利用平衡的价值理念，则牵涉如何监管执法的问题，执法所面临的实际情况往往变幻莫测。法条只能确立执法的规则，却难以穷尽所有的执法情形，这就引发了在执法中如何推动保护与利用平衡的难题。此时的平衡显然不再是简单的静态平衡，而是如何合理发挥自由裁量权的作用，追求执法过程中保护与利用的动态平衡。动态平衡的实现难度仍然较大，需要执法者深刻理解立法的本质。同时，还应该具有较强的执法能力，确保同类案件执法效果的统一。

静态与动态的平衡偏重不同的方向，分别针对立法与执法领域，所追求的价值目标具有一致性，实现上述目标的关键在于针对具体情况作出合理判断。客观而言，上述平衡并没有统一的公式可以套用，只有在实践中不断探索积累经验。静态与动态的平衡在具体的实现方式上，可能呈现出不同的样态，在立法环节有必要尽量细化相关条文，确保法条具有可操作性，防止立法过于宏观抽象，为执法带来不确定性。在执法环节则应该规范自由裁量权的行使，可以减少执法引发的争议，不断在执法中实现立法目标。保护与利用平衡目标的实现，需要从系统论的视角站在整体层面考虑，同时还需要给予必要的时间充分优化实现路径。个人信息保护作为数字法学的新兴领域，无论是理论基础，还是执法实践，都不够扎实丰富，未来需要强化立法和执法的互动，来确保平衡目标的实现。

二、个人利益与公共利益的平衡

当前，个人信息具有双重属性，且个人信息所具有的公共属性越发明显，双重属性背后分别代表着不同的利益追求，个人信息的个体属性主要凸显个人利益，其公共属性则彰显公共利益。个人信息规模化、数字化过程中，整合私法控制的端口式保护与公法规制的过程式保护。[1]同时，个人信息保护与利用的平衡实质上是个人利益与公共利益的平衡，个人利益强调对个人信息的保护，公共利益注重对个人信息的利用。当然，上述平衡并非一成不变，随着时代的发展，追逐的重心也会不断发生变化，针对不同情形，也可能作

---

[1] 曾聪：《论个人信息与数据的位阶保护模式》，载《中国特色社会主义研究》2022 年第 5 期。

出不同的利益抉择。如在新冠疫情防控过程中，各方面收集的个人信息，包括个人行踪轨迹等敏感信息，最终都由疫情防控部门归纳汇总。当然，行政机关不同于私人主体，不以营利为目的，一般不会轻易泄露此类信息，但基于疫情防控的需要，亦会公布感染者的行踪轨迹。此时，则是在个人利益与公共利益之间作出了抉择，倾向于保护社会公众的健康安全。倘若并未发生突发公共卫生事件，或者其传染性并未达到较为严重的程度，则不会收集个人行踪轨迹，即使收集相关信息亦不会公开，如针对 2023 年春季甲流的传播。

在传统私法保护模式下，知情-同意构成了信息处理的基本原则，如果违背该原则，则构成对个人信息自决权的侵犯。在此种模式下，偏重个人信息保护，较为注重个人利益，彼时个人信息因为流通范围不够广泛，信息泄露滥用的风险较低，通过侵权保护模式，基本可以实现权利救济，数字时代的技术发展则彻底颠覆了这一局面。应当放弃"个人利益为第一优先级"的立场，由片面强调个体责任转向多重主体规制模式。[1]在个人信息的个体属性向公共属性变迁的过程中，科技手段发挥了重大作用，单个个人信息所蕴含的流通价值并不明显，但是当个人信息被大规模收集聚拢之后，情况则发生了重大变化。当前，信息收集的手段逐步多元，导致信息泄露的风险不断增强，如疫情防控期间引发广泛争议的居民社区通过人脸识别采集人体生物图像等。具有强大计算能力的网络平台甚至通过算法等技术手段将收集到的信息有效分类、精准投递到个人，从而间接影响个体的消费习惯，稍有不慎便将妨碍个人自由地参与社会生活，支配个人事务，乃至侵犯其人格尊严。另外，借助于高科技的广泛运用，数字经济得到了快速发展，外卖平台、网约车等数字时代的新兴产物正逐步融入公民生活，上述软件均需要收集公民的个人信息，如家庭住址、手机号码、行踪轨迹等，这些均体现了个人信息与公共利益的密切关联。随着人类进入大数据时代，立法也应充分重视数据交易的意义。[2]立法者和执法者必须充分思索如何实现个人利益与公共利益的

---

〔1〕　尹博文：《个人数据交易中知情同意规则的破局与重构》，载《科技与法律（中英文）》2022 年第 5 期。
〔2〕　林洹民：《个人数据交易的双重法律构造》，载《法学研究》2022 年第 5 期。

平衡，才能有助于实现保护与利用的均衡发展，今后还应该统筹协调，使比例原则融入其中，公共利益的内涵直接关系到比例原则适用的范围和程度。基于公共利益而克减公民权利，必须符合一定的限度和比例，否则个人权利将处于虚置状态。

三、权益与权利的平衡

按照《民法典》和《个人信息保护法》的法条表述，并未直接使用个人信息权的称谓，因此，大多数学者均将个人信息视为一项权益。还有部分学者认为，虽然上述法律并未直接使用个人信息权的称谓，结合立法原意和立法条文的内容，此时需要从目的解释和体系解释的角度来认识该问题，顺理成章地得出个人信息保护是一项权利。更有甚者，北大王锡锌教授还认为个人信息保护不仅是权利，还应该从宪法人格尊严的角度来理解，将其上升到基本权利的高度。从《宪法》第 38 条"人格尊严不受侵犯"抽象凝练出了个人信息受保护权，并将其视为一项基本权利。[1] 王锡锌教授认为，宪法中公民基本权利条款实际上包含了个人信息保护的目标，并通过《民法典》使该宪法条文内在理念具体化。之所以有必要厘清个人信息保护究竟是何种法律性质，是因为其直接关系到保护程度的差异，进而会影响保护与利用何者优先的问题。权益和权利的受保护程度存在一定的差别，权利保护的程度一般比权益严格，欧盟将个人信息保护视为基本权利，所以欧盟采取了较为严格的保护标准。

当前学界普遍认可个人信息并不局限于民法领域，为后续公私法协作保护个人信息权益奠定了基础。民法学者逐步认同个人信息权益并非传统的民事权利，跨越了部门法的界限，具有领域法的特征。以往单独的个人信息或许可以尝试借鉴隐私权保护模式，以享有民事权利来对抗侵权行为。个人信息法律性质的界定，应充分兼顾个人信息保护与利用等法益的均衡发展，确保个人信息能够拥有广泛的内涵，具有更强的包容性，不仅涉及个人信息保护，还需要考虑个人信息流动为促进数字经济发展带来的经济效益、社会效

---

〔1〕 王锡锌、彭錞：《个人信息保护法律体系的宪法基础》，载《清华法学》2021 年第 3 期。

益等公共利益。《民法典》使用个人信息权益的表述，充分体现了信息保护与利用的平衡，也为后续保护标准的制定指明了方向。民事权利和民事利益的受保护程度不同，应为前者设置较低的保护门槛，而对后者的保护应进行严格限制。[1]因此，当突出个人信息保护时，《个人信息保护法》通过一系列的权利（如知情权、决定权、查阅权、复制权等）来充实个人信息保护的内涵。此时，虽然没有直接使用"个人信息保护权"的称谓，却赋予了保护的实质。当强调个人信息利用时，《个人信息保护法》第二章明确了个人信息处理者可以按照法定程序处理个人信息，并且还规定了知情同意规则的例外条款，此时则凸显了个人信息属于权益，信息主体并不能如权利那般享有完全的所有权。作为新兴事物个人信息在我国的法律属性始终没有完整的定论，笔者认为，模糊处理个人信息的法律属性，可以为保护与利用平衡目标的实现预留更大的实施空间，一旦明确了其法律属性，后续政策实施的空间将被限缩。

四、保护权与知情权的平衡

根据《宪法》第 51 条关于公民行使权利自由的规定，可知，任何权利的行使都会受到一定的限制，即不得干预妨碍他人权利的行使，纵使公民行使基本权利，亦应该遵循此规则。无论个人信息被视为基本权利、公法权利，还是民事权利，抑或权益，都不意味着为个人信息提供绝对的毫无边界的保护。从监管理论上来说，其应随着技术进步而更新，否则会造成规制滞后。[2]个人信息受保护权与公民信息知情权之间天然存在矛盾，信息受保护权范围的扩大，必然压缩限制知情权的空间，因此在保护某些公民个人信息权时，还应该兼顾其他公民的知情权。客观而言，个人信息的自主决定与社会控制之间张力较大，如同其他权利，个人自主权并非绝对，必然要受到限制。知情权的重要功能是获取信息，信息量的提升有助于化解不确定性，为公民下一步行动提供指引，掌握信息的公民此时具备了决策优势。以往行使知情权

---

[1] 刘磊：《论私密个人信息的合理使用困境与出路》，载《财经法学》2023 年第 2 期。
[2] 刘绍宇：《数字政府建设中个人信息保护的风险规制路径》，载《财经法学》2023 年第 2 期。

主要是为了获取政府信息，政府掌握了大量数据，将这些信息公开，有利于公民作出正确的选择判断，乃至推动某些行业的发展。当下知情权的对象则不限于政府信息，已经逐步扩展到了个人信息等传统私人领域。

个人信息不仅承载着个人利益诉求，背后还附着了经济发展、公共安全、科技振兴等公共利益追求，参考政府信息公开领域的延展，再加上个人信息具备了较强的公共属性，属于知情权涵盖的范畴。数字时代个人信息被不合理使用，典型方式即利用大数据分析收集到的个人信息，再通过自动化决策等方式向个人进行信息推送、商业营销，诱导消费者的消费行为，并有可能在交易中实行不合理的差别待遇，即大数据杀熟的难题。倘若因为个人信息受保护权使然，就赋予信息主体排他性的完全控制，不仅会使个人信息丧失流通价值，折损公共属性，还将限制其他公民的知情权，妨碍其作出正确决定。例如，在突发公共卫生事件中，有必要快速收集感染者的行踪轨迹，同时，还应该在一定限度内公开相关信息，否则其他公民便难以预知疫情发展状况，稍有不慎便会给疫情防控带来巨大挑战。客观而言，知情权的范围呈逐步扩大的趋势，且个人信息的公共面向亦逐步显现，可以预见，为了实现公共利益，个人信息受保护权会受到必要限制。当然，此种限制应该在一定限度之内，否则会面临架空个人信息受保护权的风险。公权力机关应该严格遵循比例原则，防止无限度收集个人信息，或者不当使用个人信息，以免侵入私人自治领域，避免公权力机关借助技术手段将独立的个体整合为无形的数据。因此，有必要在遵循比例原则的前提下充分考虑法益均衡，合理规制个人信息受保护权与知情权的边界，在二者之间达成平衡。

第四节　个人信息保护与利用平衡的实现路径：比例原则

欧美国家或基于自由主义理念，或基于经济实用原则，在数据保护上各有偏重。[1]我国既注重个人信息保护，又关注数字经济发展，与欧美国家不

---

〔1〕　贾文山、赵立敏：《数字经济时代的个人数据保护：欧美立法经验与中国方案》，载《首都师范大学学报（社会科学版）》2022年第5期。

同，我国在个人信息领域采取了保护与利用平衡的路径。此种平衡是理想化的目标决策，对于究竟该如何实现平衡，笔者认为，可以充分发挥比例原则的作用，将其作为衡量标准，优化保护与利用的平衡。在本节中，笔者将具体从为何适用比例原则、如何适用比例原则、比例原则适用的关键和难点等角度展开分析。

一、比例原则适用的空间：个人信息保护跨越了公私法领域

比例原则起源于德国行政法，主要考量行政行为的目的和手段，通过调整公权力行使的方式，确保公共利益与个人利益的均衡统一。最初适用于警察行政领域，随后在内容方面不断蔓延扩展，在地域上则由德国传播至欧陆各国乃至全球，逐渐被其他国家接受，并向私法领域挺进。当个人利益与公共利益发生冲突时，在大多数情况下，个人利益都不得不做出让步，比例原则要求时刻铭记最小侵害的标准，在目的明确和目的限制的基础上，尽量减少个人利益牺牲，防止个人权利受到不当克减。因为公共利益的需要而不得不克减公民个人权利时，必须符合侵害最小的原则，否则可能导致该权利被无限牺牲，同时基本权利一般被排除在克减范围之外。不仅公法领域涉及个人利益与公共利益的平衡问题，随着时代的发展，若干私法领域也牵涉个人利益与公共利益的平衡，这一现象日渐突出。寻找部门法中比例原则适用的正当性基础，可以为比例原则跨学科适用提供依据。[1]当下，有越来越多的学者认可比例原则的适用场域应该逐步扩展，实践中比例原则的适用已经超越了传统行政法范围，向民法、刑法等其他部门法领域延伸，并取得了较好的实施效果。由此可见，即使按照传统视角来理解，认为个人信息保护主要依靠《民法典》，应该采用民事救济方式，亦不妨碍比例原则在民法领域的适用。况且，数字时代的个人信息保护模式已经发生了根本性变革，学界普遍认为其超越了部门法的范畴，不再局限于私法领域，需要行政机关的积极介入，具有领域法的特征，比例原则的适用毋庸置疑。《个人信息保护法》的诞生，在某种程度上就是为了弥补以往私法保护模式的不足，强化个人信息的

---

[1] 蒋红珍：《比例原则适用的范式转型》，载《中国社会科学》2021年第4期。

公法保护。因此，比例原则在个人信息保护领域的适用是顺应时代发展之举，也是维护个人信息保护与利用平衡的必然选择。

当前信息侵权的方式越来越隐秘，网络平台通过大数据分析，潜移默化地影响个人决策，甚至使个人沦为数据的载体，侵犯个体的人格尊严，以往主要通过私法救济化解信息侵权的难题，强调个人受损权益的修补恢复，此种模式属于典型的事后救济，即只有在发生侵权行为之后，才能寻求法律救济。《个人信息保护法》出台之后，新增加了事前和事中监管措施，试图防患于未然，希望改变以往信息侵权才能获得救济的不利局面。事前和事中监管则主要依靠行政机关，如《个人信息保护法》第五章规定的个人信息处理者应该履行的义务，以及第六章规定的个人信息保护部门的职责等。因此，行政机关介入个人信息保护的端口被极大程度地提前，这为比例原则的适用拉开了帷幕。当然，当前强调事前预防和事中监管，并非要抛弃或者取代事后救济，事后救济仍然具有重要的价值，且行政机关在事后救济阶段依然可以发挥独特作用。如《个人信息保护法》第 61 条第 2 项和第 4 项明确规定行政机关"接受、处理与个人信息保护有关的投诉、举报""调查、处理违法个人信息处理活动"。由此可见，行政机关在个人信息保护的介入程度不断加深，跨越事前、事中和事后三个阶段，使得比例原则适用的范围不断延展。

二、比例原则适用的方法：适当性、必要性、衡量性的均衡

面对多元的个人信息保护机制，宜遵循融合性、互补性和优劣顺位的基本路径构建衔接方案。[1]比例原则的实质是协调适当性、必要性、衡量性等，是行政合理性原则的具体体现，其中蕴含的均衡、公平等理念具有一定的普适性，在公私法范围内均有适用空间。比例原则是一项较为宏观、抽象的原则，如果不深入解析其内涵，适用过程则可能引发争议，为了确保后续环节正确适用该原则，还需要合理论述比例原则的内涵，增强整体层面的可操作性。如必要性，主要考量有多种行为均可以实现目的时，需要采用对公民影响最轻微的手段，倘若不加选择，随意适用限制公民权利较为严格的手段，

---

〔1〕 谭佐财、冉克平：《论个人信息保护机制的衔接路径》，载《新疆社会科学》2023 年第 2 期。

则会违背合理性的要求和保障公民权利的初衷。任何行为都必须思量危害后果与获取利益之间的平衡关系，倘无衡量性要求，仿佛采取"一刀切"的方式最为简单便利。立法是执法的前提，不仅在执法环节应该遵循比例原则的要求，立法环节亦同样如此。在分配个人信息处理风险时，应遵循比例原则的要求，合理限制公民个人、企业与国家公权力机关的个人信息处理自由。[1]《个人信息保护法》是专门针对个人信息保护的领域法，该法全文皆包含了比例原则的宗旨，以下笔者将分别站在个人信息主体、个人信息处理者和国家机关三者的角度来分析，该法如何适用比例原则。

第一，个人信息主体。总体而言，《个人信息保护法》采取了分门别类的方式，将个人信息划分为一般个人信息和敏感个人信息两大类。处理一般信息遵循知情-同意规则，要求获得信息主体的同意，根据《个人信息保护法》第29条的规定，获取敏感个人信息需要取得个人的单独同意，有些敏感信息甚至需要取得个人的书面同意。一般个人信息与敏感个人信息和信息主体的关联度差别较大，敏感个人信息的泄露和滥用对信息主体造成的危害显然更大，故采取宽严不同分类保护的方式，既鼓励对一般个人信息的充分利用，又强化了对敏感个人信息的保护，充分彰显了比例原则的衡量性，兼顾了保护与利用的平衡。另外，《个人信息保护法》第13条第1款虽然将知情同意视为处理个人信息一般规定的首要标准，但结合具体情形，第2款至第7款则分别延伸出了若干例外规定，如为履行法定职责或法定义务的，为应对突发公共卫生事件等，上述规定则体现了比例原则中适当性的要求。诸如此类的条文，总体上在强化个人信息保护时，又根据保护内容的差异，以及保护效果的投入产出比，确定不同的保护强度，为个人信息的利用奠定基础。

第二，个人信息处理者。个人信息处理者在合法利用个人信息的前提下，应该承担必要的个人信息保护义务，《个人信息保护法》第五章对此作出了专门规定。该法第51条先笼统地规定了一般情况下个人信息处理者应该承担的义务，如制定内部管理制度和操作流程，采取相应的加密、去标识化等安全技术措施。这些要求都是为了尽量降低个人信息在采集利用过程中可能发生的信

---

〔1〕 敬力嘉：《个人信息保护合规的体系构建》，载《法学研究》2022年第4期。

息泄露滥用等风险，确保个人信息利用合法合规。在《个人信息保护法》的规范体系下，守法守德是检验个人信息处理者有效合规的重要依据。[1]除此之外，针对特殊种类的信息和特定的信息处理行为，为了化解风险，还为个人信息处理者设定了更加严格的保护义务，要求事前开展个人信息保护影响评估。随着个人数据成为当代"生产要素"，大型跨国互联网企业日常收集海量个人数据并挖掘其商业价值。[2]《个人信息保护法》第55条列举了具体情形，如利用个人信息进行自动化决策，向境外提供个人信息等，这些行为潜在的安全风险较大，故个人信息处理者有必要开展事前的安全评估。企业应以前提条件、目的条件、内部条件、外部条件为主体内容，构建个人信息跨境提供的专项合规计划。[3]上述规定充分说明信息处理者在开展信息处理活动时，应该充分考虑适当性和必要性的要求，综合衡量保护义务的履行与保护内容之间的关联。

第三，国家机关。国家机关的身份最为特殊，兼具信息处理者和信息监管者的双重身份，这也导致在不同的行为中，国家机关承担的责任存在较大差异。国家机关在开展信息收集时，与个人信息处理者身份相似，也应该承担必要的保护义务，遵循必要性考量，防止借助公权力机关的身份，过度收集个人信息。对此，后文将详细论述。作为个人信息保护的监管机关，有关行政机关享有必要的行政执法权限，在履行监督保护职责时，需要考虑到执法手段与保护效果的统一。《个人信息保护法》第63条明确规定行政机关可以采取询问、查阅、复制、调查、查封、扣押等措施。上述执法强度有较大区别，行政机关应该充分考量违法行为的危害性与执法方式之间的关联，遵循比例原则的精神，采取适当的执法方式。

三、比例原则适用的关键：个人利益与公共利益的平衡

当前个人信息具备双重属性，个体属性强调对个人信息的保护，公共属

〔1〕 杨淦：《个人信息保护社会责任的法律内涵及其实现》，载《上海大学学报（社会科学版）》2023年第1期。

〔2〕 王雪、石巍：《个人数据域外管辖权的扩张及中国进取型路径的构建》，载《河南社会科学》2022年第5期。

〔3〕 谢登科：《个人信息跨境提供中的企业合规》，载《法学论坛》2023年第1期。

性则偏重于对个人信息的利用。为了实现个人数据法益与社会数据法益的均衡发展，需要合理配置个人数据权利的体系结构。[1]客观而言，个人信息保护与利用之间存在较大张力，保护与利用的平衡实质上是个人利益与公共利益的平衡，比例原则是实现二者平衡的重要方式。《个人信息保护法》超越了传统私法保护的模式，通过公私法协同平衡，共同铸造权利保护之网，结合前文该法对信息主体、信息处理者、国家机关三者权利、义务、责任的划分，达至个人利益与公共利益平衡的目标。总体而言，需要三者协同推进，个体权益或许会做出暂时的让步，信息处理者要加大保护投入力度，行政机关则要规范监管流程，核心在于考量对方的利益价值。从长远来看，需要达到各类利益的总量平衡。当公民权利可以被限制而事实上又受到限制时，比例原则的介入具有必要性。[2]倘若标准不明确，或者采取"一刀切"的方式，则有可能导致保护尺度过于严格，事实上限制了信息利用，当然，如果标准过于宽松，则会使个人信息保护被虚置，难以发挥保护效果。

一方面，从宏观视野来看，个人信息保护与利用需要达成总量的平衡。个人信息的处理既可能提升社会合作的效率，也可能限制个人的发展、影响社会公平正义，需要建立兼顾各种价值的治理框架。[3]个人信息保护与利用二者同等重要，不可偏废，不能单方面认为个人信息保护优先于个人信息利用，域外不同国家分别确立了保护或者利用优先的模式，《个人信息保护法》第1条开宗明义地阐述了保护与利用均是立法目的，具体条文则分别强调了保护与利用的重要性。二者总量的平衡是从整体层面来考量，注重从制度设计层面长远规划，可能在单独的个案中，会优先体现保护或者利用的价值，但整体层面则要尽量保持二者总量的平衡。比例原则适用的核心在于考量均衡性，个人信息保护需要必要的执法手段，执法手段严格程度的差别会直接影响保护效果的实现。另外，执法手段的选择也与信息利用密切相关，过于严格的执法手段，客观上会增加信息利用的成本，特别是在企业发展壮大的初始阶段，囿于企业自身制度规章不够完善，缺乏必要的安全技术监管手段，

[1] 周维栋：《个人数据权利的宪法体系化展开》，载《法学》2023年第1期。
[2] 梅扬：《比例原则的适用范围与限度》，载《法学研究》2020年第2期。
[3] 赵鹏：《个人数据保护的合作治理模式研究》，载《学术前沿》2023年第6期。

往往容易增加个人信息泄露的风险。《个人信息保护法》充分考虑了上述情形，并未简单采用行政处罚的手段，而是鼓励企业通过合规的方式来完善制度漏洞，实现保护目标，该法第 54 条强调个人信息处理者应该定期开展合规审计，体现了对中小企业较为温和的监管举措，在某种程度上构建了容错机制，保障了中小企业能够合理地利用个人信息，有利于其参与市场竞争。数字经济时代，数据流动、共享、再利用成为必然趋势，个人信息对企业竞争的重要性逐渐凸显。[1]

另一方面，从微观视野出发，个人利益、公共利益与保护利用之间存在交叉融合。当前有必要厘清思维误区，切不可将保护个人信息简单地等价为实现个人利益，也不能将利用个人信息简单地等价为实现公共利益。事实上，个人信息保护既是为了实现个人利益，也是为了实现公共利益，利用个人信息也能收获相同的效果。有必要首先阐明为了实现何种公共利益，详细论述公共利益的内涵，从而判断此种公共利益相对于个人利益是否具有优先性。[2]保护个人信息最直接地体现了维护个人利益，这是显现层面。从深层次而言，保护个人信息同样维护了公共利益，正是因为个人信息受到了严格保护，所以个人信息滥用的风险会降低，个人才不会被算法左右，人格尊严才能得到有效保障，社会安全才能得到维护。如此一来，整个社会的公共利益同样获得了实现。数字经济时代，每个人的社会生活都越来越依赖于互联网平台提供的产品和服务。[3]当信息主体充分利用个人信息时，能够提供便捷、舒适的生活模式，推动数字经济的发展，初步实现社会公共利益。当社会经济得到充分发展时，才能投入更多的资金技术保障个人信息。须知，任何个体权利保障在很大程度上均取决于集体权益，如先确保公民的生存权，才能推动公民发展权的实现。在适用比例原则的过程中，需要注意到二者的交叉融合，综合衡量个人利益与公共利益的关系，绝不能将二者对立起来，应将其统一

---

〔1〕 王文君：《"数据池"个人信息保护的反垄断法因应》，载《江西财经大学学报》2023 年第 1 期。

〔2〕 刘权、应亮亮：《比例原则适用的跨学科审视与反思》，载《财经法学》2017 年第 5 期。

〔3〕 王文华、姚津笙：《法秩序统一性视角下"守门人"个人信息保护法律体系的完善》，载《河南社会科学》2023 年第 4 期。

于个人信息保护与利用的最终目标。

四、比例原则适用的难点：如何规范行政机关的行为

比例原则的主要作用是限制公权力机关限制公民权利的行为，随着比例原则适用范围的扩展，但凡是公权力能够触及的领域，都为其适用留下了余地。在个人信息保护领域，既要防止网络平台等私人主体侵犯个人信息，更应该警惕公权力机关侵害个人信息。保护个人信息免受国家和数据企业侵犯，是个人信息保护研究领域的主要议题。[1]公权力机关的侵权行为往往更加隐秘，且可能造成更严重的危害后果。如公权力机关借助正当程序可以收集到各类敏感个人信息，其他的私人主体则难以收集到此类信息，倘若公权力机关因为管理不善等造成此类信息泄露，则会大幅增加信息主体的风险。国家权力的行使要体现目的正当、手段适当、必要、禁止过度等，目的在于防范公权力对私权利的非法侵犯。[2]如公安机关通常会掌握公民身份信息、家庭住址、联系方式、家庭成员等，此类信息泄露将给公民财产安全带来重大隐患。未来应该在信息收集和信息监管环节，强化比例原则的适用，规范行政机关的公权力行为。

第一，规范行政机关的信息收集行为。行政机关代表着国家公权力，在信息收集环节具有特殊的优势，公民本着对国家公权力的信任，大多会积极配合行政机关的信息收集行为，甚至提供敏感个人信息。在绝大多数情况下，为了掌握公民的基本情况，行政机关仅仅收集此类个人信息，并不会分析利用此类信息。在一般情形下，行政机关不会通过大数据来追踪个人行程轨迹，但在疫情防控特殊期间，则有必要分析个人行程来判断是否属于密切接触者。这直接关系到比例原则的适用空间问题，行政机关应该遵循必要性，不得过度收集分析个人信息。同时，也要兼顾衡量性，确保个人信息被合理收集，得以有效分析利用。《个人信息保护法》第6条明确了信息收集的基本原则，"应当限于实现处理目的的最小范围，不得过度收集个人信息"。该条文充分

---

〔1〕 李海平：《个人信息国家保护义务理论的反思与重塑》，载《法学研究》2023年第1期。

〔2〕 黄学贤、杨红：《我国行政法中比例原则的理论研究与实践发展》，载《财经法学》2017年第5期。

体现了比例原则必要性的要求，行政机关凭借背后的强制力，能够大范围收集个人信息，但行政机关收集个人信息必须与实现处理目的结合起来，不得过度收集个人信息。行政机关收集过量的信息，客观而言，加大了信息泄露的风险，使行政机关处于不利境地，日后难免引发行政诉讼争议。

第二，规范行政机关的信息处理行为。收集个人信息是为了处理分析信息，除了应该规范信息收集行为之外，还应该约束行政机关的信息处理行为。在规范层面，尽管略有疏漏，但我国法律关于国家机关个人信息保护法律责任的规定不可谓不严密。[1]《个人信息保护法》第二章第三节还专门规定了国家机关处理个人信息的特殊规定。如第 34 条要求国家机关处理个人信息不得超出履行法定职责所必需的范围和限度。该条文首先以目的限制为原则，明确了国家机关处理个人信息是为了履行法定职责，接着以比例原则必要性和衡量性为依据，约束了行政机关收集处理个人信息的范围和幅度，强调信息处理的目的是履行法定职责，维护社会稳定安全，实现治理现代化。我国《个人信息保护法》规定了国家机关为履行法定职责处理个人信息的比例原则限制，这亦是政府数据开放中个人信息权利保护的边界。[2]个别网络平台收集个人信息之后，凭借技术手段过度分析个人信息，详细识别信息主体的经济实力消费习惯等，在后续营销环节实行精准投递，影响了信息主体的判断，将个人浓缩为数据，侵犯了人格尊严。由此可见，行政机关不得过度分析个人信息，收集处理个人信息均是为了履行法定职责，必须综合衡量收集处理行为和行政目的之间的关联，确保信息得到合理利用。

结　语

进入数字时代，数据成了推动经济发展的重要战略资源之一，其在世界范围内的流动性对其价值的实现有着显著影响。[3]现有关于个人信息保护与

---

〔1〕　彭錞：《论国家机关的个人信息保护法律责任——以〈个人信息保护法〉第 68 条为切入点》，载《比较法研究》2023 年第 2 期。

〔2〕　张倩雯：《政府数据开放中个人信息保护的比例原则限制——基于欧盟经验的比较研究》，载《图书情报工作》2023 年第 7 期。

〔3〕　梅傲、张涵鑫：《从 SCCs 到 IDTA：欧洲个人数据跨境传输规则调整及中国应对》，载《中国行政管理》2023 年第 2 期。

利用平衡制度构建的研究成果凤毛麟角，笔者希冀唤醒学界对此问题的重视。偏向于个人信息保护，设定严格的保护标准，或者强化个人信息利用，淡化信息处理者的义务，忽视监管者的责任，均非正确的选择，只有信息保护与利用平衡才是数字时代真正的底色。分散保护容易陷入"九龙治水"的尴尬局面，专责机关具有权责统一的属性，擅长从全局考虑，针对同一类型的个人信息，设定统一的预防机制，强化监管力度，便利事后追责。未来个人信息保护不仅要遵循《个人信息保护法》《民法典》，还要综合考量《网络安全法》《数据安全法》等相关法律，面对越来越庞杂的法律体系，设立专责机关有助于统一执法标准。为了防止个人信息保护法律体系内部的冲突，未来还需要优化备案审查制度，强化专项审查，确保法律文件不与上位法相抵触。另外，按照《个人信息保护法》第60条的规定，国家网信部门负责统筹协调个人信息保护工作和相关监督管理工作，意味着网信部门并非个人信息专责保护机关，主要发挥综合协调的作用，具体保护工作仍然由各相关部门分散执行。这种制度设计符合精简机构的方针政策，无须增设行政机关扩充人员编制，从而降低了纳税人的负担。囿于以往的经验教训，行政机关如何协调统一联合执法彰显效率，始终面临较大困难，此时分散保护模式的弊端将显露无遗。个人信息保护专责机关对守护个人信息、平衡隐私和促进个人信息自由流通具有举足轻重的作用。[1]构建专责保护机关从表面来看会增加机构和人员编制，与精简机构的原则有出入，但设立专责机关亦能够凸显个人信息保护的重要性。随着个人信息保护的深入推进，未来在时机恰当时，依然有必要设立个人信息专责保护机关。

---

〔1〕 高秦伟：《论个人信息保护的专责机关》，载《法学评论》2021年第6期。

第七章

数字孪生体应用

数字孪生的概念源于弥合数字空间和物理世界之间的差距，以及模拟、预测和自动化的实际挑战。数字孪生体作为数字孪生技术在具体领域、行业、场景下应用的具象化结果，其概念本身仍在发展中。虽然部分技术已经落地，但仍可从中观察到法律风险、权益保障和规范构建方面的问题。数字孪生技术的提出、应用和发展也同样如此。它不仅为社会的推进创造了新的生机，同时也提出了新的社会治理问题。从技术发展的角度来看，数字孪生体的发展历程相对明确。数字孪生技术的不断演进使得数字孪生的特性日益显现，从而使数字孪生与数字模型、数字映射等能够被更加精细地区分开来。

第一节　数字孪生体的本体论认识

一、数字孪生体的内涵阐释

数字孪生技术被赋予了许多名称，如数字孪生、赛博孪生、数字副本、数字复制、虚拟孪生和数字孪生驱动等。尽管不同的研究者可能使用不同的术语，但有一点是公认的，即数字孪生的目标是创建一个精确的"数字副本"，这是一个可以与现实和物理实体互动的"副本"。[1]更具体地说，数字

---

〔1〕 Dirk Helbing & Javier Argota Sánchez-Vaquerizo, "Digital Twins: Potentials, Ethical Issues, and Limitations", in Andrej Zwitter & Oskar Gstrein, *Handbook on the Politics and Governance of Big Data and Artificial Intelligence*, Edward Elgar [forthcoming], Handbooks in Political Science series, 2022, p.1.

孪生是一种通过技术手段,将参照实物的动态数据进行有机整合和精准映射,在虚拟网络中创建一个去物质化的现实的技术手段,它能实现现实世界与虚拟世界的双向互动。[1]

可以将数字孪生分为广义和狭义两种。广义的数字孪生包括数字孪生(狭义)、数字原生和现实与虚拟的共存三个阶段。其中,狭义的数字孪生指的是数字映射或数字镜像,也就是利用技术手段创建物理产品的数字副本。当虚拟与现实两个空间的交集逐渐增多时,如果二者之间的联系没有障碍,那么就实现了共存。[2]许多学术研究从更大的视角对数字孪生进行了解释。如数字孪生联合会发布了数字孪生的一般定义,它被定义为真实世界实体和过程的虚拟表示,以特定的频率和保真度进行同步。[3]这种动态的数字表示是实现复杂工程资产动态优化的一种方法。[4]数字孪生可以被定义为物理系统(及其相关环境和过程)的虚拟表示,通过物理系统与虚拟系统之间的信息交换进行更新。[5]

数字孪生与数字孪生体的概念虽然紧密相关,但并非完全一样。"数字孪生体"这个词汇通过使用"体"字来接纳数字孪生在各种应用场景中可能存在的模糊性,因此被译为"数字孪生体",这个名词更便于与物理实体对应。[6]数字孪生建模涉及诸多领域,包括农业、电力、船舶、制造业、建筑业、城市、医疗保健、航空航天、废物管理、水资源、交通和汽车等。正因为数字孪生体的特性和它在多个行业的广泛应用,其定义和主要特征可能会

---

〔1〕 徐瑞萍、吴选红:《低成本认识世界的技术实现:数字孪生的认识论探讨》,载《学术研究》2022 年第 7 期。

〔2〕 参见白牧蓉、张嘉鑫:《元宇宙的法律问题及解决路径的体系化探究》,载《科技与法律(中英文)》2022 年第 3 期。

〔3〕 Max Shen, Lu Wang & Tianhu Deng, "Digital Twin: What It Is, Why Do It, Related Challenges, and Research Opportunities for Operations Research", *SSRN Electronic Journal*, January 2021, p. 7.

〔4〕 Rosario Davide D'Amicoa, Sri Addepallia & John Ahmet Erkoyuncua, "Is a Top Level Ontology Based Digital Twin the Solution to Human-machine Interoperability?", 10th *International Conference on Through-life Engineering Service*, 16~17 November 2021, p. 1.

〔5〕 Weil Charlotte et al., "Urban Digital Twins: Challenges & Perspectives for Sustainable Smart Cities", available at http://dx. doi. org/10. 2139/ssrn. 4429379, p. 4.

〔6〕 姜斌祥:《犯罪治理数字孪生体研究》,载《犯罪研究》2021 年第 1 期。

有所变化。[1]它没有一个通用的定义，也没有一个已经建立的明确的规划，根据应用领域的不同，会有不同的关注点和维度。

尽管数字孪生体在学术上尚未形成共识和话语结构，但根据特定领域的应用，可以对数字孪生体进行内涵解释。例如，在建筑领域，数字孪生技术不仅仅是一个静态的模型构建过程，而是一个动态的、连续的系统工程。它涉及数据、信息和模型的构建、拓展、验证和校准，以此来创造出一个全方位模拟目标建筑物在其生命周期内的物理结构和行为状态的数字化映射。这个过程使得建筑物的设计、施工、维护和运营等环节能够在数字空间中得到高度的还原和预见，从而实现对建筑物性能的优化和对其生命周期管理的增强。

综上所述，数字孪生体是在现实设备或系统的基础上创建的数字版物理克隆体，用于模拟和分析实际设备或系统的行为和性能。学界对数字孪生体的分类，主要分为两个维度：首先，根据孪生对象的不同，数字孪生技术可以被分为产品孪生、流程孪生和系统孪生。产品孪生关注的是产品生命周期的各个阶段，包括设计、生产、测试和使用；流程孪生关注的是生产或工作流程；而系统孪生则关注系统的设计和运行。其次，从应用领域来看，数字孪生可以被分为资产类、控制类和仿真类。资产类数字孪生如城市、建筑和能源，主要是为物理设备建模以形成数字化资产，从而实现设备的健康管理或预测性维护。控制类数字孪生如汽车、航空航天和交通，其核心价值在于对实时控制的高要求。仿真类数字孪生如医疗健康、材料和国防，其主要目标是真实描述目标物理对象的各种机制，通常与物理、化学或生物科学紧密相关。此外，数字孪生体还可以根据复杂性和级别进行分类，如简单级别、高级级别、专家级别数字孪生体；或根据主要功能进行分类，包括数据采集与监测、模型建立与仿真、分析诊断、决策应用等。

二、数字孪生体的特性解析

尽管"数字孪生"这一概念目前尚无标准定义，且其含义在不断发展和演

---

[1] See Diego M. Botín-Sanabria et al. , *Digital Twin Technology Challenges and Applications*: *A Comprehensive Review*, *Remote Sensing*, 14（6）, March 2022, p. 4.

变，但其基本概念是明确的，即数字孪生是指在整个生命周期中，通过软件定义，在数字虚拟空间中构建的虚拟事物的数字模型，形成了与物理实体空间中的现实事物所对应的形态、行为和质地上都相似的虚实精确映射关系。[1]一般来说，数字孪生体的架构有一个总体框架，由三个主要元素组成：物理世界、虚拟世界和两者之间的连接。它具有虚实共生、高虚拟仿真、高实时交互和深度洞见等技术特性。[2]具体表现为：

第一，去物质化。尽管数字孪生体因与其孪生源的关联、传输工具等无法完全脱离物质性，但相较于被孪生的对象来说，其具有明显的非物质化特征。这是因为构建大多数能够进行智能反馈的数字孪生的一个基本要素是数据，因此数字孪生体可以被理解为一种建立在数据基础之上的虚拟现实。数字孪生是通过使用传感器、数据分析和机器学习算法收集和处理来自物理实体的数据而创建的。其主要功能是分析来各种来源的数据，包括社交媒体订阅源和网络分析，以帮助企业跟踪客户在社交媒体平台上的行为等。

第二，时空压缩。数字孪生体的应用价值在于，它能在时间维度上反映物体过去和现在发生的事情的虚拟映射，即数字孪生技术可以作为回顾过去、预测未来的新工具，以及模拟看不见的现实。在空间维度上，通过使用数字孪生，工程师可以在实现物理世界的变化之前测试不同的场景和调整。这种时空压缩的特性使得数字孪生能够突破许多物理条件的限制，通过数据和模型驱动的仿真、预测、监控、优化和控制，实现服务的持续创新、需求的即时响应和产业的升级优化。[3]

第三，实时动态。在数字孪生体创建完成后，数字孪生技术还会对物理世界进行持续性实时监控，在运营的各个阶段支持系统更新，从而改善模拟结果。数字孪生可以在其整个生命周期中提供实时数据，以保持其表示的真实性。这种独特的功能使数字孪生能够实时调整以适应不同时间的变化，并

---

〔1〕　赵敏：《探求数字孪生的根源与深入应用》，载《软件和集成电路》2018年第9期。

〔2〕　白牧蓉、张嘉鑫：《元宇宙的法律问题及解决路径的体系化探究》，载《科技与法律（中英文）》2022年第3期。

〔3〕　淘飞等：《数字孪生十问：分析与思考》，载《计算机集成制造系统》2020年第1期。

提供一种方便的方式将真实数据集成到模拟环境中。

第四，精准映射。正如其名，"孪生世界"的构建，得益于人类运用数字孪生技术，实现对认识对象的结构、层次与本质的实时动态数据成像。[1] 这种数据成像，首先是对物理对象的精确反映，尽管数字孪生并非物理系统的同卵双胞胎，实现精确镜像可能是一个永远无法达成的理想，但是使数字模型尽可能接近真实世界仍然是数字孪生技术追求的目标。其次，这种映射具有高精准度。模型模拟可能采用统计分布来近似现实，但数字孪生则会使用特定实体及其环境的精确表示来匹配现实。数字孪生具有表征真实世界的能力，它能在非常细微的层面上反映真实世界，并代表和呈现实体在从设计阶段到生产、运营和处置的整个生命周期中的状态。

三、数字孪生体的发展脉络

从技术内容的发展角度来看，数字孪生体的发展历程是相对清晰的。随着数字孪生技术的不断发展演变，数字孪生的特性日益明显，从而使得数字孪生与数字模型、数字映射等有了更加精细化的区分。[2] 从数字孪生体的起源与应用历史角度来看，数字孪生体的发展脉络则显得不那么明朗。

有许多学术研究认为："2002 年，迈克尔·格里夫斯（Michael Grieves）在美国密歇根大学的产品全生命周期管理课程上首次提出了数字孪生的概念，并将其定义为包括实体产品、虚拟产品以及二者间的连接的三维模型。"[3] 但也有研究者指出，"数字孪生"的构想确实产生于 2002 年，当时迈克尔·格里夫斯提出了关于当代技术逻辑发展的思路。他展示了包括与"数字孪生"

---

〔1〕 徐瑞萍、吴选红：《低成本认识世界的技术实现：数字孪生的认识论探讨》，载《学术研究》2022 年第 7 期。

〔2〕 See Diego M. Botín-Sanabria et al. , *Digital Twin Technology Challenges and Applications*：*A Comprehensive Review*, Remote Sensing, 14（6）, March 2022, p. 6.

〔3〕 徐瑞萍、吴选红：《低成本认识世界的技术实现：数字孪生的认识论探讨》，载《学术研究》2022 年第 7 期；See Michael Grieves, "Digital Twin：Manufacturing Excellence Through Virtual Factory Replication", apriso：http://www. apriso. com, May 6, 2014. 持同样主张观点的研究者还如李琳利等：《仿生视角的数字孪生系统信息安全框架及技术》，载《浙江大学学报（工学版）》2022 年第 3 期；于金龙、张婉颉：《数字孪生的哲学审视》，载《北京航空航天大学学报（社会科学版）》2021 年第 4 期；姜斌祥：《犯罪治理数字孪生体研究》，载《犯罪研究》2021 年第 1 期。

技术相关的所有核心细节，如物理空间、虚拟空间以及物理世界和虚拟世界之间的相关数据和信息交换。[1]数字孪生的概念源于缩小数字空间和物理世界之间的差距以及模拟、预测和自动化的实际挑战。格里夫斯在2005年和2006年的研究中将其称为镜像空间模型和信息镜像模型，而数字孪生这个名称则是由格里夫斯在2011年引入的。[2]

　　研究者们曾指出，尽管大众普遍认为"数字孪生"这个概念是在2002年被首次提出，但实际上，从20世纪60年代开始，人们就已经对此有所了解。自那时起，美国国家航空航天局就开始持续应用类似的基础技术来进行太空计划。[3]数字孪生的崭新形态可以追溯到大约半个世纪前，当时美国国家航空航天局执行阿波罗任务。这个组织制造了两个完全一样的太空飞行器：一艘载着宇航员飞向太空，另一艘则安全停留在地球上，其作为太空飞行器的镜像孪生。拥有这两个完全一样的飞行器使得地球上的团队可以参照地面的飞行器，从而以更详细、更可靠的方式支持太空中的宇航员和设备。直至2004年，迈克尔·格里夫斯博士在与美国国家航空航天局的合作中发表了一篇白皮书，他将这对原始的物理孪生概念引入了数字领域，并将其命名为"数字孪生"。[4]虽然许多研究显示，数字孪生技术最早是在航空航天领域应用，但关于它的提出时间和创始人，观点并非一致。数字孪生，也被称为美国宇航局的设备影子，正在改变研发多学科系统模块和设计网络物理智能系统的方式，同时解决了进化建模技术无法解决的问题。[5]2009年，美国国防部研究计划局首次提出了数字孪生体的概念，这是一种以物理世界和数字空

　　〔1〕　Dimitrios Piromalis & Antreas Kantaros, "Digital Twins in the Automotive Industry: The Road toward Physical-Digital Convergence", *Applied System Innovation*, Vol. 5, 2022, p. 66.

　　〔2〕　Max Shen, Lu Wang & Tianhu Deng, "Digital Twin: What It Is, Why Do It, Related Challenges, and Research Opportunities for Operations Research", *SSRN Electronic Journal*, DOI: 10.2139/ssrn.3777695, January 2021, p. 3.

　　〔3〕　Dimitrios Piromalis & Antreas Kantaros, "Digital Twins in the Automotive Industry: The Road toward Physical-Digital Convergence", *Applied System Innovation*, Vol. 5, 2022, p. 66.

　　〔4〕　See George Dycka et al., "Digital Twins: A Novel Traceability Concept for Post-harvest Handling", *Smart Agricultural Technology*, Vol. 3, 2023, p. 3.

　　〔5〕　Dr. Deepa, "A Digital Identity System for Real World Assets Using Blockchain", the 6th International Conference on Innovative Computing & Communication (ICICC), 2022, p. 2.

间相对应的工程体系。之后，美国空军研究实验室通过机身数字孪生体项目验证了这个概念的可行性，各行业企业也纷纷涌入这个领域。[1]还有研究者认为，数字孪生无疑开启了计算机模拟的新时代。"数字孪生"这个词是由沙夫托等人在 2010 年创造的，它指的是美国国家航空航天局物理系统的虚拟副本，现已被广泛应用于制造业、医疗保健、城市规划、铁路和公路以及服务业等领域。[2]

随着数字孪生技术的广泛应用，斯塔克和达梅劳在 2019 年将数字孪生定义为产品及其相关服务的数字表现形式，这一定义涵盖了跨越多个生命周期阶段的模型、信息和数据。[3]此外，随着"德国工业 4.0""美国工业互联网"和"中国制造 2025"等政策的提出，数字孪生的研究在学术界迅速热门起来。同时，在通用电气等企业的推动下，数字孪生在商业领域也引起了广泛的关注。[4]如 Bosch 公司、IBM 公司、Ansys 公司、PTC 公司、Oracle 公司、Microsoft 公司、Siemens 公司等，都已经推出了自己的数字孪生应用产品或平台。[5]大约在 2015 年，中国也开始跟进，参与者包括树根互联、研华科技、软通动力等企业。据统计，至今已有来自美国、中国、德国等四十多个国家的超过 160 家机构的 500 多位研究人员开展了数字孪生理论与应用的研究。[6]

四、数字孪生体的应用价值

数字孪生体的应用具有无限的价值。这种非物理模型的主要优点在于其

---

〔1〕 周芳、肖激扬：《浅谈数字孪生体及其与系统仿真、信息物理系统、元宇宙的比较》，载《自动化博览》2022 年第 9 期。

〔2〕 Dhar Suparna et al. , "Understanding the Evolution of Digital Twin and its Impact a Topic Modeling Approach", available at http://dx. doi. org/10. 2139/ssrn. 4003286, p. 4.

〔3〕 Max Shen, Lu Wang & Tianhu Deng, Digital Twin: What It Is, Why Do It, Related Challenges, and Research Opportunities for Operations Research", *SSRN Electronic Journal*, January 2021, p. 3.

〔4〕 李琳利等：《仿生视角的数字孪生系统信息安全框架及技术》，载《浙江大学学报（工学版）》2022 年第 3 期。

〔5〕 See Dimitrios Piromalis & Antreas Kantaros, "Digital Twins in the Automotive Industry: The Road toward Physical-Digital Convergence", *Applied System Innovation*, Vol. 5, 2022, p. 70.

〔6〕 陶飞等：《数字孪生标准体系》，载《计算机集成制造系统》2019 年第 10 期。

能够将动态和高度逼真的物理对象进行数字化，旨在精确地模拟人工或物理系统，从而产生有用的信息以推动潜在的改进，这些信息之后可以被反馈至原始的物理系统。[1]其应用价值主要体现在三个方面：首先，在产品研发阶段，数字孪生体可以通过虚拟测试来辅助实体创新，实现数字化模型的构建，并进行仿真测试和验证。其次，在产品维护阶段，数字孪生体可以通过模拟经验来预测实体设备的故障，通过持续收集和智能分析运行数据，预测最合适的维护时间，并为维护周期提供参考。最后，数字孪生体使用数字表示和建模，可以扩展和优化复杂项目、系统和流程的全生命周期。如在汽车行业，数字孪生技术在从设计阶段到建造阶段的整个过程中都发挥了重要作用，同时还从车辆的日常功能中提取有用信息，使得驾驶体验更加愉悦、舒适和安全。[2]数字孪生体可以无限复用，不仅大大降低了复杂物理测试的成本，而且有助于开发更安全、更高效的车辆。

　　数字孪生体的具体实现方式因行业和领域的不同而不同。在航空航天行业，数字孪生体以超现实的模拟飞行器或系统的方式存在，反映其飞行孪生的开发和运用。在复杂系统领域，数字孪生体是一组从微观原子尺度到宏观几何尺度的虚拟信息结构，全方位描述潜在或实际的物理制造产品，揭示了复杂系统的多尺度特性。[3]如在文化遗产领域中，数字孪生体的应用可以使用户更好地开展文化遗产活动，包括访问和检索信息，以及利用信息来了解、理解、保护、交流和共享资产，如欧盟文化遗产数据空间委员会所强调的，支持创建一个涵盖欧洲各地遗产的分布式系统，包括存储和云设施。[4]这种技术还有助于挽救类似巴黎圣母院灾难那样的悲剧。此外，数字孪生技术也可以被应用于各种行业，如制造业、医疗保健和运输业等。在医疗保健领域，

---

〔1〕　Dimitrios Piromalis & Antreas Kantaros, "Digital Twins in the Automotive Industry: The Road toward Physical-Digital Convergence", *Applied System Innovation*, Vol. 5, 2022, p. 65.

〔2〕　Dimitrios Piromalis & Antreas Kantaros, "Digital Twins in the Automotive Industry: The Road toward Physical-Digital Convergence", *Applied System Innovation*, Vol. 5, 2022, p. 65.

〔3〕　Pan Xiyu et al., "Assessing and Forecasting Collective Urban Heat Exposure with Smart City Digital Twins", Available at http://dx. doi. org/10. 2139/ssrn. 4172102, p. 6.

〔4〕　See Hermon Sorin et al., "Digital Twins in Cultural Heritage", Available at http://dx. doi. org/10. 2139/ssrn. 4274457, 2022, p. 18.

数字孪生体可以用于开发个性化治疗、预测病人的疾病进程和优化医院运营。同时，随着数据可用性的提高和处理能力的降低，未来的城市和国家有可能开发出数字孪生体。

数字孪生的应用技术红利表现在多个领域，包括农业和教育。在农业方面，数字孪生系统在工业制造的成功经验说明，有能力构建一个存储农产品历史数据的数字孪生模型。[1]为了推动农业现代化，可以通过创建田地的数字孪生模型来规划作物的种植时间、种类、施肥量，以及控制土壤酸碱度等。[2]在教育领域，相较于在传统环境中实施教学，需要投入大量资源安装和配备工具、设备。由于物理空间的限制和设备投资的高成本，传统教育模型的实施可能受阻。数字孪生教育能够实现一种"无限扩展"的教学模式，这种模式利用数字孪生技术创建数字化学习环境，有望克服上述限制。[3]

第二节　数字孪生体应用的法律风险

当今科学技术在带来福利的同时，也可能成为社会秩序的颠覆者。这主要是因为，几乎所有新兴事物，包括数字孪生技术的应用，都无法避免地存在不完整性。目前，数字孪生技术仍处于初级阶段，要充分释放其潜力，就需要解决现代数字孪生技术实施的各种限制和挑战。[4]而技术挑战的存在，往往会引发法律风险。实际上，这些风险和问题包括隐私、网络安全、数据保密、社会不平等、社会歧视、技术官僚主义、技术依赖、民主衰退、技术中心化，以及自然资源的不可持续利用等。

〔1〕 George Dycka et al. , "Digital Twins：A Novel Traceability Concept for Post-harvest Handling", *Smart Agricultural Technology*, Vol. 3, 2023, p. 2.

〔2〕 F. Ibrahimov, U. Rzayeva & R. Balayev, "Opportunities and Perspectives of The Digital Twins' Conception：The Case in Agriculture", *Eastern-European Journal of Enterprise Technologies*, Vol. 1, 2023, p. 105.

〔3〕 Chuong Chau Khac Baoa & Tran Trung Thanh, "Development of a Digital Learning Factory toward Multi Objectives for Engineering Education", An Educational Concept Adopts the Application of Digital Twin, Available at http://dx. doi. org/10. 2139/ssrn. 4378748, March 5, 2023, p. 10.

〔4〕 Diego M. Botín-Sanabria et al. , "Digital Twin Technology Challenges and Applications：A Comprehensive Review", *Remote Sensing*, 14（6）, March 2022, p. 22.

一、数字孪生体应用对法律价值的潜在影响

法律作为社会的基础，担负着维护社会秩序、保障个人权利、追求平等自由，以及帮助弱势群体追求公平正义等重要使命。虽然特定的法律价值可能会因国家、文化和法律体系的不同而存在差异，但法律的基本使命是不容否认的。数字孪生体的出现可能会对法律所追求的公平、自由等价值构成挑战。如前所述，数字孪生技术的社会价值化实现面临许多挑战，包括数据来源的质量和安全问题；需要在产品的生命周期中充分使用大量数据以构建数字模型；如何将海量数据资产开发为有价值的产品和服务等。[1]即便能够基于海量数据构建出有社会价值的产品或服务，也可能在无意中对法律价值产生冲击。

一方面，数字孪生体可能会妨碍法律对自由的实现。在现有的数据治理模式中，数字孪生主要是由资本驱动的产物，各个领域的数字孪生体往往凌驾于公共利益之上。在这种模式下，数字孪生的技术方法可能会破坏社会系统的主要优势，包括创新和适应能力、自组织能力和共同进化能力等。它可能甚至会摧毁熟知的社会，只为了获取更多的控制权。在数字权利匮乏的时代，个体对自由的生存危机表现在对自身数据的控制力极低上，成了一个被动接收、使用、修改、删除数据的数字难民。[2]

另一方面，数字孪生体可能会加剧法律对公平理想的挑战。如数字孪生能够强化人类对自身身体机能的认知，富人可以利用这一优势来提升身体健康状况，甚至延长生命，或者实现"数字永生"，这是贫穷者无法达到的。这使得机器成为"强者"统治"弱者"的工具，加剧了人类不同群体之间的数字鸿沟，加重了社会的"马太效应"。那些无法化身为数字孪生的人群，不仅被排除在数字孪生技术带来的红利之外，他们在数字世界的"缺席"状态，也会导致他们在现实世界中的孤独和无言，甚至失去与他人建立联系的机会。

---

[1] Max Shen, Lu Wang & Tianhu Deng, "Digital Twin: What It Is, Why Do It, Related Challenges, and Research Opportunities for Operations Research", *SSRN Electronic Journal*, January 2021, p. 22.

[2] 参见关爽：《数字不平等的治理逻辑与路径选择》，载《学习与实践》2022 年第 8 期。

未来，随着数字孪生技术的快速发展，这部分人群可能会成为技术赤贫群体。[1] 当然，还有更多的法律价值可能受到冲击，如人们的社会或医疗状况可能被衡量并作为确定其是否能够获得服务、护理、工作或设施的依据，这可能导致新的歧视。

二、数字孪生体应用对人权保护的威胁可能

数字孪生体在应用过程中，对人权保护可能构成一定威胁。虽然数字孪生技术在医疗保健等领域具有明显的优势，如在干细胞移植等方面，可以治愈阿尔茨海默病或帕金森病等疾病，但这种对大多数人有利的做法，可能会违背少数人的真实意愿。从正面看："数字孪生可以通过精准映射人类自身，为人们理性地认识自己创造了新的视角。它以一种'对象化'的方式，让人们对自己进行新的科技理性的探索。通过不断地借助数字孪生进行数据画像，可以更清楚地了解自身的身体状态。在数字孪生的支持下，人类可以更好地认识、反思并掌控自己，相比于传统的以'身体信号'为指引的认识方式，可以更有效地降低认识自身的成本，尤其是医疗健康成本。"[2] 但是，当人类的心理、情绪等各个方面都被量化时，人类可能会逐渐成为一种工具性的存在，这可能导致人类的目的和价值的消解，从而陷入"数据主义"的困境。在这种数据化过程中，人可能会被剥离所有的社会关系和政治身份，只剩下生物性特征和行动轨迹，成为可精准量化的对象，甚至成为可计算的数字。如医生在进行手术时，可能会借助数字孪生进行多次手术模拟，但这可能导致医生在进行真实手术时，忽视了对病人的人文关怀，只将手术和病人视为数据结构体。[3]

当然，数字孪生技术可能对人权构成威胁，通过了解每个人的优点和缺点，可能会更容易对他们进行欺骗或操纵。社会的数字孪生还可以确定在不

---

〔1〕 刁生富、刘杰：《后人类视域下数字孪生人的"认知弥补"与伦理规制》，载《佛山科学技术学院学报（社会科学版）》2023年第1期。

〔2〕 徐瑞萍、吴选红：《低成本认识世界的技术实现：数字孪生的认识论探讨》，载《学术研究》2022年第7期。

〔3〕 刁生富、刘杰：《后人类视域下数字孪生人的"认知弥补"与伦理规制》，载《佛山科学技术学院学报（社会科学版）》2023年第1期。

引发革命的情况下对人们施加多大的压力，或者弄清楚如何克服多数，如何打破人们的意愿，以及如何强加不符合他们意愿的政策。这种大规模的监控也可能被视为侵犯人权。[1]

三、数字孪生体应用对数据风险的扩大可能

数据是数字孪生体的基础。正是由于数据的存在，数字孪生体才能够以逼真的方式模拟实体和系统的行为与响应。数字孪生体依赖于数据的同时，也引发了一系列的潜在问题。其中包括技术上的数据孤岛现象和算法的强计算主义倾向。这导致了数据黑箱和数据垄断的产生。一旦数据侵权发生，对普通人来说，分析侵权原因、追究责任、提供证据等都会变得非常困难。因为在数字孪生系统的分层体系下，通过算法黑箱将模型和数据封装在交互界面之后是一种常见的工程模式。这种模式简化了技术复杂性，但也导致了越来越严重的"规则隔音"现象。决策规则被隐藏起来，导致事后法律问责非常困难。而追求算法透明度的披露手段在与技术复杂性和商业秘密的冲突中不断妥协，逐渐变得无力。[2]

具体来说，当数字孪生技术应用于人类本身时，引发了人们对"去物质化"身体的数字孪生人的关注。基于数字孪生技术，人类除了作为一种物质实体存在，还具有了一种新的由数据浸润的、脱离生物基础的数字孪生人身份。这种身份可以被看作"后人类"中的一种新的生命形式。数字孪生人的出现意味着人类正在以数据化身的方式迁移到赛博空间。尽管数字孪生人弥补了人类对自我主观认知、感知和时空的局限性，增强了认知能力，[3]但研究者或其他相关主体对数字孪生人的控制和操作将使每个人成为一个无法真正理解的巨大系统中的微小芯片。同时，由于数字孪生人与身体感受器没有

---

〔1〕 Dirk Helbing & Javier Argota Sánchez-Vaquerizo, "Digital Twins: Potentials, Ethical Issues, and Limitations", in Andrej Zwitter & Oskar Gstrein, *Handbook on the Politics and Governance of Big Data and Artificial Intelligence*, Edward Elgar [forthcoming], Handbooks in Political Science series, 2022, p. 11.

〔2〕 衣俊霖：《数字孪生时代的法律与问责：通过技术标准透视算法黑箱》，载《东方法学》2021年第4期。

〔3〕 刁生富、刘杰：《后人类视域下数字孪生人的"认知弥补"与伦理规制》，载《佛山科学技术学院学报（社会科学版）》2023年第1期。

连接，对自身权利侵害的感知变得钝化，无法像传统认知中的"疼痛"一样面对基于数据的外部侵害，从而进一步扩大了数据风险。当隐私被转化为客观数据后，由于数据不会自然消除，留下的隐私痕迹容易被传播复制，也很难被删除。隐私转化为客观数据后，形成的"永生现象"在某种程度上也有其可取之处，比如根据过去的信息复制一个人的思想、回忆、感受、信仰、态度、喜好和价值观的数字化版本，为已故的配偶创建数字孪生体。毫无疑问，如果一个人不愿意被发现或留下隐私，数字孪生体所带来的负面影响也会被放大。正因如此，由于数字孪生技术需要收集大量数据，人们对社交媒体用户的隐私感到担忧，应该以负责任和道德的方式来收集和使用数据，以避免侵犯用户的隐私权。

四、数字孪生体应用对侵权空间的扩展可能

利用数字孪生技术进行侵权并产生严重后果的事件已经屡见不鲜。[1]随着数字孪生技术的应用不断现代化，社会生活也在同步更新，同时也在数字领域扩大了虚拟侵权的范围。与互联网犯罪相比，数字孪生空间的虚拟犯罪，如数字传销、数字黑社会、数字恐怖主义和数字种族主义等，都更具真实性、隐蔽性和封闭性。有研究者建议，创建数字孪生反追系统，通过虚拟空间的可视化和分析，实现犯罪管理的现代化、预测预警、态势预判、模拟仿真、计算试验等，实现实时监测数据驱动的在线犯罪治理。[2]在民事侵权方面，也表现出了相同的扩张趋势。尽管数字孪生体的所有权，包括其底层数据及其本身到底属于谁还没有定论，但在知识产权对数字孪生概念的适用性尚不清楚的情况下，仍然需要对各种数据集的权利进行仔细的监管，同时也要对通过数字孪生包含和操纵的其他知识产权的商业秘密进行监管，以避免最宝贵的资产丢失或暴露。这是因为，尽管数字孪生的相关权利尚未明确，但其复制品已经开始零成本传播。

数字孪生的应用范围并不止于前文所述的虚拟侵权。正如曾经提到的：

---

〔1〕 具体案例可参见李琳利等：《仿生视角的数字孪生系统信息安全框架及技术》，载《浙江大学学报（工学版）》2022 年第 3 期。

〔2〕 姜斌祥：《犯罪治理数字孪生体研究》，载《犯罪研究》2021 年第 1 期。

"一个数字孪生的发展过程将经历量化、互动、预知、预见和共享智慧等五个阶段。"[1]当数字孪生发展到足以交互并应用于人类本身的程度时,它在技术上可以实现其他不可行的实验。如数字孪生基因对个人隐私的威胁极大,可能会损害他们的利益和选择权,尤其是当你获取了一个人所有的信息,包括他们的基因组。这并不意味着不应采取安全措施来预防不道德的实验,因为这些实验违背了负责任创新的原则。更全面的考虑是,应评估个人及其环境在数字孪生侵权中可能面临的风险,以及这些风险是否低于可接受的阈值。如在人口众多但资源有限的世界中,利用数字技术延长生命的道德性和可能加剧的不平等问题,如何避免人们利用数据控制生育以影响生育选择或侵犯生命权,亚毫米级别的"读取"和"写入"操作的准确性限制可能会对健康造成的威胁,以及在面临网络安全问题和黑客威胁的情况下,如何保护自己免受高度敏感的健康数据被窃取或操纵。如果两个操作系统——身体的自然操作系统和数字驱动的人工操作系统——相互干扰,对人的健康可能产生何种风险?[2]

此外,当隐私被转化为客观数据后,由于数据具有永久性,曾经的隐私既容易被传播和复制,又难以删除。这种将隐私转化为数据的永久性有其优点,比如可以根据过去的信息复制物理对象的个性特征,包括个人的集体理念、记忆、情感、信仰、态度、偏好和价值观的数字版本,从而为已过世的配偶创建数字孪生。无可否认,当一个人的隐私不愿被揭露或保留时,数字孪生可能会放大这个问题。鉴于数字孪生技术需要收集大量数据,人们对社交媒体用户的隐私产生了担忧。因此,公司应负责任和道德地收集和使用数据,以避免侵犯用户的隐私权。

---

[1]　姜斌祥:《犯罪治理数字孪生体研究》,载《犯罪研究》2021年第1期。

[2]　Dirk Helbing & Javier Argota Sánchez-Vaquerizo, "Digital Twins: Potentials, Ethical Issues, and Limitations", in Andrej Zwitter & Oskar Gstrein, *Handbook on the Politics and Governance of Big Data and Artificial Intelligence*, Edward Elgar [forthcoming], Handbooks in Political Science series, 2022, p. 8.

第三节　数字孪生体的权益保障

一、数字孪生体的监管尺度

尽管数字孪生已在很多关键领域得到应用，比如供应链、资产管理、运输、医疗保健、智能能源、智能城市、仓储和物流的产品设计和制造等，[1] 但作为一种通过数字技术对现实世界进行建模和模拟的虚拟实体，数字孪生依然涉及隐私保护、数据安全和伦理道德等问题。由于国家间在法律、政策、技术和文化等方面的差异，对数字孪生的监管态度也因此而各有不同。这种国家之间对数字孪生监管尺度的差异，可能会在一定程度上对数字孪生的权益保障产生影响。比如，在公共卫生安全事件中，持集体主义或积极主义观点的国家可能会认为数字孪生在应对公共卫生事件中起到关键作用。数字孪生能模拟和预测疾病传播模式，分析病原体特性，优化应急响应和资源分配等，从而帮助政府和卫生部门制定更有效的应对措施，增强公众教育和意识，提升整体应对能力。相反，有些国家可能会对数字孪生的使用持保留态度。考虑到数据隐私和安全问题，数字孪生可能会带来监控和滥用个人信息的风险。正如"数字孪生这个拥有巨大信息量的实体，正在推动隐私数据从'私人领域'向'公共领域'的反向流动"。[2]一个数据驱动的社会可能会忽视重要的品质，这可能导致社会发展的不人道性。从社会科学、人文科学和法律的角度看，将人视为物件或机器人是极其不合适和不道德的，这会侵犯他们的人格尊严。[3]因此，可能会更加强调保证透明度、建立法律框架，以及实施严格的数据保护措施，以限制数字孪生的使用并保护个人隐私权。另

---

〔1〕　Dhar Suparna et al. , "Understanding the Evolution of Digital Twin and its Impact a Topic Modeling Approach", Available at http://dx. doi. org/10. 2139/ssrn. 4003286, p. 27.

〔2〕　刁生富、刘杰：《后人类视域下数字孪生人的"认知弥补"与伦理规制》，载《佛山科学技术学院学报（社会科学版）》2023 年第 1 期。

〔3〕　Dirk Helbing & Javier Argota Sánchez-Vaquerizo, "Digital Twins: Potentials, Ethical Issues, and Limitations", in Andrej Zwitter & Oskar Gstrein, *Handbook on the Politics and Governance of Big Data and Artificial Intelligence*, Edward Elgar [forthcoming], Handbooks in Political Science series, 2022, p. 9.

外，由于个体性与集体性的差异，对于与数字孪生相关的知识产权保护也会存在监管尺度的差异。比如，有的社区可能主张，数字孪生仅仅是一些现有技术的累积，如3D建模、系统模拟和数字原型，[1]可能难以满足创新性的标准。

此外，同一国家在不同的时期或在不同的层面上对数字孪生的监管可能会有所不同。毕竟，国家和社会要实现的目标很多，不能像生产工厂或公司那样只为一个目标服务，如最大化利润。政治需要在许多不同的目标之间找到恰当的平衡，随着时间的推移，这种平衡可能会发生变化。如在特殊的公共卫生安全事件发生时，在理想情况下，国家的电子健康记录系统中的健康数据可以与数字孪生公民的概念结合起来，以优化社会直接向个人提供的服务，如在数字孪生公民中使用医疗风险计算作为监测健康状况和指导更好选择的指标。[2]但是，当事件结束后，考虑到个人隐私和道德伦理，应该适当控制相关数字孪生技术的使用。相比之下，在日常的工业制造领域，对数字孪生技术的应用不存在前述的阶段性监管考量，可以长期建立数字孪生人，通过集合人类数据和模型（如数据驱动或数学模型）来预测人类的认知和身体状态、感知和行为。如能够识别出操作员肌肉疲劳的指标可以向机器人发出信号，表示需要为人提供额外的支持以防止伤害，或者可以发送信号通知操作员休息，或者提醒主管领班安排临时替代人员。[3]

二、数字孪生体的法律属性

在学术领域，关于数字孪生体是否能从其源于数据的起源中独立出来并具有法律主体性的问题，存在着不少争议。其中还包括，对数字孪生体是作为数据主体还是数据财产客体的法律规则应该如何配套。支持将数据视为财产客体的研究者们认为，虽然数字孪生体的定义多种多样，但一个普遍接受

---

〔1〕　See Asli Arda, "A High-Tech Crystal Ball: The Digital Twin of a Ship and Data Issues in the EU", *Lloyd's Shipping and Trade Law* 22, 5, June 2022, pp. 1~2.

〔2〕　Männikkö Viljami et al., "Strengthening Well-Being Based on National Health Records: Citizen Digital Twins with Personal Risk Assessment", *SSRN Electronic Journal*, January 2022, p. 1.

〔3〕　See Dedy Ariansyah et al., "Towards a Digital Human Representation in an Industrial Digital Twin", 9th *International Conference on Through-life Engineering Service*, 3~4 November 2020, p. 7.

的定义是，它是活体或非活体实体的数字副本。[1]这是基于数据和算法的模型，用于模拟和预测实体的行为和性能。法律主体性的具体标准可能会因不同的法律体系而异，如法人和自然人的主体性要求可能有所不同。特定行业和领域可能也有额外的要求，如金融机构需要满足金融监管机构的规定。法律主体需要具备完全的行为能力和意愿能力，即能够独立作出合法决策，对其行为负有法律责任。在某种程度上，尽管数字孪生体可能具有交互的意愿能力，但其行为能力仍然有限。相对地，将数据孪生体视为财产并不意味着它们完全等同于传统的物质财产。数据孪生体有其自身的特性和法律问题，如数据隐私保护和知识产权等。值得一提的是：一方面，数字孪生体具有财产的一般特性，它能够创造价值，通过数据孪生体，可以提供产品设计、工艺优化、运营管理等决策支持，从而提高效率和创造价值。另一方面，它具有财产的可转让性。作为一个独立、完整的虚拟模型，数字孪生体可以转让和交易。从法律角度看，它可以进行购买、许可使用、授权等交易行为，从而获得经济利益。

有研究者可能会提出，无论数字孪生体的法律地位如何，它都会引发一些哲学问题。如一个人的思想、记忆、感觉、信仰、态度、偏好和价值观的数字扩展是否意味着数字孪生体与其生物主体相同。也就是说，数字孪生体能否在法律或哲学上保留或获得人格地位。从法律角度来看，由于数字孪生体是对生物人类思想、记忆、感觉、信念、态度、偏好的复制和扩展，它可能提出更强有力的论断以获得与生物人类相同的法人地位。是否应该将数字孪生体视为数字代理人，或者是生物原始体的数字签名，以及是否需要对数字克隆在法律上与生物来源相同还是不同作出重要区分，都是待解决的问题。或者，即使没有法人身份的延伸，数字孪生人也可能通过合法行为或其他方式（如成为生物人的受托人）获得独立的法人地位。[2]根据现有的法律规定，在中国，至少数字孪生体本身并不具备法律主体地位。它们通常被视为法律

〔1〕 M. Craglia et al., "Digitranscope: The Governance of Digitally-transformed Society", EUR 30590 EN, Publications Office of the European Union, Luxembourg, 2021, p. 9.

〔2〕 See Jon Truby & Rafael Brown, "Human Digital Thought Clones: the Holy Grail of Artificial Intelligence for Big Data", *Information & Communications Technology Law*, Vol. 30, 2021, p. 27.

主体（如公司、组织或个人）所拥有和控制的工具和资产。法律主体可以利用数字孪生体优化运营效率，进行仿真实验等。但是，数字孪生体并没有独立的法律身份。在法律上，主体身份通常需要满足注册登记、具备法人资格和享有独立权利义务等条件。而数字孪生体并未满足这些条件，所以它们不能被视为独立的法律主体。

三、数字孪生体的产权界定

暂时搁置对于数字孪生体是法律实体还是财产对象的争议，尽管把它看作财产的一部分，但仍然存在数字孪生体所有权、权利归属以及转移利用等问题在目前的法律体系中没有明确定义的现象。在数字经济中，数据和数字产品是关键性资源，管理数据的产生、收集、整合以及如何在社会中提取和分配价值显得尤为重要。现实情况是，我们常常用个人数据交换技术的免费使用和便利性，这种现象让数据挖掘者有机会将这些数据商业化，用于预测技术，同时不断优化和充分利用这些数据。因此，目前的数据和数字产品的所有权布局都是由控制者主导，数字产品的创作者能否得到应有的利益仍然是一个不确定且不一致的问题，因为版权法的保护对象必须具有独创性和创新性，版权法保护作者在任何有形媒介上的原创作品的版权，而不是保护从其他作品中复制出来的一定数量的材料，并且作品需要具备至少一定程度的创新性。有些研究者提出数字孪生体的成熟度可以分为六个等级："以虚仿实、以虚映实、以虚控实、以虚预实、以虚优实、虚实共生。"[1]即使在创建数字孪生体时投入了大量的努力，但如果数字孪生体的成熟度未达到最低的原创性要求，它也将无法享受版权法的保护。

在确定数据和数字产品的产权归属时，通常会考虑以下几个因素：首先，成本投入。如果获取产权需要大量的资金投入，那么提供资金的一方可能会对产权有较大的权益要求。其次，创造性和劳动投入。产权往往属于那些在创造、开发或者投入大量努力和资源的个人或团体，这是评估权利归属的重要因素。在不同的国家和地区，根据相应的知识产权法，特定类型的创作或

---

[1] 参见陶飞等：《数字孪生成熟度模型》，载《计算机集成制造系统》2022 年第 5 期。

发明可能会自动赋予权利归属。如在版权法中，原创作品的权利通常属于创作者。再次，公共利益和社会需求。在某些情况下，权利归属的决定可能涉及公共利益和社会需求。比如，为了推动创新和技术发展，国家或地区可能会对某些产权进行限制或强制性的许可。最后，公平和公正。决定权利归属时，应该考虑公平和公正的原则，确保所有相关方的合理权益得到平衡和保护。

基于上述因素，数据生态系统作为机构分析和收集数据的基础设施，用于获取数据并传递给系统所有者，然后他们可以据此调整提供的商品和服务以及营销策略。更为激进的观点认为，平台的所有权——目前主要在私人公司手中——以及数据本身都可以实现合作化。这样，公共部门就可以创新，并让更多利益相关者参与其中。一个实践的例子是欧洲的 GDPR 协调了欧洲各地的数据隐私法，旨在保护公民的数据，并让人们能够控制自己的数据，这将成为公民数字权利保护的尖兵，并避免了算法的榨取和监视。[1]

四、数字孪生体的行为效力

数字孪生技术的应用潜力无穷，包括在生产、健康、气候变化、可持续发展、管理（如犯罪治理数字孪生体）和政治等领域。在医疗领域，数字孪生技术被提议用于疾病治疗，它能在宏观和微观尺度上捕捉身体的结构、功能和过程，收集到的数据可能被用于个性化医疗或精确健康治疗。[2]此外，医疗保健管理也可以从数字孪生技术中获益。在工业领域，数字孪生技术已经在智能城市、建筑、货运、钻井平台、汽车、航空航天、制造和电力等领域得到应用。[3]数字孪生建筑和城市是一种战略方法，目标是确保城市环境的可持续性、公民福利和经济发展。数字孪生技术是智能社区和空间的基石。[4]

---

〔1〕 See Calzada Igor, "Data Spaces And Democracy", *RSA Journal*, Vol. 165, No. 2, 2019, p. 40.

〔2〕 Dirk Helbing & Javier Argota Sánchez-Vaquerizo, "Digital Twins: Potentials, Ethical Issues, and Limitations", in Andrej Zwitter & Oskar Gstrein, *Handbook on the Politics and Governance of Big Data and Artificial Intelligence*, Edward Elgar [forthcoming], Handbooks in Political Science series, 2022, p. 7.

〔3〕 Asli Arda, "A High-Tech Crystal Ball: The Digital Twin of a Ship and Data Issues in the EU", *Lloyd's Shipping and Trade Law* 22, 5, June 2022, p. 2.

〔4〕 See Diego M. Botín-Sanabria et al., "Digital Twin Technology Challenges and Applications: A Comprehensive Review", *Remote Sensing*, 14 (6), March 2022, p. 7.

除了关注智能数字建筑及其维护和资产管理,数字孪生建筑还在向整个社区的数字复制或所谓的数字孪生城市转变。[1]技术的成熟并非一蹴而就,任何新兴技术都需要经历特定的发展历程。同样,数字孪生技术的应用也是这样。要实现数字孪生,需要具有高精度和准确度的数据采集和同步,这就面临着实时通信、复杂性、准确性、集成性和结构基础等难题。更何况,现实的行业环境复杂性可能会带来更多设备间的交互,这些交互可能会引发资源间的冲突,限制物理系统的高保真映射。

数字孪生技术的广泛应用受到一些关键因素的影响。其中之一是数据来源的可靠性问题。数字孪生依赖精确的观测数据来校准模拟环境,并用于解决实际问题。从社交媒体平台等收集的数据可能存在质量和准确性的问题,这可能导致不准确的洞察和有缺陷的决策。[2]另一个问题是数据利用的一致性。大多数当前的标准无法将不同来源的大量、多样化、碎片化和非结构化的数据转换为统一的格式。还有一个问题是数据获取的完整性。如虽然可以监测一些变量来推断威胁,但人类的其他特征,如思维、反应和行为,在很大程度上可能是不可预测的,这使得数字孪生人类可能误解了人类的基本情绪和观点。最后一个问题是数字孪生系统的复杂性。数字孪生技术涉及物联网、云计算、边缘计算和人工智能等多种技术,这使得其应用成了一个复杂的过程,需要不同领域的专业知识和跨组织的合作。

由于各种综合因素的作用,创建一个精确的数字孪生体并非困难之事,但在实物世界中的反馈下,需要做好应对这种有限智能可能带来的不确定性的准备。尽管数字孪生体的存在主要是为了支持预测未来的模拟和作出最佳决策,但在实时决策过程中可能存在的数据漏洞和算法缺陷也需要被考虑在内。一些研究者提出了一个观点,由于数字孪生体的数据复制过程中的困难,数据的失真可能难以被及时发现,这可能导致数字孪生体的虚拟模型的真实

〔1〕 Weil Charlotte et al. , "Urban Digital Twins: Challenges & Perspectives for Sustainable Smart Cities", Available at http://dx. doi. org/10. 2139/ssrn. 4429379, p. 6.

〔2〕 周涵婷、夏敏:《可信数字孪生及其在智能制造的应用:机遇和挑战》,载《厦门大学学报(自然科学版)》2022 年第 6 期。

程度不足，并可能影响其预测的准确性。[1]当数字孪生体的应用导致错误或严重的误解时，是否应允许实施可撤销行为或无效行为的规定，以及在何种情况和程度上应允许实施，这些都是尚未明确的问题。当数字孪生体的应用在现实中造成侵权后，应该如何处理由此产生的侵权责任？是将其视为产品责任，追究数字孪生体的创作者、所有者和用户的行为责任，还是在承认其交互性的基础上，将其视为独立的主体责任？如果否定数字孪生体的主体地位，那么对于承担侵权后果的问题，结论可能会相对明确。但在判断侵权行为效力的过程中，数字孪生体在侵权构成要件判断中可能产生的具体影响尚需进一步考虑。

第四节　数字孪生体应用的理念遵循

从人类的视角出发，应以追求善良和合理利用资源为目标。一个以数据驱动的社会可能在衡量自由、爱、创造力、友谊、尊严和文化等人类关心的品质方面表现不佳，这些都会直接影响生活质量。[2]数字孪生技术的应用需要遵循一些核心价值原则，包括人类福祉、平等、安全和隐私保护。[3]

一、数据使用"以人为本"

"人本主义"的理念强调人类的需求、幸福和权益在决策和行动中的重要性。这一理念的核心是将人类置于社会、政治、经济和文化发展的中心，优先考虑个体和集体的利益，以创造更好的生活条件和发展机会。将这一理念融入数字孪生技术的应用中，意味着数字孪生技术的使用应该以人为核心。实际上，所有由数字孪生技术应用引发的争议都是人与人之间的争议，所谓的数据管理，就是由数据访问、控制、共享和使用方式影响的所有参与者之

---

〔1〕　参见闫晴：《数字孪生：风险、溯源及规制》，载《国家图书馆学刊》2022 年第 5 期。

〔2〕　Dirk Helbing & Javier Argota Sánchez-Vaquerizo, "Digital Twins: Potentials, Ethical Issues, and Limitations", in Andrej Zwitter & Oskar Gstrein, *Handbook on the Politics and Governance of Big Data and Artificial Intelligence*, Edward Elgar [forthcoming], Handbooks in Political Science series, 2022, p. 13.

〔3〕　参见刘艳红：《数字经济背景下元宇宙技术的社会安全风险及法治应对》，载《法学论坛》2023 年第 3 期。

间的权力关系，是从数据中产生价值的社会技术安排，以及这些价值如何在参与者之间重新分配。显然，数字孪生技术的应用只有在服务于人类时才有价值，如在数字孪生城市的研究中，如果没有利益相关者的参与，一个城市无论其数据如何被信息和通信技术塑造，都不可能真正成为智能城市。说到底，数字孪生技术的起点不是技术解决方案，而是利益相关者的合作、共创和发展。

坚持以人为本的理念，是为了避免数字孪生技术应用的过度扩展，特别是在涉及人类本身的应用时。如果允许数据生态系统在监管不足的情况下发展，那么算法的滥用可能会对各个领域产生广泛影响，包括就业、收入、性别平等、隐私、偏见、访问、机器伦理、武器化、社会资本和服务提供等。比如，数字孪生获取的数据越多，其智能程度就越高，但它也可能学习并复制人类和社会的偏见，从而创造条件，加剧最弱势社会群体的边缘化。[1]但是必须记住："人的存在价值并非仅仅在于物质的设计。正是人类所独有的情感，如生存意义、目标、方向、渴望、需求、欲望、恐惧、厌恶等，构成了我们的人性，因此，这些才是人类真正的价值所在。"[2]

坚持以人为本的理念，也就是说在数字主义的讨论中，数字技术应受数字权利的监管框架约束。在数字时代，需要关注一系列公民的数字权利，其中包括了一些复杂的权利问题，需要在数字世界中配合法律和人权一起解决。比如，互联网上的被遗忘权、断开连接的权利、拥有自己的数字身份和数字遗产的权利、免受技术侵犯的个人完整性权利、在线言论自由、透明和负责任使用算法的权利，以及在基于专家的决策过程中拥有最后一人的权利等等。此外，还包括数字经济中的机会平等权、电子商务消费者权利、网络知识产权、普遍使用互联网的权利、数字素养权、网络公正权和安全上网的权利。[3]

〔1〕 Calzada Igor, "Data Spaces And Democracy", *RSA Journal*, Vol. 165, No. 2, 2019, p. 40.

〔2〕 刁生富、刘杰：《后人类视域下数字孪生人的"认知弥补"与伦理规制》，载《佛山科学技术学院学报（社会科学版）》2023年第1期。

〔3〕 Calzada Igor, "Data Spaces And Democracy", *RSA Journal*, Vol. 165, No. 2, 2019, p. 43.

二、守护"数字安全"

实际上，近年来的数据丑闻事件频发，如剑桥分析公司利用 Facebook 应用程序收集用户的个人数据后，却将数据用于精准定向广告和政治宣传。在万豪国际酒店集团发生的数据泄露事件中，攻击者入侵其计算机网络，获取了 500 多万用户的个人信息，包括姓名、地址、电话号码和护照号码等。美国信用报告机构 Equifax 的数据泄露，攻击者利用系统漏洞，获取了约 1.4 亿美国人的个人信息，包括姓名、社保号码和信用卡信息等。这些事件充分说明，数字经济的发展需要以数据安全作为基础。因此，防止数据欺诈、数据窃取和数据攻击等是所有数字技术应用的前提。

数字安全对于数字孪生技术的应用尤其重要，数字孪生是对真实物品或人的精确复制，包含了原始物品的所有信息、特征和交互。数据是连接物理实体和虚拟对象的桥梁，实时的数据采集和传输是数字孪生的关键。[1]表面上看，数字孪生的数字安全是为了保护底层的敏感信息或个人隐私，防止恶意攻击和破坏。但更深层次的，它也是在保护企业的商业秘密、专业技术或具有竞争优势的信息，这是企业在竞争激烈的市场中获取优势的重要资本。

为了实现数字安全的理念，数字孪生的技术应用应当被纳入安全技术的防护。一些研究人员指出，区块链能够增强数字孪生技术，保证其可追踪、合规、真实、优质以及安全的生产流程。区块链作为一种去中心化的分布式系统，其开放性、透明度、数据不可篡改性和安全性得到了公认。已经有基于区块链的方案被应用于物联网、供应链以及其他领域。为了在传统供应链中引入区块链技术，数据库和区块链系统需要在交易层面实现同步。这种同步主要有三个方面：首先，将实体与数字孪生在各个发展阶段保持同步；其次，将数据库转化为区块链友好的格式并批量写入区块链；最后，故障恢复机制保证了数据库与区块链的一致性。因此，建议数字孪生采用以区块链为主的全面优化流程，以保证交易、协议和数据的安全性、可靠性、可追溯性

---

〔1〕 陈龙：《两个世界与双重身份——数字经济时代的平台劳动过程与劳动关系》，载《社会学研究》2022 年第 6 期。

和不可变性。在此流程中，智能合约可被用于控制和记录参与数字孪生构建的人所采取的行动。[1]此外，使用区块链技术在数字孪生应用中有助于保护数字孪生的生命周期数据。数字孪生的生命周期涵盖多个阶段，包括多个利益相关者执行各种任务。多方使用数字孪生可能会对其机密性、完整性、可用性和访问控制产生影响。通过构建分布式基础设施，区块链解决了数据在多个参与实体之间的传播问题。同时，区块链以其加密优势保留了数字孪生访问交易的历史，避免了未经授权的数据修改问题，进而防止了可能引发的其他数据安全问题。[2]

三、非垄断的"数字共享"

数据是现代社会生产和发展的重要元素之一，其存在的目的应当是尽可能提升人类的福祉，而不仅仅是作为某些资本的独有工具。数字共享就是将数据及其产生视为公共基础设施或共享资产的一部分，按照一定的原则进行存储和共享。创建开放的数据和个人数据存储，可以通过共享实现互利。提倡数字共享也意味着需要终止大型科技公司对个人数据的肆意掠夺。地方和地区的政府应当建立数据合作社，使公民对自己的数据拥有更多的控制权，并在基于这些数据的产品或服务的制定过程中有更多的话语权。这将有助于重新平衡数据的创造者（公民）和数据的使用者之间的关系，同时也为公平和民主的交流创造了环境。

数字孪生技术的共享应用对于人类社会来说具有深远的价值。欧盟委员会于2020年发布的人工智能白皮书旨在构建一个基于人工智能监管的"信任共享体系"，并同时规划了欧洲的数据战略。这一战略的目的是为欧洲公民提供更多的工具以保护和管理他们的数据。并且，更为重要的是，努力实现非个人数据所有权的社会化。委员会期望通过共享这类工业数据构建一个"真正的统一数据市场"。这样的数据共享将有可能增强竞争力和创新性，同时为

〔1〕 Dr. Deepa et al. , "A Digital Identity System for Real World Assets Using Blockchain", *the 6th International Conference on Innovative Computing & Communication* (ICICC), 2022, p. 1.

〔2〕 Suhail Sabah & Jurdak Raja, "Hussain Rasheed, Security Attacks and Solutions for Digital Twins", arXiv: 2202. 12501v3 [cs. CR], 11 May 2023, p. 4.

初创公司和大公司提供公平的竞争环境，避免数据垄断。委员会相信，数据共享能够赋予公民改善决策的权利，从而更有利于个人和社会。[1]一个典型的例子就是运用数字孪生技术对城市的各种场景进行数字模拟。例如，建筑和基础设施的规划、自然灾害（如洪水）以及绿地的模拟。这无疑具有深远的意义和价值，欧洲提出建立一个分布式的国际知识平台的倡议，以便在联合国会员国、民间社会、私营部门、科学界以及其他利益相关者之间共享信息、最佳实践和政策建议。在这项倡议中，信息被用于研究地球系统中的一系列自然和社会现象，包括局部和全球的自然循环变化、地表深层过程，以及与人类社会的相互关联。[2]

数字技术的应用需要建立在稳固的数据安全基础之上，同时也要尽可能地实现其他维度的价值，其中便包括数据共享。区块链技术可以在追求数据安全的同时，实现共享目标的落地。一方面，需要确保从现实世界获取的数据在被共享到数字世界时的完整性和真实性。利用区块链的防篡改和不可篡改的特性，可以从多个来源安全地获取数据。这是因为区块链使用了加密算法来存储创建或交易的数字孪生体的不可篡改的追踪记录。另一方面，利用地理公钥在区块链交易中展示节点身份可以在保持透明度和隐私的同时，使各个节点保持匿名性和数据流的安全。因此，可以在保持数据的机密性和完整性的同时，实现大规模的数字孪生数据的共享。[3]

四、服务于社会的"创新发展"

对于社会的发展和进步来说，创新的作用是无可替代的。一方面，从经济的角度来看，创新是推动经济增长的关键动力。创新通过引入新的技术、产品和服务，可以提高生产效率、降低成本，并开拓新的市场机会。对于经济产业的升级、经济结构的转型、经济的持续健康发展，以及国家的竞争力

---

[1] Jon Truby & Rafael Brown, "Human digital thought clones: the Holy Grail of artificial intelligence for big data", *Information & Communications Technology Law*, Vol. 30, 2021, pp. 28~29.

[2] See Diego M. Botín-Sanabria et al., "Digital Twin Technology Challenges and Applications: A Comprehensive Review", *Remote Sensing*, 14 (6), March 2022, p. 9.

[3] Dr. Deepa et al., "A Digital Identity System for Real World Assets Using Blockchain", *the 6th International Conference on Innovative Computing & Communication* (ICICC), 2022, p. 3.

等，创新都发挥着至关重要的作用。另一方面，从社会的角度来看，创新所带来的新产品、新服务和解决方案，可以显著地提高人们的生活质量。如医疗领域的创新可以提供更精确、更有效的诊断和治疗方法；交通和通信领域的创新使得人们的旅行和联系变得更加便利；能源和环境领域的创新则有助于减少污染和资源消耗。此外，创新对于政治的稳定和文化的繁荣也同样发挥着重要的作用。

当然，数字化时代也可能带来一些负面影响，但这并不意味着科技进步本身有问题，关键在于如何进行、引导和规范数字化治理。数据被视为一种市场商品，其目标是为所有相关方提供基于数据驱动的创新服务和经济效益。如果能够妥善地管理和应用数字技术，那么其所能带来的益处将是巨大的。比如，"数字孪生技术作为一种新型的通用技术，为物理世界和数字空间的交互提供了有效的手段。其开放的架构吸引了大量的参与者，他们通过竞争来加速数字孪生技术的专业化分工，最终大幅降低了企业进行数字化转型的成本"。[1]

数字孪生技术的应用，其根本目标是为社会的创新发展服务。通过提升数据的可用性，可以构建一个值得信赖的环境，使数据能够被用于研究和开发创新的服务和产品，最终实现对人类社会的良性贡献。换句话说，数据的存在不仅仅是为了数据本身，而是作为推动社会发展的工具。数据的发布只是大数据平台创造价值的一个开始，社交媒体平台和搜索引擎甚至并不直接创造数据，而是通过用户来创建数据。然后，他们整合这些用户数据，通过分析来增加其价值，重新包装成产品或服务，然后出售给第三方，从而实现价值的货币化。仅仅依靠企业或个人基于自身利益去创新是不够的，还需要在此基础上，让他们为社会创造更大的价值。公民数据的收集具有巨大的潜力，可以作为一种公共资源用于公共利益。如果公共部门、公民和其他利益相关者能够共同努力，使政策需求、数据来源、技术解决方案和标准能够相互匹配，那么这将成为现实。

---

[1] 胡权：《数字孪生体的本质》，载《清华管理评论》2020年第11期。

第五节　数字孪生体应用的规范构建

一、对法律价值的系统植入

在数字孪生技术应用理念的实践中，虽然整合人类数据可以提升系统性能，让其更加适应人类环境，但必须解决数据采集和处理等方面的伦理问题。需要坚持法律价值，以人为本的数据驱动方式来优化系统性能，并评估提出的数字孪生框架的效果。数字孪生技术在定位、标准、技术、安全、应用、监管等方面都存在不同程度的风险，需要建立明确的指导性规制措施，以有效管理其研发和使用，营造一个安全有序的技术研发和应用环境。[1]为了防止数字孪生技术的垄断并充分利用市场潜力，需引入标准化技术以便为小型参与者和创业者提供机会，这是打破限制和推动创新共享的有效手段。因此，需要首先在数字孪生应用的规范中实现法律价值的宏观、系统性植入。

法律应当指导甚至塑造数字孪生技术的发展和应用，系统性地植入法律价值可以阐明法律对数字孪生技术应用的多层次要求，改变其仅作为商业生产要素的现状。正如一些研究者所言："表面上看，数字孪生技术带来的分歧问题是源于人们对该技术的'悬殊化'利用，但实际上，作为底层逻辑的商业性逻辑才是导致这个问题的关键。因此，解决数字孪生技术带来的分歧问题的关键是重塑其底层逻辑，以包括科学逻辑、社会逻辑和政治逻辑的底层逻辑取代单一的商业性逻辑。"[2]

法律价值的系统植入是为了明确数字孪生技术需要遵循的底层理念，这是由法律的局限性、滞后性和技术的变革性所决定的。首先，数字孪生技术的变革通常比法律的更新速度要快，这是因为技术的变革往往快于国家机构的反应能力。因此，需要通过前瞻性的法律价值来预判和引导未来技术的发

---

〔1〕 闫晴：《数字孪生：风险、溯源及规制》，载《国家图书馆学刊》2022 年第 5 期。

〔2〕 刁生富、刘杰：《后人类视域下数字孪生人的"认知弥补"与伦理规制》，载《佛山科学技术学院学报（社会科学版）》2023 年第 1 期。

展，而不是试图补救已经过时的现状。其次，必须认识到社会不是机器，单一或确定的制度方案对于规范技术应用来说过于狭隘，应当通过更为灵活的价值观、共同监管以及协调方式来规范技术应用。这样，如果引导得当，可以得到更多数字技术的支持。对于法律价值系统植入的具体方式，需要根据不同国家的立法模式来确定。有些研究者主张可以通过专门的数据立法来实现，考虑到大规模数据挖掘和人类数据的长期商业化，虽然可以有针对性地制定一些保护措施，但更多的司法管辖区迫切需要制定类似于 GDPR 的立法，以保护人们免受数据滥用的侵害，以及确保数字孪生的自主开发和使用的权利。[1]

二、对数据垄断的分层化解

数字孪生技术的应用可能带来的数据垄断问题确实令人担忧。有研究者认为，将数字孪生城市作为数字孪生技术的应用之一，是建立在傲慢和错误的假设上的。尽管数字连接可以提高智能度，并有望在节约能源、提高流动性和运输效率、提高复制能力和可持续土地利用等方面取得重大改进，但不能忽视其潜在的危害。[2]此外，这种技术可以详细了解每个人的观点和偏好，从而创建一个选举后的民主社会。这里的大规模监控可能创造新的机会。但这种技术狂热可能会导致意见的自动聚集，使政客们无须再了解和执行人们真正想要和需要的东西。然而，这样的社会可能会变成一种新型的数字民粹主义，大多数人的意愿可能会无情地强加给每个人，从而破坏了对少数群体和多样性的保护。[3]

当前，由于数据监管的主体较少，监管技术要求高，专业性强，难度大，普通人几乎没有有效的手段来修正或明确拒绝共享他们的个人数据。同时，数字孪生体中的数据，是由广大互联网用户生成的公共数据，却被各种数字

〔1〕 See Jon Truby & Rafael Brown, "Human Digital Thought Clones: the Holy Grail of Artificial Intelligence for Big Data", Information & Communications Technology Law, Volume 30, 2021, p. 1.

〔2〕 Calzada Igor, "Data Spaces And Democracy", *RSA Journal*, Vol. 165, No. 2, 2019, pp. 41~42.

〔3〕 Dirk Helbing & Javier Argota Sánchez-Vaquerizo, "Digital Twins: Potentials, Ethical Issues, and Limitations", in Andrej Zwitter & Oskar Gstrein, *Handbook on the Politics and Governance of Big Data and Artificial Intelligence*, Edward Elgar [forthcoming], Handbooks in Political Science series, 2022, p. 10.

化平台占有。为了应对这一问题，需要改变中心化和剥削性的平台运营模式，实现数据控制的公共性与经营性的平衡。一方面，需要加快构建数据基础制度，将数据视为新型的生产要素，并进行相关的数据立法，明确数据的持有权、使用权、经营权、分配权和要素权等。[1]另一方面，可以通过制定政策，并结合实验驱动的"平台合作社"，实施一种合作所有、民主管理的商业模式。

仅仅维持私人商业组织对商业数据的垄断显然是不合理的，因此需要由单一的数据控制转向个人数据知情同意、公共数据合作和商业组织所有的多元并存局面。对于个人数据的垄断问题，可以通过数据关联法，如《民法典》《个人信息保护法》《数据安全法》等，赋予个人对数据的知情、同意/拒绝和合理使用的权力。无论通过何种方式来强化个人的数字主权，追求的目标都是增加个人的自决权，提供更多访问、共享和使用个人数据的机会，以及在用户和数字平台之间建立更平衡的关系。对于公共数据的合作，其必要性在于，面临着一个道德问题，即数字孪生基础设施可能使一部分人受益，但可能会排除其他人，尤其是在所有权、访问权和代理权方面。因此，需要创造包容性的空间、商品和服务，如公共交通、学校、博物馆和公园等。[2]为了在公共层面重新分配个人数据产生的价值，提倡三种新兴的数据治理模式：数据共享池、数据合作社、公共数据信托。这三种模式旨在以不同的方式，将数据的价值回归公众，实现数据的公平、公正和公开。在公共数据信托体系中，公共行为实体扮演着受托人的角色，确保公民的数据在道德、私人和安全的前提下得到妥善处理。该体系基于一个核心假设，即所有具有公共利益属性的数据都应被视为国家基础设施的组成部分，由这些数据提供的信息应当为公民和全社会创造价值。这个假设进一步要求，私营企业在法律允许的前提下，应向公共行为实体开放公共利益相关的数据。[3]

---

〔1〕 参见李弦：《数字劳动的新型异化释解》，载《北京社会科学》2023年第3期。

〔2〕 Dirk Helbing & Javier Argota Sánchez-Vaquerizo, "Digital Twins: Potentials, Ethical Issues, and Limitations", in Andrej Zwitter & Oskar Gstrein, *Handbook on the Politics and Governance of Big Data and Artificial Intelligence*, Edward Elgar [forthcoming], Handbooks in Political Science series, 2022, p. 3.

〔3〕 See M. Craglia et al., "Digitranscope: The Governance of Digitally-transformed Society", EUR 30590 EN, Publications Office of the European Union, Luxembourg, 2021, pp. 45~50.

三、对数据隐私保护的规则配套

在数字时代，隐私保护的需求远超过传统时代，许多跨人类主义者将科技视为一种可以帮助人类超越生物学限制的工具，他们正在致力于开发能使人类实现生命永续的技术，即便是在数字和合成的层面上。基于对人类社会伦理道德的坚持以及对人格尊严的保护，现实社会已经采取了许多措施来管理数据隐私。如英国的《数据保留条例》要求通信服务提供商保存一年的通信数据，包括所有的电子邮件、手机和网络电话通信，同时还需要储存通信的时间、日期、接收方详情、发送方的地理位置，以及任何可以识别发送者的数据。《欧盟基本权利宪章》通过明确规定数据保护权和个人生活权，限制政府收集和处理个人数据的权限，避免个人数据被随意公开化。欧洲的 GDPR 也在很大程度上限制了软件开发者为欧盟公民创建数字孪生的能力，该条例要求在使用数据和应用风险技术的时候，必须进行风险评估和风险控制。

对于数据隐私的治理，首要的是在宏观层面上明确隐私保护的评判标准，即数据隐私保护的最终目标应该是保护人的主体性。在数字孪生技术的背景下，隐私保护的框架应将个人视为隐私保护的起源，而不是仅仅关注在公共或私人领域中的信息使用以及支持此类信息使用的背景。无论信息在哪里使用，无论其适用性和分布如何，人们在创建数据时都应该有权确定这些数据是需要永久保护隐私，还是直到他们决定放弃隐私保护。这种方法被称为以人为中心的数据隐私保护，其中，数据是否应受到隐私法规保护的决定权在于创建数据的个人或者数据的内容。[1]以人为中心的数据隐私保护框架假设，数据属于个人，关于个人的某些数据受到固有的保护，这是所有权原则。仅仅坚持所有权原则可能无法维持数据隐私保护与数据利用之间的有效平衡，因此在所有权原则的基础上，应当遵守控制原则，允许个人更改数据类型以及决定是否可以传输数据，同时，应当在数据被未经授权的实体访问之前，通知数据的所有者。

---

[1] Jon Truby & Rafael Brown, "Human Digital Thought Clones: the Holy Grail of Artificial Intelligence for Big Data", *Information & Communications Technology Law*, Vol. 30, 2021, p. 16.

四、对数字孪生版权的适度认可

知识产权保护在数字孪生技术及其相关产品的应用中是一个待解决的问题。一些研究者强调，当前的法律体系在保护虚拟世界的作品、商标和发明方面尚不完善。元宇宙用户的创作应得到合理保护，以保证他们在元宇宙中自由地生产和交互信息，同时，也需解决由创作内容可能引发的纠纷。[1]实际上，数字孪生产品的知识产权保护面临诸多困难，如数字版权类型的确定、合理使用的界定，以及作品来源的区别等。[2]此外，数字孪生产品的版权认定可能与传统方式有所差异，信息技术的发展可能会改变传统的产权法，进而使得产权的重新标准化成为可能，并形成更精细的产权法。在数字孪生体系中，数字产权的确立、保护、授权和交易对数字经济产生巨大推动力。基于分布式网络、加密技术和数字货币的产权制度，有助于将现实世界的财产直接映射为数字孪生中的个人资产。传统的产权制度基于中心化的认证方式，这需要一个稳定的长期认证模式。但在数字孪生中，个人财产的认证完全基于去中心化的方式，这种方式挑战了长期以来社会发展的经济系统和产权制度。一旦认证模式出现问题，会对产权制度带来严重的挑战。[3]与此同时，数字孪生产品，实则为数据和算法，能够无成本、完美地复制和重用，一旦数据信息泄露，所有的知识成果都可能消失。

关于数字孪生产品版权的犹豫，主要是因为这些数字复制品可能缺乏创新性。虽然人工智能算法具有一定程度的创造力，可参与数字产品的分析和预测的独立创建，但如果输入数字孪生系统的数据仅为机械复制，那么创新性的认定可能会非常困难。同时，数字产品易于复制和传播，对于真实产品和复制品的识别具有极大的挑战。使用和真实产品相似的假冒产品不仅会影响投资者，还会对品牌和产品声誉产生负面影响。为解决数字孪生体中的这

---

〔1〕 白牧蓉、张嘉鑫：《元宇宙的法律问题及解决路径的体系化探究》，载《科技与法律（中英文）》2022年第3期。

〔2〕 参见马一德、黄运康：《元宇宙空间的数字版权治理：创新价值、制度困境与调适》，载《中南民族大学学报（人文社会科学版）》2023年第1期。

〔3〕 参见刘艳红：《数字经济背景下元宇宙技术的社会安全风险及法治对应》，载《法学论坛》2023年第3期。

类问题，一种可能的解决方案是将区块链与数字孪生相结合，通过为每种产品提供真实性识别以识别假冒产品。必须承认，复制品对真实产品的应用价值产生了巨大的影响。

在对数字孪生作品的劳动程度和技能进行评估时，必须考虑相关主体的创新性投入，以便对孪生版权的认定持适度的积极态度。同时，构建数字孪生版权的具体规则需要全局考虑，其中可能包括以下几点可行的策略：首先，一些研究者提出，数字孪生不仅可以存储有关维护状态的信息，还可以存储有关对象财产法状态的数据。为了确保法律的确定性和交易的便利性，可以采用标准化的产权信息来替代标准化的产权，在不久的将来，"数字孪生"可以安全地存储并轻松地访问与物品相关的特殊产权信息。[1]通过这种方式，可以通过数字孪生搭载的版权信息来确定版权的唯一性，并对数字产权信息进行统一管理，包括变动的数字产权交易等财产法状况。其次，对于名人或公众人物，当他们被应用于数字孪生时，可能会为他们创造更大的利润空间，名人和公众人物可能会使用广义的公开权，限制在未经其同意或授权的情况下，使用他们的数字孪生进行商业目的。使用这种方法的前提是，数字孪生，特别是数字孪生思维，与人类非常相似，它是固有的，是人类身份和法律人格的一部分。最后，需要明确对数字孪生产品的合理使用范围，如为了推动公共政策目标的实现（如建设数字图书馆、保护文化遗产等），可以允许相关主体在一定程度上对他们创建的数字孪生产品进行合理使用。

结　语

数字孪生技术作为一种新的技术工具，在数字化时代已经展现出巨大的潜力和应用前景。随着数字孪生体的不断出现、发展和普及，涉及权益保障的困境也逐渐浮现，如数字孪生技术需要大量的数据输入和分析，可能会涉及个人隐私信息；其应用的算法和模型往往复杂，普通人难以理解。为了确保数字孪生体应用能够健康、可持续地发展，社会需要相关规范和措施来应

---

〔1〕 See Christoph Busch, "Granular Property Law: Recalibrating Optimal Standardization of Property Rights in the Internet of Things", *Elsevier BV in SSRN Electronic Journal*, 2022, pp. 2, 12.

对这些挑战。这可以通过采取严格的数据安全保护措施、提高决策透明度和公正性、增加知识产权规则配套等方式来实现。这些措施将为数字孪生体应用的规范构建奠定坚实基础，既能充分发挥数字孪生体应用的潜能，又能推动社会进步和人类福祉的稳健提升。

结　语

　　数据安全法治化研究作为应对当前日益严峻的数据安全风险挑战的核心战略与规范路径，已经引起了社会各界的广泛关注。在数字化、网络化、智能化浪潮席卷而来的时代背景下，数据作为一种新型生产要素，其地位愈发凸显，深刻影响着国家发展、社会治理、企业运营以及个人生活的方方面面。然而，数据安全问题也日益严峻，面临复杂的挑战，数据泄露、滥用及非法获取等事件频频发生，给国家安全、社会秩序、企业利益和个人隐私带来了严重损害。因此，深入推进数据安全法治化进程显得尤为重要和迫切。

　　全球数据应用的发展态势正经历着深刻的变革，随着数据规模的迅猛增长和应用场景的日趋复杂，数据治理的重要性日益凸显。数据安全法治化研究致力于构建更具共识、更易操作且安全性能卓越的制度框架与政策体系，从而充分释放数据的新动能。我国的"十四五"规划明确指出，应加强涉及国家利益、商业秘密、个人隐私的数据保护工作。同时，规划亦着重强调加强数据安全评估的重要性，以促进数据跨境的安全有序流动。[1]这充分体现了国家对维护数据安全的高度重视和坚定决心。目前，我国已建立起了以《网络安全法》《数据安全法》和《个人信息保护法》为核心的数据安全治理法律框架体系，为数据安全提供了坚实的法律保障，明确了数据主体的权利与义务，规范了数据处理者的行为，为数据安全法治化奠定了坚实基础。然而，我国在数据安全立法独立性方面仍存在不足，加之数字化技术识别难题，

---

　　[1]《中华人民共和国国民经济和社会发展第十四个五年规划和2035年远景目标纲要》第五篇第十八章："加强涉及国家利益、商业秘密、个人隐私的数据保护，加快推进数据安全、个人信息保护等领域基础性立法，强化数据资源全生命周期安全保护。完善适用于大数据环境下的数据分类分级保护制度。加强数据安全评估，推动数据跨境安全有序流动。"

导致数据安全风险尚未完全消除。[1]此外，不同主体对数据的需求和利益诉求存在差异，如何合理配置数据权益，平衡数据红利与数据安全之间的利益诉求成了亟待解决的问题。因此，深入开展数据安全法治化研究具有深远的战略意义。通过加强数据安全法治化建设，可以推动数据的合规利用和安全保障，为构建数字中国提供有力支撑，并促进数字化转型和升级。这将有助于确保数据安全、促进数据的有序流动和高效利用，推动数字经济的发展和社会的全面进步。

本书对数据安全领域的七大核心议题进行了全面而详尽的剖析，并紧密结合当前的数据安全现实规范与实践需求，提出了一系列切实可行的完善策略。这些策略不仅针对当前数据安全领域面临的实际问题，更是对数据安全未来发展趋势的深入思考和前瞻性布局。具体来说，本书以"数据分级分类管理"为研究起点，以政务数据、企业数据、个人数据和数据孪生体作为研究对象和研究路径，实现了对数据安全法治化的体系化研究。第一，鉴于数据分类分级管理是数据基础制度的重要组成部分，对于推动数据要素的供给、流通和治理具有重要意义。[2]本书深入剖析了我国数据分类分级管理制度中的突出问题，提出了保障数据安全并推动数据共享与利用的具体路径。第二，考虑到政务数据开放在提升政务工作的公正性、效率以及促进创新创业活动等方面的积极影响。[3]本书梳理了政务数据开放在范围、方式、透明度等方面的问题，并提出了构建安全保障机制的建议。第三，针对企业数据，本书分别从企业数据的跨境流动监管和合规利用两个方面展开研究。关于企业数据跨境流动问题，本书敏锐地认识到商业数据跨境流动在推动经济增长的同时亦伴随着不容忽视的安全隐患。[4]据此，本书提出建立法律体系、加强监管协调、分类分级监管等监管机制。对于企业数据合规利用，本书则着眼于

---

〔1〕 蔡莉妍：《数字经济时代数据安全风险防范体系之构建与优化》，载《大连理工大学学报（社会科学版）》2024 年第 3 期。

〔2〕 史丹、何辉、薛钦源：《数据分类分级制度与数据要素市场化：作用机制、现实困境和推进策略》，载《福建论坛（人文社会科学版）》2024 年第 4 期。

〔3〕 郑文阳：《我国政务数据开放的价值面向及安全保障》，载《行政管理改革》2023 年第 9 期。

〔4〕 来小鹏、马诗雅：《我国商业数据跨境流动合规治理的问题与完善》，载《行政管理改革》2024 年第 4 期。

公共利益制度对企业数据合规利用的影响，提出以公共利益界定数据产权、归纳外延类型、明确内涵和标准，以促进企业数据合规利用。第四，针对个人数据，本书主要探讨了个人数据权利配置和个人信息保护及利用问题。对于个人数据权利，本书认为当前以权利维护为主导的法律规范体系难以适配数字政府以流通与共享的方式使用个人数据的新模式。[1]因此，本书提出类别化规制策略、构建开放数据交易市场及完善不同场景下数据权利保护等建议。对于个人信息的保护及利用，本书通过深入剖析个人信息的认定标准，并在充分借鉴域外个人信息保护实践有益经验的基础上，得出以下结论：在个人信息的保护实践中，应该充分运用比例原则，推动信息保护与利用的平衡。[2]第五，针对数字孪生体，本书阐述数字孪生体内涵、特性、发展及价值，分析应用风险挑战，提出应确立理论指导原则、构建规范体系的建议，以推动其广泛应用和深入发展。

作为数字法学研究的重要分支，数据安全法治化研究的重要性日益凸显。随着大数据技术的迅猛发展和广泛应用，海量的数据在带来前所未有的发展机遇时，也伴随着数据安全和隐私保护的巨大挑战。因此，深入开展数据安全法治化研究，对于保障数据安全，推动数字经济发展具有重要意义。当前，我国大数据技术应用已渗透到各个领域，为开展数据安全法治化研究提供了丰富的实践样本与案例。这些做法既体现了数据安全问题的复杂性和多样性，又为科研人员提供了宝贵的经验和资料支撑。在建设中国特色的数据安全法治化体系的过程中，需要从丰富的实践中提炼出各种数据的概念、应用原理和理论，从而为数据安全法治化工作提供扎实的理论依据。但也必须清醒地认识到，我国目前在数据安全法治化研究方面的理论基础还比较薄弱，知识体系尚未完全形成。现有的研究成果主要集中在数据安全的基本概念、原则和技术手段等方面，对数据安全法治化的理论体系、实施机制以及监管策略的研究还不够深入和全面。

因此，需要广大研究者持续努力，深入挖掘数据安全法治化的内涵与外延，促进相关理论的发展与提升。可以预见的是，我国全面推进数据安全法

---

〔1〕 彭涛：《数字政府中个人数据保护的法律规则转换》，载《法学》2024年第4期。

〔2〕 郑文阳：《论个人生物识别信息保护中个体权利与公共利益的平衡》，载《法律科学（西北政法大学学报）》2024年第2期。

治化体系的形成将成为今后一段时期的重点课题研究。在数据安全法治化体系建设过程中，有以下几个方面的工作需要引起我们的重视：首先，要把"良法善治"作为数据安全法治化研究的根本价值导向。良法善治，就是在保证数据安全的同时，也要考虑数字经济的发展需要。我们需要推动数据安全与法治化的深度融合，将政务数据、企业数据、个人数据等作为研究重点，从国家、社会、个人等多角度深入分析，揭示数据安全法治化的理念目标与实现路径。其次，要致力于建设完备的法律法规和规范体系。数据安全的法治化，需要以清晰的法律法规作为支撑。要制定完善数据安全相关法律法规，在数据安全的主体、对象、内容等方面明确具体规定，为法治化数据安全提供强有力的规范引领。同时，也需要加强数据安全标准的制定与推广，促进国际数据安全标准的互认与合作。最后，要重视各类数据安全法治化系统之间的协调和融合。数据安全法治化涉及多重理念的运用，涉及多种规范的操作，涉及多元主体的利益诉求。还需要关注不同类型数据安全法治化之间的潜在冲突，为实现数据安全法治化体系内部的和谐稳定寻求有效的解决方案。此外，继续加强国际合作与交流，共同推进全球数据安全的法治化进程，也是十分必要的。今后，在深入推进数据安全法治化研究的过程中，还需要更多的实证研究、案例分析、统计数据的支持，才能支撑观点。通过对实际案例的收集和分析，更好地了解数据安全问题的实际情况和发展趋势，为有针对性地制定政策措施提供科学依据。同时，也可借鉴国外先进经验和做法，为我国开展数据安全法治化研究提供有益借鉴和启迪。总之，数据安全法治化研究是一项长期且艰巨的任务，需要我们不断探索创新，加强理论与实践的结合，以坚实的法治保障推动数字经济健康发展。

我们有理由相信，数据安全在未来将会得到更为全面、有效的保护。随着技术的持续进步和法律法规的日益完善，数据安全领域将构建起更加成熟、完善的体系。同时，数据的潜在价值将得到更为充分地挖掘和发挥，从而为经济社会的持续发展注入更为强劲的新动能。随着数据安全法治化研究的不断深入和完善，相关的研究成果将为数据安全领域的发展提供重要的参考和指导，数据安全领域将迎来更加广阔的发展前景和更为丰富的应用场景。